本研究为教育部人文社科规划项目《我国公立大学章程权威实效性机制研究》（项目资助编号：11YJA880107）、江西省社科规划项目《基于内部治理的大学章程架构研究》（项目资助编号12JY25）结题成果。

公立大学章程
权威实效性机制研究

GONGLI DAXUE ZHANGCHENG
QUANWEI SHIXIAOXING
JIZHI YANJIU

王云兰 著

中国社会科学出版社

图书在版编目（CIP）数据

公立大学章程权威实效性机制研究／王云兰著．—北京：中国社会科学
出版社，2015.6

ISBN 978 - 7 - 5161 - 6307 - 8

Ⅰ.①公…　Ⅱ.①王…　Ⅲ.①公立学校 - 高等学校 - 章程 - 研究 - 中国
Ⅳ.①G649.2

中国版本图书馆 CIP 数据核字（2015）第 123203 号

出 版 人	赵剑英
责任编辑	宫京蕾
责任校对	曹占江
责任印制	何 艳

出　　版	中国社会科学出版社
社　　址	北京鼓楼西大街甲 158 号
邮　　编	100720
网　　址	http：//www.csspw.cn
发 行 部	010 - 84083685
门 市 部	010 - 84029450
经　　销	新华书店及其他书店

印刷装订	北京市兴怀印刷厂
版　　次	2015 年 6 月第 1 版
印　　次	2015 年 6 月第 1 次印刷

开　　本	710 × 1000　1/16
印　　张	15.75
插　　页	2
字　　数	224 千字
定　　价	55.00 元

目　　录

第一章

公立大学章程权威实效性理论框架

大学章程作为与政府共同制定的宪章，以我国宪法和高等教育法律法规为确立依据，"上承"现代大学制度；大学章程又是内部最高纲领，"下启"大学内部治理，规范学校权力运行，体现利益相关者要广泛参与，形成大学内部治理制度体系。大学章程权威实效性机制研究必须涉及大学管理体制变革，大学宏观微观制度建构，政府及大学等多个利益主体权力分配及制约机制。探究大学章程权威实效性，需要在现代大学制度理论、治理理论及利益相关者理论框架下进行。

作为现代大学制度的主要载体，研究大学章程首先需要思考现代大学制度。研究将从大学制度研究的基本观点、现代大学制度实践，与大学章程关系的角度阐释现代大学制度。

第一节 现代大学制度理论

制度是组织赖以存在和发展的基础。"任何组织都与其相应的制度密不可分，组织要生存和运作，就必须有制度化的安排。"一个组织的先进与落后，体现在制度的先进与否。一个大学的兴起与发展，必然与大学制度紧密相连，且代表着一个大学的管理水平。任何大学制度的制定都须针对具体社会环境和大学条件，制度设计上的完美如不具有现实的可行性，犹如镜中花、水中月，就不能成为现实的大学制度。

学者们从多个角度对现代大学制度进行了阐释：教育史学家针对19世纪传统大学发展经验提出，现代大学制度起源于1810年洪堡建立的德国柏林大学，现代大学制度是适应当前市场经济体制需要的大学制度；针对过去旧学堂，认为现代大学制度即从西方移植的大学而建立的制度，成为现代大学制度，学者们认为蔡元培开创的中国大学制度即为中国的现代大学制度；强调现代大学制度是现实的，要为现实服务。以上观点对认识现代大学制度及大学章程研究具有重要意义。本书认为，现代大学制度所包含的"现代性"主要体现在以下几方面：一是人文关怀。构建和谐社会是当前国家发展的综合目标，大学应该更加关注人性与人的发展，实现人文教育与科学教育的结合，致力于人与自然的和谐共存和社会与自然的可持续发展。二是开放性。现代大学不再是从前封闭的象牙塔，要在不断变革的社会中发展，应当以开放的姿态接纳各种学术思想、各种学术流派，包容人类各种不同的文化，增进不同文化的交流与融合，促进文化互动，促使中国文化不断走向国际化。三是卓越性。卓越是大学的灵魂，现代大学应走在卓越的前沿。关注质量与效率，关注社会进步和文化发展的需要，用卓越的人才、创新的科学成就和高品质的服务促进社会的进步。四是主体性。现代大学应当拥有独立的自主权，能以独立法人的身份承担社会责任，履行社会义务，实现高等教育的职能，完成大学的使命。[1]

一 现代大学制度基本观点

大学制度伴随着大学组织的产生而产生，也伴随着社会的发展而演进。21 世纪，随着互联网普及，信息技术广泛应用，高新技术开始迅猛发展，人类社会逐渐由工业经济时代进入知识经济时代。在全球化浪潮中，国家之间的竞争愈演愈烈。在这个生产技术高科技化、智慧化的时代里，国家实力的较量主要集中在经济实力和科技实力的较量上，而这两者的较量归根结底是人才的较量。大学具有培养高素质人才的使命，在人力资源的竞争中承担起推动社会进步的重大责任。一流的人才需要一流的教育来培养，一流的教育需要一流的学校来支

---

[1] 别敦荣：《我国现代大学制度探析》，《江苏高教》2004 年第 3 期。

撑。我国的大学制度如何建设，大学内部治理如何在培养人才的工程中起到更多的积极作用是在后大众化阶段需要思考的问题。

中世纪大学被认为是大学诞生的源头。从中世纪开始，大学的治理就逐步走上制度化的道路。近代大学随着欧洲资产阶级革命有了一定发展，各类学校大规模增加。这些学校在管理上也呈现出一些新的特点。虽然在柏林大学出现之前在大学制度上并没有太多值得关注的变化，但柏林大学的洪堡提出的教学科研相结合的办学模式得到了世界各国的广泛认同，学术力量在大学治理中的地位日渐提高。近年来，随着现代社会的发展和高等教育自身的发展变化，传统的大学制度愈来愈不适合大学发展的需要，需要用新的思想、新的观念来建立新的现代大学制度。需要通过制度行使权力约束权力。"权力现象是人类社会中最普遍的现象，权力是构成一个团体或机构的最基本要素。"[①] 作为一个学术机构，跟其他社会团体一样有着自身的权力结构，大学权力运行直接制约大学的存在运行和发展，因此大学的生存和发展需要制度保障。

我国的大学追本溯源，是从西方移植而来，所以早期的大学制度主要是效仿西方，蔡元培起草的《大学令》、梅贻琦的《清华学校租住大纲》、胡适的《争取学术独立的十年计划》，既是现实的大学制度，又是大学制度的研究成果。新中国成立后，特殊的历史环境使得大学成为政府的附属机构，大学制度在某种程度上是行政制度在大学内部的延伸和反映。改革开放后，特别是《高等教育法》颁布后，现代大学制度研究逐渐成为热点，潘懋元、张应强等学者的一系列文章对我国大学制度进行反思和检讨。当前在后大众化质量建设阶段，高等教育现代化首先是大学制度现代化，建立现代大学制度是高等教育现代化的关键。作为一种关于大学组织管理与运行的规则体系，是以大学的学术性本质为根据，确定大学存在与发展的规则体系。现代大学制度的建立既是知识经济时代对大学提出的必然要求，也是高等教育自身发展的需要和必然趋势。对于现代大学制度的内涵，可谓仁者

---

① 黎琳：《中国现代大学制度中的权力制衡问题》，《现代大学教育》2001 年第 1 期。

见仁，智者见智，高等教育学界的代表性观点主要有以下几种：

一是"德国柏林大学制度说"。"现代大学制度是由 1810 年在洪堡主导下建立的德国柏林大学奠定的。"①

二是"多元化巨型大学"制度说。美国当代教育家克拉克·克尔提出的多元化巨型大学观对我国高等教育改革与发展具有一定的借鉴意义。有学者认为，克尔的多元化巨型大学观的实质性在于它是一种适应社会发展的要求，具有多元化职能、结构的大学，其"巨型"特征是大学自身职能、结构多元化的自然结果。这为 1992 年以来我国以合并为主要形式的多校园大学，建设成为综合化、多元化大学提供了理论基础。

三是"我国近代建立的大学制度"说。基于对现代大学组织的管理与运行建立起来的大学制度，区别于过去旧式学堂，从西方移植的大学而建立的制度。

四是"走向社会中心说的大学"制度说。随着知识经济的不断发展，认为现代大学制度必须适应知识经济时代，从"象牙塔"走向社会中心，为适应这一深刻变化而建立起来的大学制度。

五是"当今世界一流大学的制度"说。伴随着我国建设世界一流大学的实践，有学者提出建设世界一流大学所需的制度，即是现代大学制度。

以上几种观点，无论是在时空背景上还是制度本身的内涵上，都从不同角度揭示了现代大学制度的内涵。现代大学制度作为一种关于大学组织管理与运行的规则体系，是以学术自由和大学自治为基础和核心，是我国建设世界一流大学的前提。因此，对于什么是现代大学制度，可从以下来把握：

第一，现代大学制度充分融入现代大学理念。理念与制度之间是存在密切内在联系的，理念应该通过建立一定的制度去实践，制度是在一定理念指导下形成的，理念与制度是不可分割的。现代大学理念对于构建现代大学制度必不可少，没有理念，这个制

---

① 韩水法：《大学制度与学科发展》，《中国社会科学》2002 年第 3 期。

度是缺乏根基的。最早对大学理念给出明确定义的是牛津大学纽曼，他在《大学的理念》中指出，大学"是一切知识和科学、事实和原理、探索和发现、实验和思索的高级保护力量"。哈佛大学规定大学的使命是"在各个学科领域发现新知识；保留、解释和重新解释现有的知识；帮助学生掌握方法、知识、技能和探究问题的习惯，这样他们将会终其一生，不断地追求学问，领导社会不断向前发展"①。

第二，现代大学制度存在的基本依据在于其学术本质。大学自治和学术自由是大学的核心问题，也是大学制度的两块基石。大学自治是指大学作为一个团体享有不受政府、教会以及其他官方或非官方任何团体和任何个人干预的自由和权力，是大学成员以大学这个团体的代表资格而非以个人的资格来决定大学自身的管理。② 学术自由是指教师在专业上享有自由探讨、发现、出版、传授在各自专业领域内发现的真理，并且这种自由不受任何限制，也不听从任何权威的指挥，任何政治的、党派的、社会的舆论都不得加以干涉。③ 布鲁贝克（John S. Brubacher）认为大学的本质在于发展知识和传播高深学问，大学应该是一个学术共同体。④ 作为学术共同体，大学必须以学术为目的，以科学精神为核心凝聚力，并且应该有对某种绝对精神的追求。同时，大学还必须有所作为，除了大学应有的能够培养优秀人才，还应该面向未来，服务社会。所以，强调大学制度不能忽视大学的学术活动具有的自由性、自主性、学科性等特点，这些特点本质地规定着大学的功能与行为，也孕育着大学制度的产生与发展。

大学自治和学术自由既有着密切的联系，也有着一定的区别。一

---

① 张维迎：《大学的逻辑》，北京大学出版社 2004 年版，第 19 页。

② 和震：《大学自治研究的基本问题》，《清华大学教育研究》2005 年第 6 期。

③ 王建华：《对大学自治、学术自由的再思考》，《青岛化工学院学报》2001 年第 3 期。

④ ［美］约翰·布鲁贝克：《高等教育哲学》，王承绪等译，浙江教育出版社 2002 年版，第 26 页。

方面，大学自治是学术自由的保障，另一方面，学术自由并不必然产生于大学自治，大学自治也不必然以学术自由为最终目的。

第三，现代大学制度的主体是大学。大学制度作为一种组织制度，是以大学作为服务对象的，是大学组织的一种保护力量，以保障大学自身的生存与发展为其根本目的。大学制度的制定具有包括让大学能够自主的按照自身指定的发展战略和运行机制进行办学活动，自主管理内部的人、财、物，并且承担自身活动带来的风险和责任。从这个角度来说，大学制度就是大学组织如何生存与发展所形成的规则体系。在大学制度中，作为高等教育事业的主体大学，在大学制度的设计与安排上至关重要。从组织理论来看，大学是大学内部制度的设计者，必然反映的是大学内部的意志。大学的外部制度则更多的是体现为一种平等主体间的契约关系，是社会对于大学存在和发展规律的认识所形成的。

二　中国现代大学制度本质

我国现代大学制度内涵应是针对我国大学所承担的历史使命，在解决数十年来大学制度存在积弊的基础上，建立起来的新大学制度。以上观点从表述上虽有不同，但有其共同特点，一是都强调大学自治和学术自由的大学本质属性；二是大学面向社会，不仅注重大学内部治理结构调整，又要处理与大学外部的关系。

2010 年我国发布的《国家中长期教育改革和发展规划纲要》，其中对现代大学制度进行细致规定，这一规定更加符合我国大学发展的特点，为大学发展提供指导。其特点为"依法办学、自主管理、民主监督、社会参与"，现代大学制度在大学管理中的具体应用表现为"党委领导"、"校长负责"、"教授治学"、"学术目由"、"大学章程"，建设我国现代大学的措施包括完善大学治理结构，坚持和完善党委领导下的校长负责制，充分发挥学术委员会的重要作用，探索教授治学的有效途径，加强章程建设，尊重学术自由，营造宽松的学术环境等。

基于以上对现代大学制度的分析，本书认为，在我国，现代大学制度是指大学内部组织机构和大学各成员行为规范，及与当前经济体制和高等教育发展要求相协调的外部关系共同构成的制度体系。在内容上，主要包括两个层面：一是大学与外部的关系，主要体现为政府的宏观调控，市场的调节，社会的广泛参与等；二是大学内部治理，主要体现为党委领导、校长负责、教授治学、民主管理。因此，理想的现代大学制度需要具备以下特点：拥有充分的办学自主权、学术自由、教授拥有较大的学术决策权、内部组织结构合理。其中大学自治和学术自由是其根本。

现代大学制度是在社会发展逐步依赖知识生产的历史进程中，借以促进大学高度社会化并为维护大学组织健康发展的结构功能规则体系。知识经济时代到来后，随着大学功能多样化和高等教育规模的迅速扩大，大学制度存在的时间和空间发生了巨大变化，传统大学自治与学术自由的观念受到了挑战，大学自身的管理问题变得更为复杂，尤其是随着高等教育大众化进程的后阶段，引发了大学制度与社会转型的矛盾，现有的大学制度已经明显地表现出对社会转型的不适应。要适应转型的社会，改变当前高等教育与社会制度的矛盾，就必须建立适应大学发展的组织管理制度，这种制度首先是以理性和法制为基础的。大学章程正是这样一种法律性文件，从制定章程着手，全面梳理高等学校内外部的法律关系，应当是建立现代大学制度的切入点和着力点。

第二节　大学治理理论

一　治理理论

治理理论的产生与演变伴随着社会经济的变革与发展，其起源应追溯至西方 20 世纪六七十年代的极端自由主义思潮和公共选择学派。治理理论究其理论渊源的深厚与传承发扬，可以追溯到资本主义在西方数百年的统治地位。治理（governance）一词源于拉丁文和古希腊语，原意是控制、引导和操纵。治理起初运用于资本市场的运作，源于股份制的运行模式，通过公司治理力图完善企业运行和市场机制。随着社会经济的发展与市场的需求，企业规模与结构的愈加复杂化，它虽然解决了企业扩张的资金，也导致了公司所有者与经营者的分离问题。亚当·斯密（Adam Smith）于 1776 年对公司治理问题的研究中阐明了股份公司在产权安排上的缺陷。他指出，董事会主导了股份公司的运营活动，在各方面实际控制了股东大会。这些股东在很多时候并不了解或参与公司业务，其中有意愿参与公司业务的少数股东构成的群体又在管理层缺乏优势时，这些股东除了接受董事会认为数量适当的股份红利外别无选择。然而，公司董事会作为股东所出资本的经营者，不能期望他们像合伙制中对于公司所集资本的警惕与关心，正像富豪的管家，倾向于一些琐事，而非对主人的忠诚，极易把主人的东西据为己有。因此，在这样的公司体制内，其内部管理中必然存在玩忽职守和挥霍浪费，在对外贸易市场中，股份制公司很大程度上极少能够竞争过私人经营企业。相应的，股份制公司在没有排他性特权的环境下极少能取得发展与成功。丧失了排他性特权，在管理中通常就会出现失误；获得这种特权，则除了管理失误，还会为其所拖累。① 对于公司治理的内涵，经济合作与发展组织认为，公司治理是支配和控制公司的制度，治理结构规定了董事会、经理人员、股东和其他利益相关者之间权利和义务的分配，以及做出有关公司事务决策的规则和程序。林毅夫等人认为，公司治理是指所有者对一个企业的经营管理和绩效进行监督和控制的一整套安排，其实质是通过公司的直接控制或内部治理结构与竞争的市场所实现的间接控制或外部治理（依靠产品市场、资本市场和职业经理市场），从内外两个角度来界定公司的治理，同时内外两个角度的中心都是所有者对经营管理与绩效的监督与控制，可见公司治理对高中级管理者的绩效与激励产生巨大的影响作用。

---

① Stigler, G. J. and C. Freidland, *The Literature of Eeonomies：The Case of Berle and Means*, The Journal of Law and Eeonomies, vol. XXVI, June 1983：238.

在市场自发与无序的环境下，对政府治理效率提高的期待，进而又将治理理论运用于公共领域。政府公共领域对于社会运作、市场运行的介入要求对这一范围内的引导、控制与协调具备治理效率，以往的公司治理理论运用于政府行为，作用于公共领域，产生了公共治理理论。公共治理作为补充政府管理和市场调节不足而应运而生的一种社会管理方式，现已逐渐成为公共管理的重要理念和价值追求，它既是各国政府改革的实践总结，又是影响各国政府再造的一种全新理念。① 在公共领域，它始终是与统治（government）一词交叉使用，并主要用于与国家的公共事务相关的管理活动和政治活动中。尤其是20世纪80年代以来，公共行政改革在全球展开，西方政治学家和经济学家赋予"治理"新的内涵。② 同时，随着对政府官僚体制的行政困境的思索，治理理论也进入了公共管理学领域。对于当今"治理"的范畴，从最笼统的考察领域来看至少可以分为经济学、政治学与公共管理学三个学科背景。学者罗伯特·罗茨（R. Rhodes）关于治理的定义较为全面："作为最小国家的管理活动的治理，它指的是国家削减公共开支，以最小的成本取得最大的效益；作为公司管理的治理，它指的是指导、控制和监督企业运行的组织体制；作为新公共管理的治理，它指的是将市场的激励机制和私人部门的管理手段引入政府的公共服务；作为善治的治理，它指的是强调效率、法治、责任的公共服务体系；作为社会控制体系的治理，它指的是政府与民间、公共部门与私人部门之间的合作与互动；作为自组织网络的治理，它是指建立在信任与互利基础上的社会协调网络。"公共治理的内涵是以政府为主体、多种公私机构并存的新型社会公共事务管理模式，是建立在市场原则、公共利益和相互认同基础之上的国家与公民社会、政府与非政府组织、公共机构与私人机构的合作，政府在管理社会公共事务方面可以而且应当将其一部分职能转交给公民社会，而且应当拥有多种

---

① 任维德：《公共治理：内涵 基础 途径》，《内蒙古大学学报》（人文社会科学版）2004年第1期。

② 刘爱东：《利益相关者理论视界下的大学治理价值取向分析》，《中国高教研究》2008年第5期。

管理手段与方法，以增进和实现公共利益。公共治理是对现代管理的扬弃和对行政规范的深化，行政是一个制度性的概念，其物质、心理和意识形态基础是制度。无论是传统国家，还是现代国家，其管理总是一定国家形态、政治制度下的管理。公共治理是一个社会性的概念，以全社会为作用边界，它产生于公民社会，源自于个人与集体领域的不断扩大，其宗旨在于它是国家与社会、政府与非政府组织、公共机构与私人机构的合作，即通过共同行使公共权力、管理社会公共事务，达到最大限度地增进和实现公共利益。① 公共治理特征包括治理主体多元化、治理客体的拓展、治理模式与途径的权变②。

以上梳理可以发现，治理理论的根本精神是契约观念和效率精神，治理内涵是在限定的阈限内运用权威影响维持运行规范，满足社会与公众的需要，治理目的是在不同的权力关系与制度模式中运用权力去引导和规范参与者的行为活动，以最大限度地提高组织运作效益。

二　大学治理理论研究基本观点

大学组织系统的存续建立在公共领域与公共资源的利用与整合上，服务于社会公众，对于它的治理活动具备一般治理理论的特点，也不同于公司治理与公共治理。大学治理借鉴、深化并拓展了治理的内涵，使治理活动对于大学内部学术与行政事务的规范与协调更具契合性。一般认为，"大学治理"一词由美国学者科尔森在其专著《大学和学院的治理》中提出。③ 1973 年，卡耐基高等教育委员会将大学治理定义为"作决策的结构和过程，从而区别于行政和管理"。④ 伯恩鲍姆（RobertBimbaum，2004）将大学视为由两个体系组成，即基于法律权威的理事会、行政体系与基于专业权威的教师体系，大学的

---

① 张成福、党秀云：《公共管理学》，中国人民大学出版社 2001 年版，第 86 页。

② 罗茨：《新的治理》，《政治研究》1996 年第 3 期。

③ Gorso, J. J., *Governance of Colleges and Universities*, New York：McGraw – Hill, 1960.

④ Garnegie Foundation for the Advancement of Teaching, *Governance of Higher Education：Six priority problem*, New York：McGraw – Hill, 1973.

治理就是为实现这两个体系的微妙平衡而设计的一系列结构和过程。①
这几乎与我国国内学术界将大学权力结构划分为学术权力和行政权力
的做法类似，在其论述过程中也一定程度上受到了现代经济学、管理
学思维模式影响。另外，迈克尔·夏托克（Michael Shattock）的《大
学治理平衡的现代概念研究》和马丁·特罗（Martin Trow）的《关于
加州大学的治理：政治到行政的转变》等专著都注重从不同利益相关
者角度思考大学治理问题，尤其是对加州大学实例的分析非常具有借
鉴性和理论操作性。

　　国内学者张维迎教授 2004 年在《大学的逻辑》一书中阐述了
"大学治理"的概念，他在从多角度切入分析大学的逻辑的基础上指
出，大学治理关键在于治理结构的改革。谢敏、郑哲提出大学治理是
一个动态概念，它应当包括过程和结果两个部分：过程指的是制度安
排；结果是为了实现大学目标的理念和目标本身。② 蔡文伯、杨瑞旭
认为大学治理是大学组织内部管理与外部制度环境互动的过程，更加
突出大学组织内、外部行为的关联性。大学治理核心是处理好政府与
大学、市场与大学、学术共同体与大学之间的关系。③ 上述研究都是
着重大学内部治理与外部治理的双向互动上。李福华从时间、规模、
制度三个维度切入，注重辨析大学治理与大学管理的区别，明晰了大
学治理的概念和边界。④

　　就大学内部治理实践而言，于海棠等学者将治理作为一种管理创
新理念来探讨高等教育管理改革，除了基本的概念辨析和必要性探讨
外，他提出了高校治理的对策性措施：弘扬科学民主精神、确立以人
为本的管理理念、注重与时俱进的体制创新、形成独到凝练的校本文

---

① Robert Bimbaum, *The end of shared governance*: *Looking ahead or looking back Matter*, New Direction For Higher Education, Fall, 2004（127）：12 – 43.

② 谢敏、郑哲：《大学治理六要素模型》，《浙江万里学院学报》2005 年第 8 期。

③ 蔡文伯、杨瑞旭：《我国现代大学治理 30 年来的回溯与反思》，《石河子大学学报》2008 年第 10 期。

④ 李福华：《大学治理与大学管理：概念辨析与边界确定》，《北京师范大学学报》（社会科学版）2008 年第 4 期。

化。① 另有一些学者将大学治理机制与运行机制混为一谈，没有区别两者的本质，这不利于管理体制自身的改革，也难以提高组织的效能。② 另外，曹叔亮、臧日霞、陈通等人也就国外大学治理的相关情况作出了实证考察和分析，尤其讨论了美国、英国、韩国、日本、新加坡等国外知名高校的管理结构和管理模式，为国内大学治理提供了有益的参考。在此基础上，很多学者也指出了目前我国国内大学治理所存在的问题，主要包括社会力量参与高校治理的程度很低、高校的激励与约束机制不健全、高校内各种权力不能相互制衡等因素。这方面国内的相关论文有：郭宏的《试论完善高校治理的内部控制建设》，王寰安的《激励—约束与高校治理》，刘承波的《中国公立高校治理中的社会参与》等。同时，一些学者也对优化、改革大学治理提出了建议，如郭宏建议要设计出学校主要领导的业绩考评指标体系，优化激励—约束机制。吴启迪建议要强化学术权，实现"教授治学"，平衡学术权和行政权，克服高校行政化倾向。赖明谷强调在大学治理中应注重文化建设，注重在文化和学术氛围中逐步改革大学治理，引起较多共鸣。

近年来，也有一些学者开始注意从大学治理的利益相关者角度进行研究。除上文提到的张维迎的研究外，主要有熊庆年、代林利的研究，他们认为大学的治理结构演变的根本原因在于利益主体的多元和分化，利益主体对大学控制权力的诉求和现实可能性的矛盾冲突，造成了大学治理结构不同的历史形态。③ 另外，潘海生、张宇认为在现代大学治理结构的确立和共同理念的形成下，人们能够在共同的价值模式的内在约束下，自觉地按照各自所扮演的角色和功能，立足于自身的利益需求，进行有序的沟通与互动。④ 陈金圣、陈相明（2008）

---

① 于海棠：《治理：高校管理新理念》，《黑龙江高教研究》2003 年第 1 期。

② 吴志宏：《新编教育管理学》，华东师范大学出版社 2002 年版，第 77 页。

③ 熊庆年、代林利：《大学治理结构的历史演进与文化变异》，《高教探索》2006 年第 1 期。

④ 潘海生、张宇：《利益相关者与现代大学治理结构的构建》，《教育评论》2007 年第 1 期。

的研究从高校内部治理结构的重构入手，明确了高校的非营利组织身份，要求"实行人事制度改革，取消行政级别；建立大学章程，规范高校的整体运行；建立起党委领导下的学校董事会负责制，由校长领导下的执行团队负责日常管理与行政事务，学术副校长领衔的学术委员会负责学术事务，其他各类机构分工负责，形成一个科学、高效的内部管理体系"。[①]

综合学者对大学治理的研究，可以得出大学治理的代表性定义为："大学治理，是为实现大学目标而设计的一套制度安排，它给出大学各利益相关者的关系框架，并对大学的目标、原则、决策方式、权力的分配和剩余决策权定下规则，通过大学各利益相关方追求自身目标的活动从而有效率地达成大学目标。"[②] 相较于传统的大学管理概念而言，大学治理更强调协作、沟通，因此，由谁治理、治理什么、如何治理成了进行大学治理实际的关键问题。大学治理分为大学外部和内部治理，是指大学中各利益相关者通过对各种权力的配置、运作和协调机制相互配合、相互作用，即大学决策权力的分配及行使，大学治理的核心问题是决策权的分配问题。大学作为特殊的社会组织，既有社会性，又有相对的独立性。

三　大学内部治理与大学内部管理概念辨析

从大学组织系统特征来看，大学组织包括两个复杂的子系统，一个是学术子系统，该子系统由那些把大学组织的投入变成产出的要素构成，体现了大学的核心本质以及大学组织的学术运行模式。另一个是管理子系统，它包括制度法规、领导决策层、财务管理以及类似的一些要素，主要体现了大学运行的行政事务特性。相对于学术系统而言，传统的大学管理主要是行政性事务，从而使大学工作及系统运行的核心偏离了学术本质。大学系统功能是对大学组织进行协调和指导，两个子系统的功能差异与它们拥有的共同要素交织并行，诸如各

---

① 陈金圣、陈相明：《试论公立高校内部治理结构的重构与优化》，《教育学术月刊》2008 年第 4 期。

② 赵成、陈通：《治理视角下的大学制度研究》，《高等教育研究》2005 年第 8 期。

项活动与工作的学术性质。① 大学管理要服务于学术活动，管理活动过程中涉及的制度建设、组织结构、人员配置等方面在大学内部核心职能运行中起着协调与规范作用，主要侧重于大学内部的行政性事务。大学内部管理者在特定的学术环境下对公共学术资源通过计划、组织、领导、协调和控制等行为模式和管理方式进行优化配置，以通过动态创造性活动有效实现大学的管理目标。② 现代大学制度下的大学管理有必要为内部学术科研活动的有序进行提供完善的制度保障以及组织运行平台，以便使各项学术事务规范在一定的框架内而免于行政事务的限制和干扰。大学管理终究需要使大学组织回归其学术本质以保障其他各项活动的正常有序，这就要求大学的内部管理工作要摒弃传统模式的行政化导向，在管理活动中通过学术参与体现大学本质，在不削弱大学管理行政属性的同时，强化管理活动的学术服务倾向。大学组织系统特征的描绘提示着治理与管理理念权责路径等的差异。"全球治理委员会"在报告中所提出的治理是组织事务管理中诸多方式的总和，公共组织或私人组织的内部冲突或利益分配在合作与协调的过程中得以平衡，它既包括以正规制度的权威性使成员服从，也包括以非正规制度的合理性满足成员的相关利益。③ 大学治理是决策权力在大学运行的参与者之间的分配及行使，达到其利益关系的协调与平衡，保障组织的学术性及其有效运行。大学治理在制度层面规定了机构的决策权力和部门的职责范围，以及它们之间的权利、责任和义务关系，此种制度安排要求在一定的结构范围内运行，它的有效实施离不开治理活动的有序进行。当前大学组织面临着参与主体多元化以及内部权力配置欠合理的诸多难题，平衡大学参与者的利益相互关系，减少内部权力制衡的资源损耗以及治理结构的运行成本，通过

---

① 罗伯特·伯恩鲍姆：《大学运行模式》，别敦荣译，中国海洋大学出版社 2003 年版，第 30 页。

② 李福华：《大学治理的理论基础与组织架构》，教育科学出版社 2008 年版，第 76 页。

③ 全球治理委员会：《我们的全球伙伴关系》，牛津大学出版社 1995 年版，第 23 页。

合理的制度安排及结构配置以提升办学质量是维护治理学术性的关键。[①] 治理结构是大学治理的静态表现，治理过程则相应的是动态表现，在具体的决策程序中，利益因素、环境因素等就会对治理结构的运行产生影响，进而影响决策过程及结果。因此，把大学治理界定为决策的结构和过程，既尊重了制度的规范性一面，又充分考虑了制度运行中各种复杂因素的影响。结构是制度安排的基础，以其可视性与可控性为基本要求；过程是关键，具有复杂性和非可控性，是优化与完善内部治理结构的重点。[②] 在学术组织范畴中的大学治理充分体现其对学术活动的约束与规范作用，以及治理结构与过程的学术性，大学办学效益及学术科研成果的提高与展现更离不开合理、有序、高效的内部治理。相对于以行政事务为主导的管理活动，大学治理以学术本质为核心，通过完善自身结构与作用形式发挥学术权力，协调和平衡大学治理活动参与者的权益，将学术治理有机地融入行政管理活动中，强化治理过程以学术导向参与决策的运行机制，提高治理活动的权威性和有效性。

从大学组织系统运行来看，治理与管理使用是两个极易混淆的概念，尤其对于大学内部治理和大学管理而言，在当今我国很多的理论研究和大学管理实践中经常同一视之。对两者存在的异同从八个方面进行对比分析（见表1-1）。

表1-1

	大学内部治理	大学管理
概念	在大学各内部利益相关者的关系框架下，依据大学目标制定的系列制度，确定大学的目标、原则、决策方式、权力的分配和剩余决策权的规则，通过利益相关者主体追求自身目标的活动，从而有效实现大学目标	在特定的环境下，大学对组织资源通过计划、组织、指挥、协调和控制等活动进行优化配置，以有效实现学校目标的动态创造性活动
主体	大学内部利益相关者，包括领导、教师、学生、后勤人员等各方面	大学管理者、领导者

---

① 李福华：《大学治理的理论基础与组织架构》，教育科学出版社2008年版，第103页。

② 刘献君：《院校研究》，高等教育出版社2008年版，第299页。

续表

	大学内部治理	大学管理
客体	大学内部的人员和组织	大学内的人、财、物、信息等各项资源
实施基础	内部的显性、隐性契约	行政权威、学术权威
实施方式	内部治理机制	计划、组织、命令、指挥、控制等
层级结构	大学的内部治理结构	大学内部的组织结构
资金结构	反映学生及其他内部投资者的相对地位	反映大学的财务状况和大学经费各来源方对管理的影响
联系模式	自上而下和自下而上的沟通关系	自上而下的管理模式
其他	……	……

　　从表1-1的对比分析可以看出，大学内部治理结构和大学管理在主客体的范畴上基本是一致的，其不同之处在于实施基础、实施方式、层级结构、资金结构和联系模式的区别。从概念表述上即可看出，大学内部治理的内涵相较于大学管理来说更加科学化，是现代文明发展的趋向，符合社会发展从管理到治理模式的转变。全球治理委员会在1995年发表的一份题为《我们的全球伙伴关系》研究报告中对治理进行了界定：治理是各种公共的或私人的个人和机构管理其共同事务的诸多方式的总和。它是使相互冲突的或不同的利益得以调和并且采取联合行动的持续的过程。它既包括有权迫使人们服从的正式制度和规则，也包括各种人们同意或认为符合其利益的非正式的制度安排。① 报告从三个方面阐释了治理的定义，一是治理主体，为各种公共或私人机构；二是治理目的，通过对共同事务的管理，高度整合存在相互冲突或多元为特征的利益主体；三是治理方式，它既是规范人们行为的正式规则和制度，又是符合人们利益的非正式安排。大学作为一种特殊的社会组织，是由拥有一定自治权的利益相关者组成的，为了促使大学的发展，必须协调各利益群体间的关系。

　　对于管理的概念，当今普遍认可的是：管理就是管理者在特定的环境下对其可调动的组织资源通过计划、组织、指挥、协调和控制等

---

① 俞可平：《权利政治与公益政治》，社会科学文献出版社2000年版，第113页。

行为活动进行优化配置，以达成有效实现组织目标的动态创造性活动。[①] 治理强调的是调和、认同的概念，相较于管理所追求的控制、计划是一个很大的突破。大学内部治理和大学管理的相关经验也是在吸收一般管理的有效经验上逐渐发展的，因此，相较于大学内部管理，大学内部治理的提出和逐步实现无疑是一个进步。

因此，从大学组织系统分析大学治理同传统的管理存在很大差异。学术机构的组织特征与其他组织之间存在着很大差异，传统的管理理论已不适用。学术组织的目标不明确，且具有多样性，它们不是以加工原料的方式为顾客服务，它们的参与者都是高度专业化的，它们的技术基础是专业技能，而不是操作程序标准，它们没有固定的决策人，那些不熟练的决策者在决策过程中不断地被更换。在企业组织中，关于强硬、果敢的领导的作用的一般观点是正确的。企业组织是一种科层结构，目标明确，下属希望从上司那里得到指示。但大学领导者则受到校内外多种因素的制约，其有效性受到限制，从而可能使领导角色只具重要的象征意义，而不具有实际意义。[②] 大学管理模式基于大学的学术本质特性而不能强加于它，必须以学术核心为基准区分大学内部的行政活动与学术活动，分别赋予这两项事务以各自的规范性内涵，明确大学内部权力划分与平衡以及决策和监督模式的构建，保证大学内部各项行政事务完全服务于学术活动，使得学术权力能够充分与行政权力相平衡并参与决策活动，彰显学术决策权力。

四　大学内部治理内容

从组织系统视角分析来看，大学内部治理的本质就是通过对权力结构调整合理建构大学内部的学术决策与监督模式。大学内部治理区别于以往的管理，需要极其观照大学的学术决策权，运行中表现为学术权力与行政权力的关系。因此，在高等教育管理领域中，对大学内

---

① 李福华：《大学治理与大学管理：概念辨析与边界确定》，《北京师范大学学报》（社会科学版）2008 年第 4 期。

② ［美］罗伯特·伯恩鲍姆：《大学运行模式》，别敦荣译，中国海洋大学出版社 2003 年版，第 28 页。

部治理的研究以学术权力与行政权力作为其主要研究范畴。[①] 学术权力，是学术人员及学术组织所拥有的权力。行政权力，是指由大学行政人员及各级行政部门所拥有的权力。由此可以发现，大学内部的组成人员可以分为两大类：学术人员和行政人员。在大学中，学术人员包括教授、副教授以及其他学术人员在学术事务上行使学术权力；行政人员包括校长、处长等在行政事务中享有行政管理权。在大学治理过程中，这两种权力的冲突似乎是永恒的矛盾。如果这两种权力过于分散，大学则不能显示整体的力量；相反，如果大学权力过分集中则大学失去其知识创新活动，尤其不能激发基层的创造力。合理的选择只能是权力均匀分布。这样就出现了两种模式：一种模式是权力两极分化，即学术权力分布在基层，行政权力分布在上层，这种模式比较类似于当前的美国大学模式，学术权力由教授会主宰，决定学术事务，每个教授都有很大的自主权，而行政权力掌握在校长手中。第二种模式是学术权力和行政权力集中在中层，学校管理是荣誉性的，也是委员会制的，而中层管理则是院长负责制，院长作为学术委员会的主席负责管理，这种大学组织是一种联邦制的，如当前的英国古典大学模式。[②]从当前的情况来看，英国的大学模式效率不及美国大学的效率，究其原因，主要是缺乏必要的权力集中。目前，我国的大学内部治理模式是一种高度集中的模式，在行政权力和学术权力的基础上，还形成了中国特色的以党委集体决策领导为核心的政治权力。这种高度集中的模式是三种权力高度重合的设置。大学的权力结构是在长期的历史变革当中受本国的传统文化和社会制度的影响，具有各自不同的特色。中国特色的大学权力要素包括以党委为核心的政治权力，以校长为首的行政权力和以教授为主的学术权力。其中党委领导的政治权力是指在大学内部建立党的组织，以党委作为高等学校的领导核心对重大问题进行决策。行政方面则以校长作为最高领导全面负责本校的教学、科研和其他行政管理工作。学术权力体现在以教授为主要代

---

① 胡仁东：《现代大学内部治理结构探析——基于影响力的视角》，《现代大学教育》2005 年第 2 期。

② 王洪才：《论大学内部治理模式与中位原则》，《江苏高教》2008 年第 1 期。

表的教师对学术方面以及学校的事务进行民主管理。这三种权力要素之间具有非常紧密的联系，互相作用而又都是不可替代的。大学学术事务管理和决策是否成功，是判断教育事业发展水平的重要标志，也是保障高等学校发挥自身职能的重要因素。当前，中国的大学内部管理体制是党委领导下的校长负责制，从管理模式来看，主要以行政权力为主导。当代中国大学的学术权力没有应有的位置。就组织结构而言，大学依然是国家行政体系在教育系统上的延伸，高校一直以事业单位的性质存在于国家行政体系之中，自身主要以政府模式来组织和运转。在大学的管理及运转中，政治权力、行政权力和学术权力的矛盾长期存在，并愈演愈烈。主要表现在学术权力和行政权力的冲突失衡，学术权力与行政权力权责不明，职责不清，行政管理上偏离大学内部管理目标，学术上官本位思想成风；大学机构臃肿，改革成效不显。大学是探究高深学问的殿堂，学术性是其本质属性，必须体现在大学发展的始终。因此，正确协调学术权力和行政权力的关系，张扬学术权力将成为完善我国大学内部治理的核心问题。

在大学治理过程中，学术权力与行政权力在运行中失衡，学术权力是大学发展的基本权力，由于主体的特殊性在事务管理中带有保守性，行使学术权力时经常局限于所在的学科或专业，或领域，无法顾及全局，学术权力注重民主、平等、公平就会缺乏效率和秩序。行政权力存在于大学科层组织中，注重办事效率，但是高度追求高效却压抑学术权力的行使，难以保证学术决策的合理性，窒息学术团体的生气，背离大学本质。因此，要实现行政权力与学术权力的协调，便是治理理论的运用，在决策过程中，学术人员和行政人员在学术方面和行政方面合理分配，明确职权，通过民主协商、共同决策，在高效决策的前提下，既要遵循知识和学术发展的规律，保证大学的学术性特征，又能使大学适应自身发展和外界变化的需要。大学是一个庞大而又复杂的社会机构，由多种代表不同利益的人群按照不同的组织方法组成的统一的整体，大学的内部治理也相当复杂，各种权力代表团体都有着自身存在的合理性和不可替代的职责，有自己的一套管理体系，这些管理体系密集的交叉渗透在整个大学之中，形成了大学独树一帜的内部治理模式。

五　大学内部治理特点

大学治理作为管理的一个过程，具有以下特点：运行向度是上下互动的，治理主体是多元的，且每个主体都是一个中心，希望拥有自主权，自行管理本系统内事务，治理目的是进行公共事务的管理，治理的方式是为确立共同的目标，主体间相互合作、协商，形成伙伴关系。比较高等教育家菲利普·G.阿特巴赫曾提出，大学是一个社会，它并不是整齐划一的机构，而是由拥有自治权的各种利益团体组成的。

大学是一个相当复杂的组织，同时又是一个高度分权的组织。为了避免大学这一个性化特征极强的组织内部无政府化，加强科学管理是唯一的选择。大学在管理上采取矩阵模式，学者们既要维护其所在的学科，同时又进行学校和学院中行政事务的管理。在大学中存在多个利益集团即利益相关者，影响大学的决策，因此为了均衡各主体间的利益关系，实现大学内部权力的合理配置，保证各权力主体参与大学治理。应从以下两个方面入手：一是院校管理的分权，"对于大学精神而言，尽可能保持分权决策程序是非常重要的事"，学院是大学中学术事务最为集中的一层，当前大学建设出现"大学院、小学校"的发展模式，学院是大学的核心。"现代大学自从诞生之日起就有着'松散结合系统'和'有组织的无序状态'的组织管理特征，权力配置重心过高必会抑制组织的生机与活力。"① 因此，大学的学术性特质决定大学的权力应着重分权于学院，使学院成为大学管理的重心；二是横向的分权，学术权力与行政权力的权力分配是大学管理中最为重要的问题。保持大学学术性特色，学术权力应成为大学发展的主导权力，树立一切以学术进步为本的大学行政理念，完善学术权力的制度保障机制，以保证学术权力的实施有章可循，有法可依。

---

① ［美］菲利普·G.阿特巴赫等主编：《21世纪的美国高等教育：社会、政治、经济的挑战》（第2版），施晓光、蒋凯主译，中国海洋大学出版社2007年版。

　　大学的决策不能走极端，不能仅强调一方面的利益，而应在各利益相关者间寻求平衡，处理好各方面的关系。教授委员会的运行要面临两种权力关系：一是外部权力，即学校及学院行政权力与学术权力关系；二是内部权力，主要体现在教授委员会的下设组织，如学术委员会、学位委员会、教学指导委员会等专业委员会，作为教授委员各利益相关者共同参与学术事务的决策。教授委员会既要处理好外部权力关系，又必须协调内部权力关系，使教授以专家身份参与学校事务的决策中，发挥其学术决策权和咨询建议权，避免决策事务而造成学术偏离发展。

六　大学内部治理过程

　　大学治理以战略导向为准，规定大学的基本架构，确保大学的管理处于正确的轨道上，并且需要内外部的显性、隐形的契约和市场机制为实施基础，通过一种自上而下和自下而上的双向沟通关系，进行内部治理机制和外部治理机制以及激励约束机制等实施手段，来实现大学各个利益相关者权力的平衡这一目标。[①] 就大学内部治理而言，主要将治理主体、客体对象限制在大学内部。西方的大学内部治理一般采取董事会制度、大学教职治理制度、行政领导制度，相较国外而言，我国的大学治理更注重探讨大学的外部治理结构，善于将大学治理与社会实际接轨，重视大学与外部环境间的沟通协调关系，而对大学内部治理的探讨相对不足。事实上，大学内部治理过程是各方利益的平衡协调过程，在大学内部治理过程中主要是协调性和系统性的统一。加强大学内部治理，是保障师生、职工、科研人员权益，尊重知识、促进学术发展，培养人才、推进文化事业的有效保障。对大学外部治理结构的研究和完善，不仅是促进社会的全面协调发展的需要，更是综合考虑大学和各个外部利益相关者的实际发展需要，为国家战略规划指引下的区域的经济、社会发展提供智力支持和人才的培养保

---

　　① 李福华：《大学治理的理论基础与组织架构》，教育科学出版社 2008 年版，第 18 页。

障机制。优良的内部治理机制必须具备协调性，才能综合协调各利益相关者的能动性和积极性，实现资源的有效配置和交流共享机制，这也是利益相关者理论的内在要求。协调性的特点内在地蕴含着利益相关者之间的关联性，但它们并不是杂乱堆积在一起的，而是"自觉"地构成一定系统，使大学内部治理具有系统性的特征。各层级部门、不同利益群体、不同学院都应是有机地统一在大学这个整体中。

第三节　利益相关者理论

从利益相关者理论视角研究治理，是指在众多不同利益相关者共同发挥作用的领域中，为进行某一计划，建立起一致的或取得认同的权威，即治理主体在特定范围内使用权威。

一　利益相关者理论的内涵

（一）利益相关者理论

1963 年，美国斯坦福研究所的一些学者首次明确提出"利益相关者"（Stakeholder Theory）理论并将其定义为：对企业来说存在这样一些利益群体，如果没有他们的支持，企业就无法生存。① 此后在瑞安曼、安索夫等学者的不断研究推进下，其理论建构有了进一步的发展。在英美等资本主义国家，传统的"股东至上理论"（shareholder primary theory）逐渐受到企业界的质疑，外部控制型的公司治理模式逐渐形成，在实际运用中取得了较好的效果。其理论内涵越来越丰富，主要适用于经济学领域，对于公司的发展而言是整体的指导性的理论。该理论认为任何一个公司的发展都离不开各种利益相关者的投入或参与，比如股东、债权人、雇员、消费者、供应商、客户、经销商、管理者、政府等，他们不仅影响企业发展也受其影响，承担企业的部分经营风险，因此有权参与企业决策，企业不仅要为股东利益服

---

① 李心合：《利益相关者财务论》，中国财政经济出版社 2003 年版，第 112—389 页。

务，同时也要保证企业所有利益相关者整体利益的最大化和最优化。①

　　此后，利益相关者理论的外延虽一直有所扩大，但几乎都是限定在经济学的框架内。1984 年，美国经济学家弗里曼（Freeman）给出了一个广义的利益相关者定义，他认为，利益相关者是"那些能够影响企业目标实现，或者能够被企业实现目标的过程影响的任何个人和群体"。②"任何"一词就极大地扩展了利益相关者的外延，按照他的界定，网络群体、慈善机构、新闻传媒、当地社区、政府部门、环保主义者等都有可能纳入利益相关者管理的研究范畴，其理论研究也有了与其他诸如新闻学、心理学、社会学甚至文学、生物科学等学科交叉研究的可能，大大扩展了利益相关者的内涵。然而，这样"放之四海而皆准"的定义有着泛化的倾向，在实际研究和实践领域内实用性不强，推广相当困难。1997 年，美国学者米切尔（Mitchell）在详细研究了利益相关者理论产生和发展历史的基础上，提出了一种属性评分法以界定利益相关者，他认为企业的利益相关者可以细分为确定型、预期性和潜在型三类。③ 这种多面细分法的提出能够提高利益相关者理论的可操作性，有助于其推广运用。此后，随着世界经济的迅猛发展以及经济全球化，世界经济格局产生变化，企业间的竞争加剧，公司治理越来越成为人们关注的焦点，利益相关者理论也在这样的背景下在经济学领域内蓬勃发展。随着理论研究的深入，利益相关者理论也逐渐被用在包括教育在内的诸多领域，其理论的实用性与生命活力得到彰显。

　　（二）大学利益相关者

　　与企业相比，大学是一种更加典型的利益相关者组织。因为大学

---

　　① Charkham J. *Coporate Governance*：*Lessons from Abroad*，European Business Journal. 1992，（4）：8 – 16.

　　② Freeman R E.，*Strategic Management*：*A stakeholder approach*，Boston：Pitman，1984，12 – 38.

　　③ Mitchell A，Wood.，*Toward a Theory of Stakeholder Identification and Salience*：*Defining the Principle of Who and What Really Counts*，The Academy of Management Review，1997，22（4）：853 – 886.

作为一种非营利性组织，没有严格意义上的股东，没有人能够获得大学的剩余利润，每一个人或每一类人（如教师、学生、管理人员等）都不能对大学行使独立控制权，大学只能由利益相关者共同控制，大学是一个典型的利益相关者组织。

关于大学利益相关者的分类和界定，国内外学术界都有所讨论。国外学者罗索夫斯基以密切程度为基点把高校利益相关者划分为最重要群体、重要群体、部分拥有者和次要群体四个层次，在他的划分中最重要群体是教师、行政主管和学生；董事、校友和捐赠者是重要群体；科研经费提供者、产学研合作者和贷款提供者等是部分拥有者；次要群体包括社会公众、社区、媒体等。① 这种划分方式能够直接明了地将各利益相关者群体的重要程度和密切程度标示，便于对大学治理给予范围和程度上的指导。但这对于我国国内大学尤其是数量众多的公立大学而言适用性并不很强。我国学界也对此做出了讨论。金银凤对大学利益相关者进行了罗列式划分，将其分为八种主体，分别是教师、学生、家长、高等学校、教务管理部门、教学管理部门、教育主管部门和用人单位等。② 他的这种分法看似全面，实则多是从大学体系内部进行界定，区分性不强。与此相比，王健对大学利益相关者的划分更广，他认为高等院校是利益相关者契约的集合体，他把高校利益相关者分为两个层次，其中第一层次是学生、院系、教职工、后勤辅助单位、业务科研合作单位；第二层次是政府、主管部门、其他高校、金融界、银行、债权人、企业公司、工会、媒体、环保组织。

在对大学利益相关者的分析基础上，钟洪利用 AHP 算法以重要性、紧急性和主动性三个维度得到了大学利益相关者的权重排序，他认为大学治理的主体应该是关键利益相关者。③ 在以高校教职工和学

---

① ［美］亨利·罗索夫斯基：《美国校园文化——学生、教授、管理》，谢宗仙等译，山东人民出版社 1996 年版，第 56—83 页。

② 金银凤、裴育：《高等教育考试改革中的利益相关者分析》，《山西财经大学学报》（高等教育版）2005 年第 8 期。

③ 钟洪、李超玲：《基于 AHP 的大学利益相关者权重研究》，《科技管理研究》2007年第 9 期。

生为主的人群中得到积极反馈，收获了不少实际有效内容，在上述理
论的启发下，认为大学利益相关者是众多的，包括情况复杂、形态各
异的群体和个人。因此，按照相关性、紧急性、密切性将利益相关者
分为内外部两个层次是较为合理的。大学内部利益相关者应包括教
师、职工、学生、行政管理、教学管理、院系、后勤集团、科研单位
等；大学外部利益相关者应包括学生家长、社会公众、政府相关管理
部门、用人单位、校友、媒体、相关高校、社区、银行、环保组织、
捐赠人等众多可能影响高校发展进程的组织或个人。这其中的许多大
学利益相关者都是根据问卷的内容补充进来的。同时，这些利益相关
者之间还存在着核心相关的区别，大学利益相关者模型应该首以大学
管理为核心，涵盖以学生、院系、教职工、后勤辅助单位、科研单位
为第二核心，同时包含其他第三核心的利益相关者。这三个层次的核
心划分不仅参考了其他理论依据，也根据了调查问卷的结果分析，有
着较强的现实依据，对其进行核心级别的划分有助于明确其在大学治
理过程中的重要性和急迫性。将这两种划分方式交叠在一起，称为大
学利益相关者的双重模式（详见表1－2）。

表1－2

	大学内部利益相关者	大学外部利益相关者
第一核心（核心）	行政管理、教学管理	—
第二核心（重要）	教师、职工、学生、院系、后勤集团、科研单位	—
第三核心（边缘）	—	学生家长、社会公众、政府相关管理部门、用人单位、校友、媒体、相关高校、社区、银行、环保组织、捐赠人

　　从表1－2可以看出，大学主要利益相关者是划属于内部利益相
关者与第一、第二核心内的，这些利益相关者与大学、大学治理关系
最为密切，在大学治理中应首要考虑他们的意见，满足他们的利益要
求。但与此同时，利益相关者理论就是要求考虑各方利益，争取实现
平衡，实现资源的优化配置，那么在大学治理中也不能忽略第三核心
群体。这是利益相关者理论对大学内部治理的重要启示，因此，对大
学利益相关者的分类就有了实践上的指导意义。

二　利益相关者理论的适用性

"利益相关者"能够提供一个有效的分析框架。我们可以通过它重新理解大学制度的本质，即大学制度是高等教育利益相关者之间的"契约网"。阿特巴赫曾经指出："大学不是一个整齐划一的机构，而是一个拥有一定自治权的各种团体组成的社会。"换句话说，大学就是由利益相关者组成的社会机构。因此，准确地分析大学各类利益相关者的性质与特点，是有效管理大学和调动各方面积极性之关键。

（一）大学利益相关者治理模式的基本概念

治理理论的核心内容之一就是要打破政府作为唯一管理机构和单一权力中心的现状，实现管理中心和权力主体的多元化。高校利益相关者治理模式就是要求建立一种由政府部门、高校的教学人员、研究人员、行政人员和学生及职业界与社会团体等利益相关者共同参与的、基于合作伙伴关系的、多元化的高等教育管理体制。它的最终目标是建立一种不是控制监督而是自主合作、不是中央集权而是权力分散、不是由政府统治而是利益相关者合作、不追求一致性和普遍性而追求多元化和多样性的符合共同利益的高等教育治理机制。① 大学治理的主体应该是各个利益相关者的主体。传统教育管理体制的权力运行方向总是自上而下的，高校利益相关者治理模式的权力方向是多元的、相互的，而不是单一和自上而下的，是平等互动的管理过程。在高校利益相关者治理过程中，由于治理主体的多元化，多元化主体之间的权力依赖和合作伙伴关系，以及协商、谈判和交易的共同作用，最终形成一种自主自治网络。该网络强调，各利益相关者为了获取他人的支持和帮助而出让自己的部分权利或权力，依靠自己的优势和资源，通过对话以增进理解，树立共同目标。因此，治理的方式也应该是各个利益相关者共同治理。任何对大学有投入的主体都应同等享有

---

① 胡子祥：《高校利益相关者治理模式初探》，《西南交通大学学报》（社会科学版）2007 年第 2 期。

相应的资源管理及资源使用权利，不同利益主体在治理中承担不同角色，发挥不同作用，高校利益相关者共同治理是寻求一种利益相关者参与共同决策和相互制衡的机制。①

（二）大学利益相关者治理模式的基本架构

大学是多元利益相关者共同控制的组织。不同的利益相关者在大学有着不同的利益诉求，并且通过不同的途径、方式对大学产生影响。它们之间相互影响、相互牵制，形成了大学的利益结构。在上文对大学利益相关者的界定和划分中提到从与大学的关系上看，大学利益结构由外部和内部利益结构构成。

外部利益结构及治理模式。由政府、社会力量等外部利益相关者构成。外部利益相关者是位于大学组织外部的个体或组织，主要通过政策法规（主要是政府）、资金支持等手段，来影响大学的外部环境，通过董事会、选派、聘用大学校长等途径和方式，向大学传达自身的意愿和需求。现代大学的外部治理结构，是关于政府和社会力量如何参与大学管理的制度安排。治理理论主张公共事务的管理权限和责任要从传统的政府垄断中解放出来，形成一种社会各界共同治理的局面。现代大学外部治理结构的关键在于"去中心化"，即转变政府对大学的控制，寻求政府与社会力量的协调与平衡，建立多元治理的格局。转变政府对大学的控制，关键在于明确政府在大学治理中的定位，改变其参与大学治理的方式。政府可以直接参与大学的管理，但政府不是大学的必然代理人，政府的作用应当主要体现在通过立法为大学的发展创造合适的发展环境。大学法令相当于相关者签订的"契约"的一部分，是所有大学共同的契约，是必须遵守的条款。其对大学的兴办以及运作的基本框架给予确定，各利益相关者只需要进行商谈。这样，就减少了构建整个大学治理结构的交易成本，政府也就作为合作者参与，而非独家决定大学的最高决策。对社会力量来说，应该在大学和社会力量之间建立起一个直接的、畅通的信息沟通渠道，

---

① 李福华、尹增刚：《论大学治理的理论基础——国际视野中的多学科观点》，《比较教育研究》2007 年第 9 期。

使社会力量能够直接参与大学治理，促进多元治理机制的形成。社会力量参与大学治理途径，主要在于建立实体性的董事会制度。其目的就是要为社会提供和大学直接交流及反映其对大学需求意愿的机会。同时，发挥社会上有重大影响人士的作用，充分利用他们的专业经验和对社会需求的敏感性，帮助大学确定发展战略和目标，对重大项目等进行审核。当然，在外部治理结构中，政府处于主导的作用，只不过由于社会力量的参与，使政府在参与大学管理时必须考虑其他利益相关者的意愿，与之进行协调，并最终达成各利益相关者共同治理大学的局面。①

　　内部利益结构与治理模式。由行政管理部门、教师、学生等内部利益相关者构成。大学的行政管理包括校长、院长、系主任等的管理人员和以校长为首的行政系统，他们是大学决策的制定者和执行人，是整个行政系统有效运转的保障。这就关系到了学术权力和行政权力的问题，若行政管理者对管理权力控制现象严重，教师与学生等其他利益相关者较少参与学校管理与决策，成为了弱势利益相关者，这就导致了高校管理行政化倾向严重，行政权力与学术权力失衡，导致高校职能拓展过程中产生了不同利益相关者之间的价值取向冲突。因此，应该改变现有的行政主管部门对高校全权管理的方式，引入利益相关者实施高校多元主体治理，成立利益相关者委员会（董事会、理事会等），在资源配置、人事决策、财政预算、专业设置及其他事务方面参与学校决策与管理，委员会各方根据他们参与管理的权力和责任，各行其责，各得其所，实现共同治理。教育行政部门在管理中的角色逐步由直接管理向间接调控转变，学校管理人员只是为利益相关者提供服务的代理人。②

　　教师是高等教育的提供者、组织者、指导者、参与合作者，他们是高等学校人力资源的所有者之一，而且是最主要人力资源的所

———————————

　　① 潘海生、张宇：《利益相关者与现代大学治理结构的构建》，《教育评论》2007 年第 1 期。

　　② 胡赤弟：《高等教育的利益相关者分析》，《教育研究》2005 年第 3 期。

有者；他们既是大学的雇员，又是大学的主人。① 大学作为学术组织，知识资本是其关键性资源。掌握着知识资本的大学教授，毫无疑问，对高等学校拥有一定的支配权和控制权。加强教职员工在大学治理结构中的作用。一方面，作为学校主体的重要的一部分，教职员工在最高权力机关中的地位要加强，要积极激励教职员工代表参与大学重大决策的制定；另一方面，要强化教授在学术委员会中的中心地位，充分发挥教授在学术事务发展中的自主创新意识和精神。

学生作为受教育权的主体，既是大学最重要的教育服务消费者，又是高等学校法人治理结构中重要的利益相关者。对于学生这个利益相关者，也应该建立一定的渠道和机会，让他们可以参与教授评议会的学术管理，进入大学行政集团的行政管理中来，使他们的意愿可以得到反映。同时，也使学校的相关行为能够得到学生的理解和支持。在加强学生权利的途径方面，除了已有的方式外，应注意拓宽思路、突破传统，多向优秀经验学习。增强科学与民主意识，形成科学与民主的传统，可以多从资金、政策上支持学生，加强理论研究，健全和完善民主集中制。在涉及学生个人切身利益的校内改革过程中要充分考虑学生需求，结合实际，进行充分酝酿、严谨分析，并严格执行民主程序，切实解决好与学生利益息息相关的课程设置、基础设施建设、学生管理等各项工作。

三 利益相关者视角下的大学章程权威实效性

通过上文对大学利益相关者的分析，大学章程权威实效需要调节两方面的关系：一是外部关系，即高校与政府的关系；二是高校内部的关系。

一方面，从对外部利益者的分析来看，应当重塑政府与大学间关系。政府与大学的关系需与《教育法》、《高等教育法》和《纲要》

---

① 王荣辉、孙卫平：《基于利益相关者理论的高校治理研究》，《中国职业技术教育》2013 年第 30 期。

的要求相一致，核心问题是政府对大学的资助和拨款方式、大学校长遴选机制和程序、建立大学理事会或董事会等。战略思路已经明确，及时推进政校分开、管办分离，落实和扩大学校办学自主权，建设现代大学制度，需要探索学校理事会或董事会发挥积极作用的机制。政府应该享有大学章程的最终审批权，在制定章程的时候应该要明确政府的管理地位，突出发挥董事会、教代会、理事会的积极作用。

另一方面，要完善大学内部治理结构；明确学术决策权；完善民主监督权；优化大学内部权力运行机制。由于我国的高校内部管理体制实行的是党委领导下的校长负责制，因此，首先需要在这个章程中明确党委领导与校长负责的关系；其次，高校内部最重要的行政权力与学术权力之间的关系如何处理，也需要这个章程来厘清；最后，学校与教职工、学校与学生的权利与义务关系，在这个章程中也必须明确规范，并通过大学章程实现。由此可见，大学章程是一个牵涉到内部所有成员利益的核心制度安排，因此，它的制定就需要经过公开讨论，广泛征求教职员工、学生等各方的意见，并报送学校校长办公会议或校务会讨论，之后提交教职工代表大会审议，由学校权力机构审批、法人代表签署后报送举办者审批。

第四节　公立大学章程权威实效性评价

大学章程是大学的"宪法"，它是维护学校秩序的法律依据，是调整学校、政府与社会等内外部关系的重要手段，是平衡行政权力、学术权力及完善内部治理结构的基本制度。大学章程架构及实施实效是教育规划纲要在完善中国特色现代大学制度部分提出的一项重要任务。为落实《纲要》，加快现代大学制度建设步伐，在《纲要》出台后，国家专门出台了一系列举措推动章程制定核准实施，并于2012年下发了《高等学校章程制定暂行办法》。明确大学章程不仅是大学依法自主依法治校的必要制度，也是促进大学完善治理结构及科学发展的重要载体。大学章程价值、大学章程架构理念及指导下的章程内容及大学章程实效机制是大学章程建设不能回避的几个问题。

一　大学章程价值

大学章程架构及颁布实施是高等教育治理的重要内容，章程涉及了学校内部治理结构以及学校与政府、学校与社会的关系，如果现代大学制度分为外部制度或内部制度的话，那么大学章程就是连接大学内外制度的纽带，是对大学治理结构及权力分配运行的具体规定，其价值内涵如下：

（一）大学章程明确了大学的法律地位

大学章程是大学自治的宪章。大学章程以法律方式确立了大学的法人地位并且从根本上确立了大学的管理运作体制。首先，大学章程是大学设立和获得合法地位的基础。大学章程对大学法律地位的明确规定，使大学与政府、大学与社会、大学内部各权力主体之间的关系法律化。其次，大学章程使学校的社团法人地位和非营利性更加明确，并且确立了大学的管理体制，从而成为大学行使其办学自主权的合法依据。大学章程为现代大学制度建设提供法律基础。大学章程因其效力渊源及其在大学运作中独特的地位而成为大学治理的宪章。同时，它作为与政府、社会交流沟通的合法中介，又成为大学内外制度的衔接者，它为现代大学制度的建构提供了法律基础。

法律法规规范着大学法人行为，而大学内部根本性问题和重大措施则需要大学"宪章"——大学章程来规范，需要以其为基础协调大学内部人员之间、机构之间的关系。如《香港中文大学条例》规定董事会组成及其成员产生办法与程序，校长权力与责任以及其主管部门职责等，都是香港中文大学运作的法律依据。此外，大学章程还明确了大学理念、办学目的、培养目标；教学事务、学生事务、学位的授予；教师的聘任与管理、教师学术权力规定等。大学章程是大学行为总的规范，实际是法的治理模式、法的精神和法律条规在大学的进一步延伸和具体化个性化。大学章程也有利于厘清大学与政府的关系，促使这一关系法律化。

（二）大学章程规定了大学治理结构

大学章程提供了完整的制度体系。大学法律地位的确立，为大学建立自我发展、自我约束的运行机制、实现大学自治与依法自主办学提供了法律保障。除此之外，大学章程还明确了大学的办学理念、办学目的或培养目标以及教学事务；教师聘任与管理、学位授予、学生事务、有关教师学术权力的规定等。大学章程规定了大学的治理结构。大学章程是规范和指导学校建设与发展的纲领性文件，它以类似法律的性质对大学的名称和地址、大学办学的基本原则、基本制度、大学结构和大学机构做出原则性的规定，这些规定不仅是大学制定具体管理制度的依据，也是衡量大学是否依法办学的标准。大学是否按照章程办学是政府与社会监督、管理大学的基本依据。

　　大学章程作为大学的基本制度建设，是现代大学制度建设的主要部分。但是到目前为止，仅有少数大学制定了大学章程。新中国诞生时期的大学管理模式是集权式，大学作为政府的附属机构，一切按行政组织规则运行，并没有体现学术组织的特点，政府控制多于学术自由。"大学是独立的学术组织"的理念是近几年大学经历了政策路径发展后，进入了后大众化阶段，大学管理体制成为了制约大学发展的瓶颈，现代大学制度建立的探索才写进了国家中长期改革发展规划纲要。在此基础上的改革不仅仅是政府的放权，也需要大学人审视大学内部治理。纵观大学发展史，虽然绝对的学术自由和大学自治是不可能的也是不可取的，但政府对大学学术自由与大学自治的诠释，与大学对学术自由与大学自治的理解，因二者处在不同的立场，有着不同的利益，存在着分歧，在现代大学制度建设中，也是成效缓慢的一个重要原因。随着教育体制改革的不断深化，政府与大学对学术自由和大学自治的理解存在的分歧在逐渐缩小，大学章程的建设也将加快步伐。制定大学章程，保障学术自治是现代大学制度的内在要求，也是必然趋势。

　　（三）大学章程是大学实现法人治理的重要保障

　　我国《教育法》第二十八条规定，"学校及其他教育机构行使下列权力（一）、按章程自主管理……"大学章程规定了大学举办者、办学者、大学的权利与义务，规范着大学举办者、办学者、大学之间的关系。"举办者一旦把自己的财产转移到学校，就不能再随便处分它们。学校作为独立的法律主体，有权自主地组织教育教学活动，有权在法律规定的范围内自主行使‘法人财产权’……章程的本质是举办者与办学者在法律约束下的‘契约’，是办学者对举办者的一种行为承诺与法律保证，也是举办者对办学者行使监督、进行诉讼的法律依据。”

大学章程既保证大学举办者、高等教育的管理者不直接干预大学的具体事务，使大学依章自治；又避免大学在运行过程中的主观随意性，使其一切行事均有章可循。因此大学章程为"以面向社会、自主发展、自我约束、社会监督为核心内涵的现代大学制度"的确立奠定了坚实的基础，也是大学走向一流的重要前提和实现自治的重要保障。

（四）大学章程是监督大学运行的基本依据

"学校章程是学校对办学目标、组织架构和管理模式等的系统设计，是学校对‘未来行为’制定的实施方案。它展示着学校的办学理念，展示着学校这个‘价值主体’追求的目标。可以说，有什么样的办学理念和价值目标，就会制订什么样的章程。"所以，大学章程体现了大学的价值追求，描述了大学应有的运行轨迹和原则。社会公众通过对照大学章程规定的各事项，可以了解大学的宗旨、财务状况等运行状态，为其进行决策提供参考依据，尤其是政府或民间的评估机构可以以大学的章程作为其评估大学的重要依据之一，从而了解大学的教学状况、管理状况。此外，大学的举办者、办学者、学生、教师可通过大学章程明确了解自己所享有的权利与承担的义务，这既有利于其了解大学的发展状况，又有利于其依章参与大学的管理工作和维护自身的合法权益，促进大学管理的民主化。

因此，大学章程价值内涵体现在大学章程是实现自主管理和依法治校，依据教育法律、法规制定的规范，也是举办者、办学者、教师、学生等之间内外部关系的法律性文件，同时还是监督大学权力活动的合法性依据。

二　大学章程理念

完善现代大学制度需要章程建设为载体，以此打开治理变革的突破口，要实现这一目标，如何建构符合现代大学理念、现代大学制度精神以及大学特色的章程，就必须讨论大学章程建构理念。大学理念是大学办学得以存续与发展的核心本质，是现代大学制度的基础，也是大学内部治理结构的根本体现。

（一）大学章程理念概念

人们在历史发展过程中对大学形成了一系列认识与追求，所形成的理性观念和哲学观点体系构成了大学理念。首先，它蕴含了大学是什么、大学能做什么的内容，包括大学的内涵、宗旨、使命、职能等基本看法和理性审视；其次，它总结了大学应该是什么、大学应该做什么的内容，包括大学的理想、信念、责任、变革与走向等发展构想和展望；最后，它指明了大学需要坚持什么、大学应该把握什么的内容，包括大学教育价值观、质量观、效益观等与大学教育改革与发展密切相关的指导思想和基本原则。大学理念彰显着大学的发展目标、行动方向、决策模式、公共职能以及人们对大学运行模式优化与完善的设想。① 真正的教育应先获得自己的本质，教育须有信仰，没有信仰就不成其为教育。② 大学理念是一种指导思想、信仰实践，也是一种与时俱进的品质，它作为一种价值观念的存在由大学章程架构来承载和发挥其作用。

大学理念的丰富发展离不开学术科研组织的本质属性。自大学走出象牙塔之后就逐渐演变成服务于全社会、全人类的公共事业，它在充分利用自身所拥有的公共学术资源的基础上，不断满足人的全面发展的需要并实现自我个性。同时，大学通过对学术科研活动参与者的培养与完善，将自身所拥有的公共资源转化为个人的学术素养与技术水平等实际能力，并经由个人在社会中的自我实现达到公共学术资源取之于社会、用之于社会的目的。大学的学术性本质要求其理念核心以人才培养为主要内涵，人才培养的类型与方向、规模与质量都必须满足社会的需要，这样才不至于学术资源的浪费，实现物有所值、材

① 韩延明：《大学理念及其相近概念辨析》，《教育发展研究》2004 年第 8 期。

② ［德］雅斯贝尔斯：《什么是教育》，邹进译，生活·读书·新知三联书店 1991 年版，第 55 页。

有所用的价值理念。① 大学理念根本上是源于大学组织学术科研活动的核心，又服务于其内部具体的人员配置、权力划分、组织结构、制度建设等，更重要的是它的提炼与凝结形成了一种文化传承并影响作用于大学内部的各项活动。引领着大学理念其中的办学思想不断丰富与完善，满足并适应于愈加大众化和现代化的内外部环境，通过理念与实践的结合指导着大学的发展与前进方向，如此相互循环促进使得大学组织能够依赖其学术本质属性长存于社会而经久不衰。大学理念不仅仅是单纯的作为一种价值观念的存在，它还是组织建构与制度建设的重要理论支撑，其实践意义影响着大学组织结构和现代大学制度的优化与完善，进而有助于公共学术资源的有效利用及其作用的充分发挥，彰显了理念的社会效益和经济效益。②

　　章程是大学设立及其合法地位取得的制度性基础，它首先树立了大学的法律权威，并且从根本上规范了大学的运行模式，是评价其他规章制度及其执行的准则。大学章程以结构规则、操作原则以及相关权力概念与边界的厘定等为指导思想，形成了严密的逻辑体系，涵盖了大学内部管理事务与治理活动的各个方面。《高等教育法》要求大学章程应规定大学的名称和校址、办学宗旨和规模、学科门类的设置、教育形式、内部管理体制、经费来源、财产和财务制度、举办者与大学之间的权利与义务、校长的权力与义务、大学重大事项的决策程序、章程修改程序等重大事项，同时，它还要体现大学的办学思想、发展方向和培养目标等指导理念，因此，章程所规范的是大学在变革与发展中的核心本质问题。③ 大学章程必须规定大学内部治理结构，重塑大学学术权威，提高学术权力在大学内部权力结构中的影响力，使大学内部各项权力的行使更加均衡。大学章程须体现现代大学理念，促进大学内部治理围绕学术事务，服务于学术活动。大学章程的核心本质是要保障大学学术权威以及学术活动的有序与高效运行，优化大学内部治理结构中的学术权力行使。

---

① 李少华：《大学理念与现代大学制度》，《北京大学教育评论》2005 年第 S1 期。

② 韩延明：《大学理念论纲》，人民教育出版社 2003 年版，第 23 页。

③ 杨晓波：《简析中国公立大学章程的内容》，《四川教育学院学报》2008 年第 4 期。

　　大学章程的架构，不仅要求制定程序中的专业化支持，更重要的是融入学术理念。"大学章程理念是人们投射到大学章程这种制度建设上的一种精神祈望与价值建构，是大学章程的灵魂。"[1] 它随着自己所孕育的章程载体的发展演变也在不断地丰富和完善。大学章程因其正式性和严肃性，为大学组织扮演了话语传达、精神呈现及路径指导的功能。[2] 大学章程在维护自身理想与信念的同时，能规范和适应内外部环境，将当前盛行的治理思想融入自身理念内涵之中，这也是为章程制定程序中的理念赋形。大学章程理念基于大学理念的理性和大学章程的实效性而形成，大学理念是对大学根源本质的理性认识而形成的一系列理论观点与价值观念，它作为大学的精神与灵魂贯穿于大学各项活动中。大学章程是对大学各项活动以及内部治理起着制度性的规范作用，承载着大学理念使其能够顺利地融入大学内部各项事务中，因其制度性需要使大学理念从一种精神追求变成一种理性存在，大学章程理念在章程的制定与实施中使其更好的承载和体现大学理念，既能使存在于章程中的大学理念不失其本质，又能使承载理念的大学章程不流于形式。大学章程理念还应充分考虑使章程发挥实效，它的本质核心是指导大学章程的架构建设及其实施过程，进而规范大学内部治理活动及其结构。大学章程理念基于其理性而融入具有制度性的大学章程中，满足和适应了大学内部治理结构的需求，在其指导与实施下的大学章程能够高效的发挥治理作用，充分体现学术本质，彰显学术价值。

（二）大学章程理念是章程权威实效重要理论基础

　　大学章程通过对内部权力进行分配与制约，以达到规范治理结构、平衡权力配置的目的，进而保障章程的权威性与治理的高效性。[3] 大学章程建设的核心是强化在其内部治理中的功能，把握大学治理的要素，从内部结构、决策模式、监督模式、学术治理等制度建设发挥章程治理

①　姚叶：《国外大学章程理念的公共治理取向》，《高教探索》2011 年第 5 期。

②　姚叶、黄俊伟：《中国大学章程的定位分析》，《大学教育科学》2009 年第 1 期。

③　周光礼：《完善中国现代大学制度——以大学章程为载体，以治理变革为突破口》，《大学》（学术版）2012 年第 1 期。

功能。① 大学章程理念的凝练为章程建设提供指导性与操作性基础。

　　大学章程理念的缺失容易导致学术决策权威丧失，不利于大学核心本质的保证且影响大学内部治理结构的优化与完善。大学章程理念的凝练基于大学特征，体现大学内部治理结构的要求，是章程制定与实施的指导思想；章程理念下的大学章程内容应符合大学组织内涵特征，形成于现代大学制度的建构与完善，最终指导大学内部治理结构的实践。大学内部治理结构中学术权力与行政权力的决策地位平衡、监督模式的参与、特色性与开放性的彰显都体现在章程内涵与指导思想中，通过对学术自由的充分保证，以及强化学术权力在决策与监督过程中的权威影响，正确合理发挥章程的法治作用与强制力，真正从制度层面保障大学的学术性和文化特色，规范大学的定位和结构，最终才能保障学术治理活动的有效性。

　　通过以大学的制度理念及内部治理理念为蓝本，对章程理念具体内涵进行提炼，对于提高大学章程自身的权威性与实效性及加强对大学内部权力结构配置有着重要意义。

三　大学章程权威实效性评价

　　大学章程理念建构是指导章程制定与实施的重要理论基础，大学章程内涵既要体现现代大学制度的建设成果，又要规范内部治理结构的合理运行。

　　（一）　大学章程特征

　　大学章程是大学的"宪法"。在世界高等教育史上，大学章程起源于欧洲中世纪的大学初创期，主要是以国王特许状的形式授予大学一些必要的权力，规定大学应尽的义务。此后，这类特许状就成了大学章程的雏形。当前，在大学制度发展相对较成熟的国家如美国、英国、德国以及中国的香港和台湾地区，大多数大学都有成文的大学章程。在我国的历史上，一些大学在建校之初也建立自己的章程，新中国成立后的大学管理高度集权，其管理体制不同于欧美大学，章程没

---

① 刘虹、张端鸿：《大学章程治理要素的国际比较》，《复旦教育论坛》2012 年第 3 期。

有存在的理由。直到当前把建立现代大学制度作为高等教育管理体制改革的载体，大学章程的建设才重新引起相关部门重视。对大学章程产生及内涵的理解影响着大学章程价值的发挥，因此，为全面、科学的发挥大学章程的价值有必要澄清大学章程的内涵。

许多学者对大学章程进行了定义，认为大学章程是确定大学管理权力之渊源，确定内部组织构成及其各类主体的权利和义务，同时赋予大学自主的规则制定权，从而实现大学自治管理，建立一种治理结构和管理体制，形成一整套管理制度；也有人从依法治校角度认为大学章程是保证学校自主管理和依法治校，根据教育法等法律法规的规定，按照一定的程序，以文本形式对大学的重大的、基本的事项做出全面规定所形成的规范性文件；还有人从大学自主权的角度指出大学章程是为了落实高校办学自主权，满足高等学校自主管理和依法治校的需要，根据国家法律、法规，由举办者和办学者根据法定程序制定，并对大学重大的、基本的事项做出全面规定而形成的规范性文件。

为了正确理解大学章程，我们应注意以下几点：大学章程是为了保证大学依法自主管理和正常有序运行的；大学的举办者是根据国家相关法律条文规定等制定大学章程的；大学章程是结合大学自身实际情况，按照一定的程序流程，以条文的正式形式对大学重大事项做出的原则性、基础性规定而形成的规范文件。这些重大事项包括大学的办学宗旨、根本使命、议事规则、资产来源、师生权益等；大学章程的核心内容是对大学内外部教育法律关系进行规范。可见，大学章程是具备法律性质的，很多学者也认为大学章程可以说是一种"类法律"。它的主要特征体现为：

首先，任何大学章程都起到了调整大学校内各教育主体行为关系的作用，它是基本的治校规范、标准，具有统领性质，是其他所有校内制度的"上位法"。这是大学章程的基本法律特征。它是明确、具体、规范的，它在大学范围内可以产生法律效力。

其次，大学章程是以权利、义务关系为调整机制的，通过对大学内各教育主体的权利义务关系进行规范要求，使大学内的各项法律关系达到平衡。

最后，大学章程是普遍的、明确的、公开的。它的内容面向所有适用对象，使之各相关主体可以参与、监督，提出修订意见，促进大学章程不断完善。

综上所述，大学章程是关于大学生存合法、治理合理、运行高效的重大事项，也是关系主体权力和权利利益平衡的基本文本。大学章程的基本内容由现行的法律法规所设立，章程文本有校名校址、办学宗旨、办学规模、学科门类设置、教育形式、内部管理体制、经费来源、财产和财务制度、举办者与学校的权利义务、章程修改程序及其他规定事项10项内容。大学章程独有的法律性质和特征使得它在现代大学制度建设中的地位极为重要，对大学的稳定、健康和可持续性发展的重要性是不言而喻的。大学章程在功能定位上应维护大学的组织理性，目标定位强调以建立现代大学制度为基础，提高办学效益，使办学自主权成为法律化核心，价值定位要坚持保障学术自由，通过正确合理的定位明晰章程建设的理念与指导思想。① 内容架构中要体现章程理念及规则体系内涵，保证大学章程在大学依法治校及运行中的权威性，体现大学特色及其指导意义。②

（二）大学章程权威实效性评价要素

作为具有法律属性的大学章程，探讨制度实效是指当前大学章程有效实施过程中迫切需要解决的问题。为了更好地理解实效的内涵，我们对实效与效力，实效与实施、实现等相关概念进行辨析以得到更为准确、清晰的理解。研究大学章程的实效其本质是研究大学章程作为"类法律"在大学范围内的被执行、适用和遵守的状况，所以要从法学视角来界定大学章程实效评价要素。

1. 效力与实效

法律效力是指由国家制定或认可的法律及其表现形式，即对主体行为具有国家统一强制作用力，表征为法律的形式有效性。法律效力表征的是法律自身的存在及其约束力，属于理想的、静态的应然

---

① 姚叶、黄俊伟：《中国大学章程的定位分析》，《大学教育科学》2009年第1期。
② 张国有：《关于章程框架体系的思考》，《中国高等教育》2012年第5期。

范畴。

法律实效则是强调法的实际实施状态，属于"实然"的范畴。表征法律的实质有效性，即哪一些法律被人们实际遵守、执行或适用及它的实施状况。由此可推论到具有法律属性的大学章程，其效力是由国家权力机构或委托大学主管机构审批认可和通过，由大学制定的校内法律，它对大学的各教育利益主体行为都具有统一的强制执行力，表现为大学"宪法"的形式；而章程的实效则强调章程的实际实施状态，体现的是章程的实然有效性，反映了章程被大学各主体实际遵守、执行及它的实施程度。

2. 实施、实现与实效

法律实施与法律实现是两个非常相近的概念，甚至有些学者对它们不加区别。而在《中国大百科全书·法学卷》对法律实施所作的解释是："国家机关及其公职人员、社会团体和公民实现法律规范的活动。"这是个活动过程，它包括法律执行机关执行法律和一般公民遵守法律。"严格地说，法律实施（enforcement of law）是指法律在社会中的运用、强制贯彻，即法律自公布后进入实际运行。法律实现（fulfillment of law，realization of law），则不仅指法律转化为现实的活动（法律实施），而且还包括这一活动所产生的结果。"所以，"法律实施只是法律、法规等开始生效，实施的目的是要使法律规范的要求在生活中实现，但还不等于实现"。而法律实效更强调法律实施的状况及其有效性。同理，大学章程的实施是指章程在大学内贯彻，进入实际运用状态；章程的实现是指章程的规范、协调等立法目的得到实现的理想状况；而章程的实效则强调章程实际实施的状况、有效性及章程目的实现差距。

综上所述，效力、实施、实效和实现四者之间，既有区别又有联系，效力是指理想的应然目标；实施是实现的过程和方式，实效是强调实施的状态、程度和有效性；而实现则是最终目的和目标。所以，大学章程实效研究重在研究与诠释大学章程在大学范围内的具体实施状况的有效性，体现为章程作用于高校实际行为人的实际影响和成效，是章程目的实现的前提，只有大学章程发挥了正实效，才可以最终实现大学章程的终极目标。所以，大学章程的效力、实施、实效、实现也是相辅相成的。

3. 法律实效评价要素

判断任何一种法律实效的有和无、好与差，都需要一种标准来衡量，通过对其法律本身质量及其实际运行情况的好坏考察，运用某种标准或评价来进一步确认法律实施后法律的功能和目的是否得到了实现，在何种范围和程度上得到了实现。关于评价的标准，不同学者都有不同的看法。

从内容范围来看，主要分为宏观、中观、微观三个尺度，对某一特定的法律规范进行评价是微观评价；对某一件特定的法律或法规、某一特定的法律制度的评价是中观评价；对一个国家的法律整体的评价是宏观评价。有的学者干脆忽略中观评价，直接运用微观和宏观两个维度来进行评价。从实效结果来看，有的学者把实效划分为正面、负面或零效果。"如果是正面效果，意味着法律的实施实现了法律的价值和立法的目的。如果是负面效果，则法律没有实现其价值且还会给社会或个人带来危害或其他负面效应。零效果是指法律实施后，并未在社会上引起相应的反响或给个人带来任何后果，一切依然如故。"另外，高效的法律、低效的法律、无效的法律或者负效的法律也用来评价实效的结果。还有的学者直接把结果分为好、较好、差、较差等。从分析方法来看，有的学者根据权利、义务的实现程度或违法制裁的力度等提出了具体化的评价。"他们以科学的手段，对实效进行了定量与定性评价，比如以法律效力和法律实效之间的关系比作为定量分析的框架；以法律制定前的社会秩序状况数量统计和法律制定后的社会秩序状况数量统计之关系比作为定量分析的框架。""而定性的评估则产生于定量的评估之后，即在对某一部法律的实效在定量评估的基础上，对其法律实效做出性质上的判断。"学者们都是建立在客观分析的基础上，通过自定的标准体系来衡量一种法律的实效。虽然每种评价的表现形式不一样，但反映的思想大致相同，任何一种法律法规不可能完全有实效，也不可能一点实效也没有。

而学者对法律实效的定义也还没有形成权威的定义，有人认为

"法律实效是指立法者的意图和期望由文字上的规定作用于社会实际生活及人的行为所产生的实际影响和成效"。还有人认为"法律实效即是法律的功能和立法目的实现的程度和状态"。比较达成共识的观点是"法律实效指法律在现实中被人们实际施行以及法的功能、法的目的实现的程度和状态"。法律实效不仅指法律运行过程中被人们实际施行的状态和程度,还应包含法律实施后所产生的实际效果,"只有实现法律的功能和目的才是实现了法律实效,这构成了正确界定法律实效的不可或缺的两个方面"。

对于任何法律的实效评判,都需要一种标准来衡量。大学章程的实效目前还无法通过量化指标来评价,本书在定性分析的基础上探讨影响大学章程实效的制约因素。大学章程作为"类法律"在大学范围内的被执行、适用和遵守,不仅包括研究大学章程实施状态及程度,而且包括实现章程功能和目的的程度及产生的实际效果。因此,可以说章程实效需要考量章程功能及目的程度,考量大学章程本身的合法性和合理性;而实施状态及程度又与大学章程实施过程中的内外部制度因素高度相关,国家法制化进程必然会推动各个领域法制化,大学章程实施离不开国家与大学法制化要求,只有政府与大学都认识到了大学章程的法律地位并予以重视,大学章程实效才可得到制度上的保障,发挥统领作用。大学章程被执行、适用及遵守则受教育主体的法制观念、主流价值取向及习惯等因素的影响。定性研究大学章程实效离不开以上三方面内容。

第二章

公立大学章程权威实效性

前一章阐述了现代大学制度理论、治理理论、利益相关者理论框架，讨论了公立大学章程权威实效性评价要素，本章将论述公立大学章程权威性，并从大学外部即政府责任探讨公立大学章程实效性。后四章将重点从大学内部角度，探讨我国公立大学章程权威实效性机制的四个主要内容，包括大学治理结构这一基础性要素；大学章程实效的章程理念指导性；学术权力制度安排及教代会学术权力监督完善。

第一节 公立大学章程权威性

大学章程建设是现代大学制度改革的载体，对大学章程的认识及其制定、实施和实效都是现代大学制度探索的紧迫问题。章程作为大学的宪法，需要从法理视角探讨章程权威实效，须研究章程权威生成，重点探讨怎样实现权威问题。

现代大学制度改革试点，主要有制定完善大学章程、探索学校董事会及学术委员会发挥积极作用的机制等内容，大学章程理论研究尚有一些问题未解决，章程建设实践问题研究已迫在眉睫。我们知道，现代大学制度构建的核心是政府宏观控制，大学面向社会依法自主办学，民主管理，一般涵盖大学宏观管理问题，即政府如何管理大学、大学的他治；微观管理问题，即大学如何自我管理、大学自治。作为现代大学制度载体的大学章程制定和完善是制度建设的具体化，是现代大学制度建设的重要内容。政府部门已陆续核准了一些大学的章程，随着《纲要》实施和《高等学校章程制定暂行办法》（以下简称

《办法》）的出台，国家要求在 2014 年完成大学制定和核准工作。当前如何实现章程权威，摆脱制定章程易，执行章程难、"用不上"、"不会用"和"领导重视就有用"的困境，不仅需要解决对章程性质的认识问题，还有章程内容的针对性、探索性问题及章程实施的实效性问题，同时章程信仰和法治文化方面的培育也不容忽视。

权威是人类社会实践过程中形成的具有威望和支配作用的力量。政治学和社会学认为，权威是权力在人的头脑中的主观反映，权力是"社会体制中职位的标志，而不是某个人的标志，当人们在社会机构中占据权势地位和支配地位时，他们就有了权力"①。权力本质就是主体影响和制约自己或其他主体价值资源的能力。人为了更好地生存与发展，必须有效地建立各种社会关系，并充分利用各种价值资源，因此就需要对自己的价值资源和他人的价值资源进行有效的影响和制约，这是权力的根本目的。权力的客观目的在于影响和制约他人的价值来为自己的生存与发展服务，因此权力是一种客观的、间接地价值形式，它必然反映到人的主观意识，形成权威。

不同社会形态需要不同最高权威类型，宗教权威、君主权威、领袖权威等曾作为控制社会生活的最高权威，在以西方发达国家为代表的法治社会，法律取代了君主而成为公共生活中的至上权威。韦伯认为，现代社会权威合法性形式应该是"理性—法律"权威。这种权威是社会经过理性的选择和法律制度认可确立，主张理性是法律制度的权威性基础，甚至主张理性及作为理性产物的法律是一切政治制度和政治权力的基础。因此法律在国家和社会生活中成为最高权威，是人类历史发展的趋势。

一　大学章程权威概念

大学章程作为大学"宪法"和最根本制度，具有法的属性，具备法的功能，体现了法的价值，发挥着法的作用，体现了大学章程的合法性。

---

① ［美］托马斯·戴伊：《谁掌管美国——里根年代》，张维等译，世界知识出版社 1985 年版，第 11 页。

首先，大学章程权威产生于权力，是某种合法权力的反映形式。权力通过发布命令来安排或联合其他各个行动者的行动，这些命令之所以行之有效，是因为被命令者认为这些命令是合法的。在政治领域，权威与权力是分不开的，正如马里顿所言，"把权力与权威分开，就等于把力量同正义分开"。心理学家则视权力为人们行动和互相作用中的一个重要的基本的动机。从制定的法律依据来看，大学章程根据教育法高等教育法等法律法规制定，是其具有法律效力的前提。从调整的对象和核心内容看，高等教育法规是就大学发展过程中的基本的、重大的、共同事件进行规定，大学章程依据高等教育法规定学校的根本的全局性的重大事项，同时又自主设定相关主体的权利义务责任，两者体现了一般与特殊的关系，既体现与国家法律、法规的一致性，又体现了举办者的意志，具有特殊性，体现了章程权力的合法性。章程规定大学追求学术自由和大学自治，揭示了大学学术权力和行政权力的支配关系、本质目的和权力运行模式，反映到大学主体的主观意识，就形成章程权威。

其次，大学章程权威本质是一种控制力和约束力。一方面法律权威是一种控制力量，法律作为社会控制的主要手段，具有国家意志性，处于最受敬重地位，至高无上的威严，因而具有威慑力，对社会产生控制作用。科尔曼（JamesColeman，1927—1995）认为权威是"拥有控制他人行动的权力"[1]，是把其他非法律权威的运用建立在法律权威的控制之中，各种权力应该服从法律，只服从法律，法律不承认在其规制范围内有高于它自身的任何权威。另一方面权威具有一种约束力，法律具有国家强制性，神圣不可侵犯，具有最高威力，以约束、服从和遵守为前提。强制力是法律权威存在的制度基础，无论是法律的产生抑或是法律的实施都离不开国家强制力的作用。美国社会学家马尔库塞认为权威的本质是一种约束力量，它把社会关系和政治关系团结为一个整体，整个制度通过服从、义务和默许发挥作用。恩

---

① ［美］詹姆斯·科尔曼：《社会理论的基础（上）》，邓方译，社会科学文献出版社2008年版，第139页。

格斯从历史唯物主义立场出发，指出权威是指把别人的意志强加于我们。权威的本质要求服从，即使我们认为这种服从与行为理由相冲突。① 从章程效力范围来看，大学章程由举办者制定或委托大学制定，是关于大学宗旨理念、目标任务、管理体制等的原则性规范，内容纲领性强，其效力高于学校一般规章制度，体现举办者的意志和大学意志，是规范大学内外部主体权利义务的基本制度，在大学管理过程中处于最重要地位，规范大学主体行为和办学秩序，对大学内外部的一切相关教育活动都具有强制性和约束力。因此，大学通过执行章程对大学运行进行约束和控制，是其权威体现的核心和根本。

最后，大学章程权威还是一种内在影响力。美国当代著名政治学家罗伯特·A. 达尔认为"权威"是一种"影响力"。学者们进一步把影响力分为"外在影响力"与"内在影响力"或"显现影响力"和"隐含影响力"。法律的权威不仅体现在国家意志性和强制性这种外在影响力，同时也体现为一种内在的隐性影响力。弗里德曼说过"法典背后有强大的思想运动"，法律问题从一开始就明显不仅是法律问题，同时也是文化问题。大学章程的内在影响力表现为主体对章程制定及其实施理想化状态寄予的心理期望，寄托了主体信赖公正的心理。包括章程价值取向、内容被人们熟知和认同，受人尊重和推崇，确保章程正义、平等、自由价值得以实现。大学章程是大学内部自主办学和外部对大学实施影响而相互协商的产物，反映了大学和社会特别是和政府间的权力支配和平衡关系。科学的大学章程既符合国家和社会对大学主体行为准则的要求和期待，又能满足主体追求公正的愿望，保障主体利益反映主体意愿，进而对章程产生心理认同、信任和遵守，对大学对社会产生积极影响，形成感召力和凝聚力。"权威有使人服膺的力量；这种服膺是出自服膺者心甘情愿的意愿，否则他们服膺的便不是真的权威。"由此可见，大学章程权威也是大学关系主体对章程产生的服膺的心理信念和动力。

---

① ［英］约瑟夫·拉兹：《法律的权威：法律与道德论文集》，朱峰译，法律出版社2005 年版，第97 页。

基于以上分析，作为大学校内法的章程权威包括三层含义：权威意味着大学权力的存在及其支配关系，在规范大学教育教学活动和大学外部活动中具有强制性和约束力，属于至高无上的地位，享有崇高的威望；这种支配关系的存在来自于大学利益相关者的承认和服从，得到普遍的遵守和广泛的认同感和归依感。

二 大学章程权威生成

"生成"的含义为生长、形成和建构。大学章程权威生成就是"法"的权威在大学活动中的形成和建构的过程，应具备正当性和合目的性即合法性、正确性、科学性和合规律性即合理性等特点，同时还须营造认同和信仰章程的文化氛围，章程权威才能生成，才能在完善内部治理结构，规范行政权力与学术权力，调整大学教育教学活动和保证各主体利益等方面发挥重要作用。

（一）合法性是大学章程权威生成的基础

合法性的"法"既包括成文法制定法，也包括人们对权力合法性的社会观念、文化传统和价值追求，即正式意义的法和非正式意义的法。"合法性的基础取向是正当性，其本质是合目的性。"从正式意义的角度，大学章程首先应是大学获得合法地位的基础。章程作为行会、社团的组织规程和办事规则，须通过合法的程序制定、组织和成员认可及组织一切活动须遵守，成为组织的最高准则和根本性规章制度。从西方大学发展史来看，中世纪以来欧美国家大学作为行会组织，一般都先有章程后有大学，保证了大学学术自由大学自治等诸多权力，制定大学章程作为举办大学的必要条件而得以延续。我国教育法律也规定设立学校及其他教育机构必须具备的首要条件和基本条件就是有组织机构和章程，因此大学章程应是大学设立即大学获得合法地位的基础。其次，大学章程的合法性取决于大学章程应依法制定。大学章程应是根据国家法律赋予大学自治立法权制定的、规范大学组织及其内部活动的自治法，也是大学成为真正的独立法人、拥有办学自主权的重要前提。大学章程是法律法规与学校规章制度相结合的产物，应不同于其他的具体规章制度，且从法理上高于大学本身的法律效力，大学的具体规章制度都不得与大学章程相抵触，学校的教育教学和管理活动都必须以大学章程为依据。最后，大学章程应是大学依法治校依法治理的基础。我国《教育法》、《高等教育法》等法律法规明确规定应制定章程并按照章程自主管理，应确认大学章程作为大学治理的总纲和基本法地位，把制订完善执行大学章程作为依法治校依法治理的基础和核心环节。

从非正式意义的角度，其合法性指体现社会正义。正义体现法律的基本价值，也是人类普遍认为的崇高价值，是人类追求的理想状态。古罗马查士丁尼认为"法学是关于神和人的事物的知识，是关于正义和非正义的科学"[①]，正义指公正合理的制度、行为和关系等，是个人行为和社会制度的公正性、合理性和有序性。大学章程的正义价值表现为其本身是正义的，其根本和核心是通过对人的权利与义务的设定与分配，实现利益调整和利益相对平衡，并在调整和规范教育关系和教育行为过程中体现公正合理和有序，这是章程制定的出发点和归宿。"一个合理的和令人满意的法律制度之所以会得到社会大多数成员的遵守乃是因为它服务于他们的利益，为他们所尊重或至少不会在他们心中激起敌视或仇恨的情感。"[②]从工具价值的立场出发，权利乃是人们实现利益的手段，权利是手段，利益是目的。章程首先要尊重人，以保护人的基本权利为基础，使主体的正当利益和需要得到满足，体现一种人文关怀和公平价值。其次它应该为人们的行为提供某种指引和评判，促使教育主体行为正当性和标准性。最后还在于它的教育意义和秩序意义，把章程规范内化为教育主体的思想意识并转化形成人们的行为，从而自觉遵守和维护章程，实现章程权威。因此章程正义性是权威实现的基础。

（二）合理性是大学章程权威生成的关键

章程权威生成不仅应具备合法性，也须具备合理性。"合理性的

---

① ［古罗马］查士丁尼：《法学总论——法学阶梯》，张企泰译，商务印书馆1996年版，第5页。

② ［美］博登海默：《法理学法律哲学与法律方法》，邓正来译，中国政法大学出版社2004年版，第97页。

基本含义是科学性、正确性，其指向是合规律性"，合规律性即指大学章程应遵循大学内外部规律，这是其权威生成的关键所在。合规律性不仅要求章程设计得科学，更重要的是章程执行和实施，体现其价值发挥其功能，从而产生实效性。作为大学校内"宪法"的章程，大学章程不仅应是高校内部管理最重要的规章制度，也应是处理大学活动尤其是处理大学教育利益冲突的首要手段和基本机制，通过调整大学相关主体的权利与义务均等来调整大学内部关系，实现大学内外部的利益平衡。因此大学章程应明确大学法律地位，对大学与政府的各项权力边界进行划分，对政府宏观规划、控制、监管、立法、拨款等权力进行明确，大学举办者和办学者在章程确定的框架内行使各项自主权，作为举办者的政府对大学的干预以章程为限，不得超越，从而遵循大学外部规律，保障大学自治。大学则按教育规律、教学规律和人才培养规律办学，保证学术自由。从而维护大学正常运行秩序（关于大学章程形式、实质及实践合理性还将在下一节详细阐述）。

（三）认同性是大学章程权威生成的思想保障

法律权威不仅应是外在强制力也应是法律内在说服力得到普遍支持和服从。法律的实施尽管离不开国家强制力与约束力，但法律权威并不是"强权即公理"之逻辑，并不等同于法律有强制性就自然而然地具有了权威，依靠外在强制力和威慑力的守法是与大学守法主体的心理与意志相违背的，理想状态下的守法应是外在强制的淡化，因此关键要取决于人们对法律的认识状况以及对法律的主观态度。从大学章程权威生成的逻辑看，章程权威生成的保障应取决于大学主体对章程的接受，而这种接受最根本的表现和要求就是对章程的认同和信仰。大学章程信仰表现为主体对章程的心理自主选择内化为人们的信念，并最终落实为对章程的遵从。"法律必须被信仰，否则它将形同虚设。""它不仅包含有人的理性和意志，而且还包含了他的情感，他的直觉和献身，以及他的信仰。"① 依法治校，法治信仰是不可或缺的

---

① ［美］伯尔曼:《法律与宗教》，梁治平译，生活·读书·新知三联书店1991年版，第28页。

精神条件。大学章程体现"法"的意志、具有强制力，但强制力往往与主体的心理和意志相冲突，仅仅依靠外在手段不可能真正保障章程被普遍遵守。现代法制社会，强制力观念的"弱化"已成为一种趋势，大学各主体应将外在约束力量转化为内部的心理机制，逐渐形成对章程及系列规则制度的理性认识，从而成为大学师生乃至大学外部关系主体的自觉自愿，自下而上，逐渐形成对章程和制度的熟知、认同、尊重、信服和遵从。

三 大学章程权威实现

目前，按照《纲要》实施要求，大学章程权威的实现，需要按照教育法律法规规定，落实章程的法律地位，制定完善章程，明确主体的责权利，这是大学管理制度建设的首要大事；且需要执行章程依法治理，这关系到大学有序发展和高效运行的重大问题，还需要在大学文化建设过程中培育大学章程信仰，是关系到大学平稳运行生态和谐的思想保障。

（一）大学章程制定需要体现正义价值

毫无疑问，现代意义的大学无论从先天属性还是当前的制度构建及治理都需要制定大学章程。章程制定的价值取向事关重大。亚里士多德说过："法治应该包含两重意义：已成立的法律获得普遍的服从，而大家所服从的法律又应该本身是制定得良好的法律。"[①] "作为一个理论性概念，法律权威表明法律自身品质的优越；作为一个实践性概念，法律权威表明法律在现实生活中得到人们的尊重、信仰和服从。"[②] 换言之，法律品质优越，人们就能对法律尊重、信仰和服从，法律权威就可实现。法律品质是否优越，是其产生权威的基础。从法理角度看，大学章程品质是否优越首先取决于其正义价值，明确大学主体责权利，体现公平公正实现大学办学目标才具有正义价值，才是大学的良"法"。

---

① ［古希腊］亚里士多德：《政治学》，吴寿彭译，商务印书馆1965年版，第32页。

② 刘杨：《法律权威论》，载张文显、李步云主编《法理学论丛》（第3卷），法律出版社2002年版，第191页。

　　大学章程制定需要实现正义价值。大学的内外部关系主体涉及政府、社会、市场和教师、学生和管理者，既要满足政府、社会、市场等外部的利益需要，也要满足大学内部教师、学生和大学管理者等各类主体的需求，使大学内外部关系主体在权利、责任和利益上相互制衡，实现大学内外部公平和利益的和谐统一，从而维护大学办学秩序，提高办学效率。具体而言，章程制定必须明确各主体权限，在外部关系上，对大学人权、事权和财权等自主权进行规定；在内部关系上，对学术权力和行政权力进行区分，明确各方主体参与、民主管理的机制。按照法律、法规的规定，章程应是大学设立的基本要件之一，但目前我国绝大多数公立大学还没有章程，大学办学无"法"可循，大学章程权威无从谈起；有的大学虽有章程但是事后"补课"，能否执行还要依靠领导班子甚至某一个人的操作，或束之高阁；有的大学制定的章程只是根据高等教育法的条款简单套用和直接拿来，不是过于原则，就是没有本校的特色，缺乏指导性和操作性，章程成了一纸空文；还有的章程与校内规章制度不衔接，实践中规则与章程脱节甚至矛盾，大学管理过程中遇事就容易制定新条例，某大学在清理学校管理条例时竟发现有1000多份条例早已过期，这种现象在高校中并不少见，规则制定速度过快、质量不高让人们对制度的神圣性产生怀疑，失去对制度的尊重和爱戴。大学章程权威没有体现；按照《纲要》要求，制定章程将提上议事日程，这种"事后制定"的"任务式"章程若仅仅是基于某种形式上的需要，认为可有可无、制定不科学无法执行或干脆不执行，大学章程权威都将得不到维护，大学管理将难以实现科学有序。以上现象的产生和问题的存在根本原因是章程没有发挥应有的权力明确和分配的作用，没有体现管理过程中的规范、指导和依据进而产生的激励作用。

　　仅从作为校内制度承接教育法律法规的纽带和桥梁，其校内"法"的属性规定了章程不仅是大学规章，不仅体现在规定大学内部治理结构，更是大学宪章，规定大学与政府与社会的关系。大学章程的制定决不仅是大学自己的事，也是国家权力机关的事。南方科技大学朱清时校长上任伊始就着手制定大学章程，交深圳市人大审议，成为深圳特区的法律，其根本目的在于明确大学与政府权力分配，保证大学自治，免于因人因事因时而变，真正明确及保障大学内部外主体权利，满足大学各利益主体需要，实现利益平衡，否则章程的正义价值无从体现。

（二）大学章程实施必须确保实效性

大学章程的制定和公布只是保证文本的静态实现，更为关键的是使静态的制度得以实现并取得实效，成为大学举办者和全体成员共同遵守的行为准则，约束指导激励主体的教育活动和教育行为，以建立正常的教育关系、维护各主体教育利益和形成良好的教育秩序，体现章程"法"的意志、强制力和刚性要求。"执法必严"，章程只有在执行和实施中才体现其自身价值。"徒法不足以自行"，再完善的制度必须要被公正地执行才能体现出来，大学章程制定之后便应长期严格遵守。没有章程实施的严肃性和实效性，其权威性就无从谈起，章程严肃性实效性是实现权威的根本和核心。

在大学内部，大学章程实施的核心就是有效行使学术权力和行政权力。从已制定的一些大学章程来看，虽明确了学术委员会、教学委员会、学位评定委员会、教授委员会等学术机构和职责，但从当前各学术机构组成和职责履行来看，各个委员会成员绝大多数为校领导和院长的现象非常普遍，校长、副校长和院长既是行政领导又是学术领导的双重身份，很容易出现学术权力依附于行政权力，行政权力挤压学术权力，学术机构成为领导意志合法化的工具，沦为附庸和摆设，导致学术权力弱化和边缘现象。不久前某大学校领导集体退出学术委员会，教授在学术委员会能够行使自己的权力，"能说话、敢说话"了，"纯"教授组成的学术委员会在当前具有重要的"象征"意义，但学术委员会委员的产生是否是教授的民主选举、委员的遴选机制是否科学？学术委员会能否独立地对学术事务做出裁决，"不白说"，不再仅仅是评议和咨询？大学事关重大的事务经费分配和使用等财务制度和教师待遇与考核等人事制度能否有占半数以上的学术委员会参与决策？现行法律法规和章程对大学的内部各权力主体之间的关系缺乏清晰的界定，导致学校决策机构与行政职能部门权力过于集中。现行法律法规和章程修订和执行，应切实提高学术权力的合法地位，健全学术机构的决策行为，充分发挥教授等在学术领域及重大事项中的参与决策作用，由个人或某个部门的行政权力转换为委员会制；强调多方参与、民主管理，使学术权力和行政权力互补和协调，才能真正实现"还权于教授"。

在大学外部，大学章程实施是去"行政化"即有效制约"上级"权力。政府采购、金融支付和副校长提名等教育法律法规确定的大学人权事权财权，不仅是各大学校长长期以来遭遇到的制度和法律困境，也是特区朱清时校长难以跨越的"坎"。从现行校长选拔任用制度看，即使在《国家中长期教育改革和发展规划纲要》规定"改革我国教育管理体制，建立现代大学制度、完善大学校长选任办法"并于2010 年年底启动的当下，从部属大学到地方院校的校长副校长也依然是上级委派，大学与地方交流、大学与大学轮岗，反映出对大学校长与地方干部使用统一标准、大学与地方用人机制相同、大学与大学个性相同。解决章程实施有效性问题，实现其权威，首先有赖行政上级的重视和决心，法律要有其实效性重要的是"法律应当有至上的效力和最高的尊严，当领导人个人以及执政党的意志与法律出现矛盾时，法律必须高于领导人的个人意志"。自上而下，才能"还权于大学"，才能有效地建立现代大学制度。

（三）注重培育大学章程信仰

长期以来，我国法治建设重视立法，而忽视法律赖以生存的文化土壤及对法律的信仰和崇尚。具有浓厚儒家伦理化色彩的传统法律，与道德规范、行政命令之间没有清晰边界，法律往往成为伦理道德附庸和行政命令的延伸。大学同样存在法律意识和制度观念落后，管理过程中的行政化烙印明显，章程制定与实施主观重视不够，很长时间内靠行政指挥、靠上级指令，造成大学行政意识严重且愈演愈烈，大学学术组织属性淡化，人们所说"一个部长一个做法，一个大学党委书记一个想法，一个大学校长一套理论"，人在政举，人走政息，大学没有独立之精神，自由之思想，决不为过。师生员工对章程的价值认识不足、对章程保障自身权利和利益的属性认识不足，大学主体普遍存在对章程认识误区和重视不足，究其原因是缺乏对章程的信仰和尊重。

培育大学章程信仰是其权威的集中体现。海耶克认为法治社会的法应体现社会正义，能反映社会客观规律、经济活动规律，同时也应体现社会关系中的价值内容和道德因素。只有合这样的"法""才可能被信仰"。科学制定大学章程，体现民主、公正、平等、有序等人类正义价值，与大学质效优化的目标相契合，实现主体的利益需要，实行良法之治，从而增强其自身的可信仰度是信仰培育的核心要素。营造"法治"文化是信仰培育的基础。现代法治作为一种系统的有秩序的生活状态，它不仅仅是一种制度设计，同时也是一种文化模式。如果说法治秩序是建立在制度和意识等有机整合基础之上的正式要素，公民文化则是法治得以实现的隐形的、非正式要素，法治信仰需要文化作为保障。大学主体尚"法"理念的构建，是"法治"理想实现的精神先导，与信仰对象的契合，是主观信仰心理与外在信仰行为的统一，是"硬"与"软"的并重，是章程得以高效运行的必要条件。因此，章程信仰的培育还需要文化营造，从而产生对章程的理性认识，培育大学主体的制度需求、制度操守、制度情感和制度遵守。

章程制定原则保证大学自主办学，合理规定大学内部治理结构，反映各主体权利和需求，具备值得信赖的公正品质，体现章程正义价值；同时在大学治理过程中，又以章程为先以章程为重以章程为有效，维护章程的至高地位和威严；就能促使主体形成尚法理念和守法精神，形成信仰章程的文化；反之，章程信仰的文化营造，又能提升对章程价值理性认识并自觉维护和遵守章程。实现三者相互依存和相互促进，方可保证大学章程权威的实现。

第二节　公立大学章程合理性

大学章程实效研究不仅要研究章程架构中大学特许状性质的合法

性，如何提高章程架构的可行性和合目的性？因此还需要研究公立大学章程架构的合理性，对其合理性探寻是大学章程实效的应有之义。

一 大学章程合理性内容

大学章程是指为保证高校自主管理和依法治校，根据《教育法》等相关法律规定而以条文形式对高校重大事项（如学校名称、办学地点、办学宗旨、办学规模、学科门类设置、教育形式、内部管理体制、经费来源和财产及财务制度、举办者与学校之间的权利和义务等）作出全面规定所形成的规范性文件。是根据国家法律赋予大学自治立法权而制定的、规范大学组织及其内部活动的自治规范。

大学章程的合理性首先是科学意义上的合理性。它有"合事实、合规律、合逻辑"的意思，这是大学章程合理性的客观尺度；同时，合理性又是一种价值判断，含有"合目的、合理想、合原则"及"应该是"的意思。这是大学章程合理性的主观尺度；另外，合理性还有一种实践尺度，即大学章程在实践中的合理性要接受实践的检验。可见，大学章程的合理性是合规律性、合价值性和合实践性三者的有机统一。大学章程作为一种制度化的校内"软法"，存在合理性评价问题，如何进行评价，建立评价的维度至关重要。大学章程本质上是一种社会组织规范，在社会学及哲学领域，许多学者对社会组织规范的合理性问题进行了相关研究，这对形成大学章程评价的维度具有重要参考价值。"韦伯在分析社会规范时提出了评价其合理性的范畴——形式合理性和实质合理性，形式合理性就是作为规范体系自身应当具有的要求，如逻辑性、内部协调性、适用性、可操作性和语言明确性；实质合理性则强调从主体生存发展及人性的无限丰富和自由解放出发，对社会规范所追求的目的、信仰和价值进行理性的权衡。"[1]"哈贝马斯从交往行为理论视域提出了评价社会规范合理性的另一个范畴，即实践合理性。"[2] 哈贝马斯把合理性视为主体的一种能力，把

---

① ［德］马克斯·韦伯：《经济与社会》（上卷），林荣远译，商务印书馆1997年版，第127页。

② 陆自荣：《哈贝马斯与韦伯合理化理论之比较》，《海南大学学报》2004年第1期。

主体的活动视为一种主体间进行协商、互动的交往实践，这是对韦伯意识哲学的批判、改造与超越。从而拓展了评价合理性的范畴。合理性不仅是意识上的形式合理性和实质合理性，同时也是一种主体间的以协商、合作、交往互动为核心的实践合理性。此外，马克思、麦考密克等对评价社会规范合理性的范畴也进行了相关探讨。不同学者在分析社会规范合理性评价范畴时存在着一定差异，但从形式、实质（价值）和实践三个维度进行分析是多数学者的共同关注点，因此，大学章程合理性的分析也可从这三方面展开。

二　大学章程合理性分析

（一）大学章程形式合理性

中文语境中，形式是指某物的样子和构造，区别于该物构成的材料，即为事物的外形。大学章程的形式是大学章程外在表现、内在要素的结构组成、生成方式等。大学章程的形式合理性可从如下方面进行分析。

第一，外在形式合理。章程的表达形式是最适当、最合理的，表达特征符合文本的属性，一部好的大学章程应是深刻的思想、严谨的条文与优美语言的结合，这要求章程的表述具有适宜性、清晰性、易懂性和具体性等。首先，大学章程的表达要适合我国国情，诸如政治体制、文化传统、时代气息等，要适合各自学校的校情，如学校类型、层次、专业特色等。其次，章程的语言要规范。既要用符合社会要求的标准语言，更要关注法律术语和教育术语等特定语言，如公益性事业、非营利性法人、教授治学、两级管理、学制、学科、专业、全日制学历教育等，以便准确表述章程的内涵。最后，章程的表述要明确具体。意味着表述要符合语法规则和表达习惯，符合普遍认同和遵守的统一标准，对这种表述不存在不解、费解或误解，同时要详尽而明晰地表明允许什么、反对什么、禁止什么、提倡什么，并确定好利益相关人、组织机构的权利和义务。

第二，逻辑结构合理。大学章程的整体及其各部分之间的组成方式要合理，大学章程是一个有机整体，一般由设立依据、大学使命、学校性质、办学规模、学科门类设置、教育形式、内部管理体制、经费来源和财产及财务制度、举办者与学校之间的权利和义务等组成，它们相互之间具有相对独立性，但存在关联而成为一个体系。大学章程的逻辑结构必须层次分明，先后有序，条文之间前后照应、严谨一致。如果不能保证逻辑结构顺畅，就会让规制对象无所适从，就会让大学章程失去合理性源泉。

第三，制定程序合理。大学章程制定时要有法可依，章程制定主体及过程合乎规范。制定大学章程的权力主要来源于《宪法》和教育法规，我国相关教育法律如《教育法》、《高等教育法》和《民办教育促进法》，教育政策文件如《关于实施中华人民共和国高等教育法若干问题的意见》、《民办教育促进法实施条例》、《独立学院设置与管理办法》等，都是章程制定的重要依据。大学章程制定主体，是大学章程制定活动参与者的总称。大学章程制定主体的合理构建是大学章程正确制定的基础，也是大学章程能否发挥作用的关键。合理做法是在保证高校成为章程制定主体的前提下，推动政府部门参与和鼓励社会大众参与，在我国政府是学校的举办者，高校经费主要来自于政府，大学必须有政府支持才能得到长远发展。社会大众参与有利于提升章程制定的民主化和科学化，也有利于日后监督大学的办学行为。

（二）大学章程实质合理性

实质合理性也称为内容合理性、价值合理性，大学章程的实质合理性是指大学章程在倡导、实现特定价值目标上的合理追求。它主要关注的是大学章程要表达一种什么样的价值观。强调对大学章程自身价值属性的反思和评价，大学章程的实质合理性可从两方面进行分析。

第一，大学章程的价值诉求要符合大学作为学术组织的内在独特性。梅贻琦曾说过："所谓大学者，非谓有大楼之谓也，有大师之谓也。"大师是从事高深学问与专门知识的保存、传播、鉴别和探索的专业人员，学术性是大学之所以为大学及大学区别于其他组织的根本属性，大学作为以学术活动为主的学术组织，其发展有自身的内在逻辑，所谓"发展的内在逻辑"，是指大学教育活动作为一种"独立的专门的思想运动和实践活动"不断以其先驱者遗传下来的思想材料和经验为前提,经过历史的累积而形成其内在的运动和发展规则。"这种内在的运动和发展规则的形成,又使得它在一定的历史时期有可能与外界其他制约因素保持相对独立性,按照自身的运动特点演进着、发展着。""这种内在独特性,最根本的就是学术自由,大学自治和教授治校。"① 同时,大学章程要体现大学在发展中形成的具有独特气质的精神文明成果——大学精神,如创造精神、批判精神和社会关怀精神,大学精神是大学在社会有机体中保证自身地位的根本生命力,曾任哈佛大学校长 41 年之久的艾略特认为,大学文化最有价值的成果是使学生具有开放的头脑,谨慎的思考态度,谦恭的行为,掌握哲学研究方法,全面了解前人积累的思想,大学是追求真理和高深学问的场所,大学章程理当承担起学术自由的制度保障任务,为大学师生从事科学研究、科学表达学术意见创造良好的环境。

第二,大学章程的价值诉求要符合大学作为社会组织的需要。大学除作为具有内在属性的学术组织外,同时也是一个在一定社会环境中生存和发展的社会组织,这要求大学章程的价值诉求一方面要利于保证组织内部的稳定和有序,使日益复杂的大学内部事务间的矛盾得到协调;另一方面要适应复杂的社会环境需要并与社会保持动态平衡,从学校内部看,大学存在学术权力与行政权力的冲突,"管理权力的基础是上级对活动的控制与协调,专业权力的基础是自主性和个人的知识,两种权力的来源非但不同,而且相互对立"②。从学校外部看,一定社会的政治制度、阶级关系、主流文化、科学技术、产业结构等对大学的资金保障、办学宗旨、发展规模、专业设置、学科层次等有重大影响,可以说所有关于社会发展规律的经济基础和上层建筑都是大学章程制定务必要重视的因素,为此,大学章程的价值诉求既要保障大学内部各要素的和谐共生,又要实现大学与外部社会的有效

① 米俊魁:《大学章程价值研究》,华中科技大学博士学位论文,2005 年,第 90—92 页。

② [美] 罗伯特·伯恩鲍姆:《大学运行模式——大学组织与领导的控制系统》,别敦荣译,中国海洋大学出版社 2003 年版,第 30 页。

沟通，获得社会的大力支持、满足社会大众的需要。

（三）大学章程实践合理性

大学章程的实践是将文本要求转化成实践行为，由可能转化为现实，由抽象到具体、由精神变物质的过程。大学章程的实践合理性是指大学章程的文本精神在学校中得以贯彻实现的活动与过程的合理性，它使章程的实质合理与形式合理有机结合起来，大学章程的实践合理性可从如下三方面进行分析。

第一，章程的实施要有合理的目标分层与责任落实机制。贯彻实施大学章程，是学校各级部门的重要职责，各部门要在校党委和行政的领导下，按照章程的部署和要求，对目标任务进行分解，明确责任分工。校党委和行政部门负责章程的组织协调与实施，各有关部门积极配合，密切协作，共同抓好贯彻落实，提出实施方案，制定配套政策，学校各部门要围绕章程确定的办学宗旨、办学规模、学科门类设置、教育形式、内部管理体制、经费来源和财产及财务制度、举办者与学校之间的权利和义务等，提出本部门实施的具体方案和措施，分阶段、分步骤组织实施。学校各有关部门要研究制定切实可行、操作性强的配套政策，保障章程的合理实施。

第二，大学章程的实施要有合理的民主与决策机制。学校要向全体师生员工和社会公布大学章程的内容，让师生员工和社会大众了解其内容，学校各级部门要逐级推动大学章程的实施，广泛宣传、广泛参与，使所有利益相关者认同大学章程作为学校"根本大法"的地位，自觉用章程规范自身的办学和管理行为，传承学校的办学精神和传统，建立自我约束和自主发展的运行机制。我国大学章程建设目前尚处于探索阶段，相关理论与实践探索还缺乏足够的深度和推广性，实行校内监督与校外监督相结合非常有必要，校外监督是大学章程建设重要的外推力，监督主体是政府和社会大众；校内监督是大学章程建设重要的内驱力，监督主体是全体教职工和学生。在我国现有大学体制下，党委是最高决策机构，但要充分发挥学术委员会在学术事务中的发言权和决策权，对行政决策的参与权与监督权，严格区分学术事务管理与行政事务管理，切忌用行政管理逻辑处理学术问题。此外，还要充分发挥教代会和工会在学校章程实施中的参与权和咨询权。

第三，章程的实施要有合理的审议与评价机制。为保证章程实施的科学化，学校应实行重大事项咨询审议制度，如专业设置、学科建设、教学改革、科研规划、财务预决算、人事、住房、医疗改革等要进行相应的审议与咨询。同时，要制定章程实施的评价反思制度，即以科学的学校发展观为指导，以学校发展为导向，运用现代教育评价的理论、技术和方法，对章程实施的情况进行系统分析与价值判断，进而激发和培养学校自主发展的意识和能力，最终促使学校成为持续发展的办学主体。从评价主体看，要以学校发展规划为核心，建立学校自评制度，形成自我评价、自我监督、自我调整的动态机制；同时要引入社会评价、完善外部督导评估机制。形成集规划、实践及反思于一体的章程实施评价体系。

第三节　公立大学章程实效性

现代大学制度建设不仅是大学自治的内部制度完善，同样依赖于政府如何管理大学的外部制度建设，大学章程实效需要完善大学内外部制度，政府角色及责任相当重要，是公立大学章程实效不能回避的治理主体之一、代表公共利益的大学利益相关者。本节将从大学外部即政府视角探讨公立大学章程实效性。

一　大学章程实效视角下的政府角色

大学在其运行过程中承担着培养人才、科学研究、服务社会的重要使命，大学的有序运行是社会发展、国家进步的智力保障，对于民族的兴衰产生着极为重要的作用。综观世界各国，大学的有序发展离不开各级政府对大学的管理，而在大学制度改革中政府扮演着什么样的角色是当前研究的热门话题。一般来讲，政府角色主要指政府在行政管理过程中权力关系的分配、政府职能的转换和权责关系的明确等方面。从这一定义来看，章程建设视野下的政府角色在大学发展过程中发挥着重要作用，主要表现为三个方面：

（一）基于有限政府理论的职能分配

政府职能在社会运行中发挥着重要作用，弥补了市场本身的不足，并具有决定、调节和执行功能，表现在教育方面则是为社会提供公共教育产品，规划教育发展、分配教育资源、确定教育思想、制定培养目标。但是教育具有公共性，它的这种特殊性决定了政府不能随意替代或限制市场机制对高校管理的影响。因此，政府在提供公共教育产品时应基于有限政府的理念对大学管理进行积极干预，即对大学建设进行投资的同时要有有效的监督，保障高等教育的公平性和公正性，逐渐克服过去政府全面干预的非专业性、低效性和短期性。

（二）协调政校之间的权力关系分配

大学章程是规范政校之间权力关系的文本，因此，政府应以类法律为基础来正确处理政府与大学之间、大学内组织之间的权力分配，在行使公共教育权力的同时，其行政管理角色则应从管制型向服务型转变，合理整合现有教育资源，提高资源的利用率，充分发挥政府在大学治理中的宏观调控作用，大学全力配合政府的行政管理，在这一"权变"的过程中实现政府与大学共治，共同应对管理中出现的问题。

（三）明确在体制运行中的责任

在体制运行中政府责任是指政府在对大学施行行政管理时应该承担的责任，即政治责任、法律责任、行政责任和道德责任等。在大学的发展过程中，政府制定相应的法规和政策，采取合法的手段将教育的供应和生产分开，而不是垄断教育的供给渠道或取代整个教育"市场"。随着大学制度的改革和章程实施，学校管理体制也发生了重大变化，而政府也应该改变集权的管制模式和垄断的供给方式，积极主动地承担相应的责任，在明确政府与大学各自责任的基础上，从大学管理的具体事务中解放出来，宏观把握大学的发展方向，引导大学健康发展。

二　政府与大学关系中的角色偏差

过去政府对大学事务"大包大揽"，造成自身负担过重，在重大事件的决策方面难免会有失误；同样，也滋长了大学的惰性，遇到事情就找政府，社会力量难以参与到大学办学中，大学无法按照市场规则运行，抑制了大学的办学活力。政府角色的偏差阻碍了大学的正常运行，成为当前大学管理制度改革的重点。

（一）政府权力错位

政府权力的错位首先表现为行政指导权的错位。政府对大学的行政指导主要是指政府及教育行政主管部门在其职能和职责范围内，为实现一定的教育目的而采取的符合国家法律、法规规定的指导、劝告或建议等行为。理论上讲，政府应该在自己的职权范围内对大学办学进行相应的宏观指导、调控和有效地监督，但在具体执行过程中，由于各级政府和教育行政部门并未划定相应的指导权限，即应该管什么、怎么管，界限不清则导致了政府在管理过程中常常越位，大学也丧失了办学的自主性。特别是在政治体制改革滞后，官本位思想的影响之下，各级政府对大学的经济、政策等关键资源的支配常以行政命令进行强制管理，加强了大学内部的行政化和官本位思想，影响了高校发展的主动性，而改变了政府行政指导的初衷。

同时，政府在制定政策法规时往往实行一刀切，阻碍了大学办学的自主权。因为随着高等教育的发展大学制度逐渐成熟，大学制度的建立意味着大学将要在政府的宏观指导下，依法办学，民主管理，不断扩大办学的自主权，而实现这一目的的前提是理顺政府和大学之间的权责关系。但在实际操作过程中，政府往往过多地干预了高校办学自主权，在制定教育政策法规时忽视了大学在类型、区域等方面的差异性，导致大学管理模式的僵化。

（二）政府职能缺位

政府职能缺位主要表现为在大学行政管理过程中，政府未能真正履行自身应该承担的职责。政府职能的缺位主要表现为三点：一是政府提供公共服务的职能缺位。政府为大学提供公共服务方面有失公平，重视重点大学的发展，轻视普通大学建设，因此在为大学提供公共服务时往往厚此薄彼，导致不同层次的学校社会认可度存在很大差别，阻碍了一些地方性普通大学的发展。二是办学经费投入的职能缺位。当前，政府是我国公办大学的经费投入主体，但由于学校类别、层次以及各地经济发展状况的差异，政府对高校的拨款标准不一，投资体制不顺畅，并没有完全按照法律规定向大学拨付足额的办学经费，导致经费运转紧张，难以保障教学、科研活动的正常运行，影响了大学教育质量的提升和可持续发展。三是教育立法的职能缺位。受传统"官本位"思想的影响，大学"行政化"趋势加剧，行政对社会资源的支配和控制进一步强化。因此，大学管理中必须要有规范的制度来协调，而规范的制度除了《教育法》、《高等教育法》以外，还需政府制定各项政策法规及章程。但当前我国多数公办大学还没有章程，有的大学制定几年迟迟未能拿出，有的大学制定的章程只是根据高等教育法的条款简单套用和直接拿来，缺乏指导性和操作性。大学各项管理政策法规制定的不完善、不规范和滞后等现象严重影响了大学发展，使得大学在治理过程中无法可依。

（三）政府责任的失位

《高等教育法》规定了政府的各项责任，在高校运行过程中政府承担起自身的责任，但在监督责任和引导责任方面还存在欠缺。首先表现在政府监督责任的失位。《高等教育法》第十三条、第十四条规定了政府作为高校的监督机关，同时这一规定也明确了政府与高校之间形成了法律监督关系。政府若要实现对高校的有效监督，一是要明确监督内容，二是要明确监督方式。《高等教育法》第四十四条和第六十五条明确规定了政府对高校的监督内容，即高校在办学水平、教育质量和财务活动等方面应该依法接受政府监督。关于政府对高校的监督方式《高等教育法》中并未明文规定，而高校在接受政府监督的过程中也没有法律依据，导致高校规章制度混乱，办学自主权受到侵犯，同时政府对高校的监督效果也不可能得到实现，因此，学术腐败、教学质量不高，教育不公平、高校债务缠身等现象愈演愈烈，政府监督责任严重失位。其次，政府引导责任失位。长期以来，在我国高等教育的管理中政府扮演着"全能者"的角色，对高校事务大包大揽，高校养成了凡事"等、要、靠"的思想，甚至是完全根据政府的行政指令行事，导致高校办学定位不准，特色不鲜明。而事实证明，高校办学定位在遵循社会分层分工理论的基础上还要考虑自身的优势所在，盲目照抄照搬其他高校的办学定位都是不可取的。只有充分了解社会需求、分析自身的优势与不足才能为自己清晰定位，专业建设和课程设置才能满足社会需求，更好地服务于社会。而此时政府应该做好引导者，严格掌握各种审批程序，避免高校办学的盲目性和资源浪费。

三　大学章程实效视角下的政府责任

（一）重构政府角色，明确政府的权责利

传统的高等教育管理体制中，政府多重角色混同，且是具有决定性的主导力量，导致大学在其发展过程中过度依附政府，束缚了大学的自主发展。在章程建设背景下，我们必须从三个方面重新理解政府角色：一是将大学的管理者、举办者和办学者三种角色相分离。政府作为所有大学的管理者，只是公办大学的举办者，不是任何大学的办学者，因此，政府应该把办学的权力交还大学本身，使之成为独立法人实体。二是从管理上来看，政府对大学主要实行宏观式、服务式的管理模式，履行对大学的规划和协调职能，创设良好的发展环境。三是从法律层面上看，改变政校之间单一的行政隶属关系，建立行政关系与法律关系并存的局面。一方面，政府对大学的资产具有监控权，对学校的重大战略问题和运行有行政约束关系；另一方面，大学作为独立的法人实体，政校之间形成了相互监督、相互制约的关系。

然而，法制的进步、社会的转型必然导致政府角色的分化以及政校之间权责利的重新调整。首先，由全能政府转变为有限政府。政府应该抛掉传统的"无所不能"的角色，与大学建立平等、互利的合作关系，运用法律手段、经济手段和适当的行政手段对高校有选择、有重点的进行管理。其次，由管制型政府转变为服务型政府。服务型政府的建立是改善政府管理方式的重要切入点，通过制定合理的政策、法规，创设公平的教育投资环境、建立良好的教育激励机制、吸纳社会优质教育资源为学校发展提供有利的平台。最后，由人治型政府转

变为法治型政府。在大力推进大学依法治理背景下，政府必须依法规范管理方式，对权力自我约束，为大学的正常运行提供良好的法制环境。

（二）界分政府与大学的权力

长期以来，我国大学发展无条件服从政府的意志，管理行政化特征凸显，违背了大学办学规律，阻碍学术发展，不利于办学特色的形成，严重挫伤了大学办学的自主性和创造性。在章程建设背景下首要问题是处理好政校关系问题和大学内部各组织之间的关系问题，实现大学教育权力在政校之间和大学内部各组织之间合理分配与制衡，使政府简政放权，提高大学的办学自主权，监督大学内部权力的使用和运行。1999 年教育部在其下发的《关于加强教育法制建设的意见》中规定："各级各类学校特别是高等学校要提高依法管理学校的意识，依据法律、法规的规定，尽快制定、完善学校章程，经主管教育行政部门审核后，按章程依法自主办学"，这一规定为大学教育权力的分配提供了依据。随后，教育部将章程建设作为大学重要考核内容之一，但由于大学基本制度的制定主要从政府角度出发，大学的主体地位并不明确，政校之间的权力界限并不清晰，权力部门在实际管理过程中并未对具体制度及内容及时更新和修正，存在诸多问题。2012 年1 月 1 日教育部颁布并实施《高等学校章程制定暂行办法》，办法规定高等学校章程不仅是高等学校依法自主管理，实现依法治校的必要条件，也是明确高等学校内外部权利义务关系，促进高校完善治理结构、科学发展，建设现代大学制度的重要载体。而章程的核心内容则是合理配置政校之间、校内各组织之间的教育权力，明确各主体的权责利，以章程为准则，对大学日常工作进行宏观管理和监督，以章程来约束政府对大学办学的活动的干预，使大学成为独立的法人实体，切实维护大学办学的自主权。

（三）转变政府职能，实现权力下放

政府职能反映了一个国家在行政管理方面的实质与方向，而我国政府在大学发展中承担什么职能，学术界尚无定论。但从章程建设的视角来看，一是政府在教育管理职能方面要实现两个转变。一方面政府要退出微观管理领域，将权力下放，把办学权移交给大学，对于一些辅助性的社会职能交给社会或相关的中介组织，实现权力的多元化及权力在不同主体间的制衡。另一方面政府对大学的管理要由微观管理走向宏观调控，由管制走向服务，由直接命令式的管理走向间接引导。政府职能的转变关键是把握好管的度，逐渐引导一些社会力量和个人共同参与大学治理，更好地为大学发展服务。二是转变办学经费投资的渠道和方式，完善投资体制。当前公办大学办学经费主要来源于政府拨款，国家对教育经费的投入非常重视，对经费的增长、来源、使用、管理等方面做了全面部署。另外，还应重视多渠道筹集教育经费，意识到社会融资的重要性，并给予政策上的支持，建立规范透明的融资机制。对于大学办学经费的投入方式还要有所转变，即政府保证最基本的拨款标准外，还要根据大学教育资源的使用效果和效率作为拨款的重要标准。大学融资渠道和投资方式的多元化既可以防止政府对大学办学的强制性干预，还可以调动大学自身的积极性和创造性。

（四）明确政府责任，规范政府管理方式

一是制定教育法律法规，完善法律体系。我国政府有教育立法的责任，政府应该根据社会发展与教育改革需要，不断修正、完善教育法律法规。通过立法，一方面明确政府、大学与社会在教育管理体制中的权限与职责，行使权力的方式与手段，理顺政校关系，规范政府与大学行为；另一方面完善法律救济制度，界定救济渠道，当政府没有依法履行职责导致大学利益受到侵犯时，大学可以进行行政复议，以保证大学办学自主权得以真正落实。二是制定教育发展规划，引导大学健康发展。《高等教育法》第六条规定：国家根据经济建设和社会发展需要，制定高等教育发展规划。《纲要》对高等教育的教育质量、人才培养质量、科学研究水平、社会服务能力、办学特色等方面做了全面规划与部署。国家通过发展规划，明确在今后一段时期内大学的发展任务与目标，有利于政府对大学的宏观调控，保障大学内部各组织之间协调发展，促进教育资源有效利用，引导大学健康发展。三是完善监督机制，做好政府对大学的监督。如前文所述，目前法律没有明文规定政府采取何种方式对大学进行监督，但在实践中政府往往采取教育评估的方式对大学的办学进行全方位监督，因此，政府一方面应该加强高校评估体系的建立，逐渐完善评估机制，优化评估标准，成立专业的评估队伍，优化评估行为；另一方面要建立社会评估机制，提高社会力量参与大学治理的积极性，弥补政府评估的不足，全方位、多角度的监督大学发展。

第四节　公立大学章程实效性机制

我国《教育法》、《高等教育法》均要求"一校一章程"，由于我国高等教育管理体制和管理模式不同于现代欧美大学，我国很多公办院校还没有大学章程，按《办法》要求，当前正在制定和核准的过程中。大学章程相当于大学"宪法"，对学校办学目的、发展目标、主要任务等有明确规定。我国清末民初的京师大学堂和民国时期的国立北京大学、清华大学、交通大学，都有各自章程。但从章程实效来看，即使是我国的民办高校，在成立之始虽被要求提供章程，但民办大学成立程序合法的作用，在注册完成之后，便完成了历史使命般被束之高阁，不再有人问津，更没有人把它作为主要的治校依据。而我国公立大学多年来的管理体制决定了一时即便有了章程，也难以产生效果。管理条例中的头痛医头、朝令夕改的学校规章、互不干涉的院校管理制度等都反映出了有的大学在管理上缺乏规范、平衡和高效。如何发挥大学章程的统领性、章程实施的可行性和目的性，引导大学可持续性发展是摆在大学主体面前急需解决的问题。

考察西方大学章程，可以发现主要有以下几个特点：首先，大学章程法律特征明显。从法理上讲，世界上主要分为两大法系即大陆法系和英美法系，体现在法律渊源、法官权限、法律分类和诉讼程序上的不同。"而英美法律系统中的层层关系，如宪法与普通法的关系，州立法案与联邦立法，再到地方区域自治契约的关系，也造成了美国的大学章程作为健全的法制社会的诞生品，更具有了一层社会宪法的含义。"① 英美法系的人们大多重视法律，具有很强的法制观念，这样的意思渗透到社会的各个层面及部门。大学章程体现出明显的法律特征，他们认为大学章程相当于大学的"宪法"，必须严格遵守。它是一种概括、普遍、严谨的行为规范；是确认权利和义务的行为规范，是以大学强制为保障实施的行为规范，对它的制定与实施也处处体现了科学规范、认真仔细，大学还在经常定期的修订、更新大学章程使之适应大学的发展，并且每次修订都及时报批政府有关部门审核，可见大学章程的法律地位比较高，法律特征明显。其次，国外大学章程理顺了大学内、外部关系，为大学的内部管理做出了各项明确的规定。由于西方大学的办学模式是多层次的，既有研究型大学也有社区学院，但它们都具有显著特征即通过董事会制度实行自治管理，政府很少或根本没有对大学进行具体管理的权力，在章程中对国家的管理范围进行规定，保障了大学自治、教授治学。大学在大学章程中反映了本校的精神内涵、价值追求、学术自由等理念，具有良好的合理合法性，得到大学内外利益相关人的认可与遵守，学校董事会或理事会都注意吸收教授加入，给教授充分的自主权，体现了教授治理权。在内部体制的规定上，体现了大学市场化运作机制，即大学内部资产、管理、人才培养、课程设置等方面按照产业模式来运作，章程在设立的时候就对这些内容做出了明确的规定，有效避免了管理的混乱。最后，国外大学章程重视保护各大学主体合法权益。这里的大学主体是指大学的主要构成人员，包括教师、学生以及大学运转所需要的行政人员在内的所有人员及校友。国外大学通过各项委员会制度包括救济制度来保障教师和学生权益。

　　从对国外大学章程的特点综述中，我们可以发现国外大学的章程比较健全完善，不但处理好了内、外部主体关系，保障了各教育主体们的利益，整个大学机构也在良好的管理体制下运作，管理的各项工作也都比较有序、高效。归纳起来，主要是国外大学章程本身体现了

---

① 曹玉洁、王会珍：《英美大学章程特点分析》，《赣南师范学院学报》2010 年第 2 期。

法律特征，具有较高的法律地位。内容结构上不但符合法律要求，而且凸显了每所大学的办学特色及培养目标，得到了大学各主体的尊重，自然愿意去认真遵守；大学内外部完善的管理体制保障了内、外部管理的秩序和效率，浓厚的法制文化也使大学章程实施变得顺理成章。

从西方现代大学章程的意义价值来审视我国公立大学章程实效，需要思考以下问题：

一　大学章程本质

大学治理需要发挥章程的价值和作用，首先应保证章程自身的良好品质，体现章程的合法性与合理性，实现章程实效的基本前提。这点在前文已有讨论，这里不再赘述。

二　完善的制度设计

欧美大学章程在内容上既体现了国家、州、地方的教育需求，也折射出了它们每个大学独有的办学特色，对大学各利益主体做出各项明确的规定。

目前，虽然有部分大学已有章程，但大学章程的合法性和合理性不足，具体表现为：内容不完善，表述不严谨、制定程序不规范，没有大学特色，逻辑结构不完整等，使章程本身失去了合法性和合理性，必然导致大学章程的实效低下。

我国大学在制定章程时，需要深入思考章程在本质上是否反映大学大多数人即利益主体的根本利益和客观现实需要，这是大学利益主体积极主动遵守的前提条件；章程的内容是否符合大学发展的客观规律，是否大学实际发展水平；章程规定的权利义务是否合情合理；章程是否规定了合法程序来保证章程的实施；章程的表述是否做到了语言明确、具体、规范；在逻辑结构、程序操作设定上是否完整；章程与其他规章制度之间是否和谐，没有冲突。这些都应当是章程文本质量的基本要求。从章程制定权来看，大学章程制定主体法定性是法治化的必然要求，也是相关机构或个人拥有章程制定权及相关权力并能进行章程制定活动，从而成为章程制定主体的必备条件。章程制定权的合法性，体现在大学章程制定权主体必须符合法律要求，有制定章程的主体资格和相应权限。从章程的统领性来看，大学内部治理结构、大学内部学术治理制度、监督制度等制度体系完善是章程实效制度设计必须要解决的。

三　大学章程实效的内外部责任机制

政府责任机制。前文专门讨论了政府这一利益相关主体在大学治理中的自我约束机制和责任机制，若从法制精神来看，促进大学发展的法律法规的颁布等就是保证大学依法治校、按章办学的必要外部法制环境，也使高校各主体意识到法制的重要性，更会对高校章程这样的校内大法予以重视，认真执行；政治体制包括国家党的路线、方针和政策，它影响到人们对大学的看法与认可度。其中，国家有关大学发展的管理、规划、监督、检查等都直接影响了大学的发展，如果国家大力支持、行政推动及有效监督，大学会不断地完善自身的各项制度建设以保证校内良好的秩序，更大程度的吸引更多的学生，从而使大学把内涵建设放在重点，法制化管理也变得水到渠成，高校章程的实效也必然得到保障。但现实情况是，国家和大学都在进行体制改革，由于历史的原因，这样的法制化进程不是一蹴而就的，在渐进过程中，大学章程还缺少应然的外部保障，其主要是政府角色转变与责任，大学章程的实效受到制约。

内部责任机制。其一，关于大学内部治理权力分配。大学外部管理体制直接制约并影响着内部管理体制的形成和发展，而大学内部管理体制的健全、合理、有效与否直接关系到章程的制定、实施、成效。管理体制的健全是指各部门和机构设置、人员、经费、管理制度、管理模式等各部门之间是一个互动完整的运行体系；体制的合理是指强调各部门的分工合作，各司其职，健全合理的体制才是有效的。章程作为大学内部治理制度抓手，大学内部管理体制只有不断完善，才可保障章程发挥其价值，而章程的实效也能促进内部管理体制的优化。这在前文用专章进行了详述。其二，探索新型的大学治理模式。现代大学制度要求大学建立现代新型管理体制，主要体现在国家对大学进行宏观管理，大学依法自主管理，在社会的广泛参与和国家相关部门的有效监督下根据自己的特点建立大学治理模式。大学内部管理体制创新是历史发展的必然要求，其主要载体就是大学章程。章程应确立和明晰学校内部治理结构与管理体制；明晰党委领导下的校长负责制，党委与大学行政的关系；校院两级管理为主的体制，明晰学校学院、学部的关系；教授治学、民主管理，更明晰学术权力与行政权力的关系；依法行使办学自主权作为法人自治的制度依据。大学在探索内部管理体制改革的进程中，通过完善大学章程和校内的各项规章制度，体制现代大学精神的大学章程也必然会受到越来越多的重视。

四　大学章程实效的制度文化建构

传统文化很大程度上制约了人们民主化、法制化思想的形成，各教育主体没有意识到大学章程的法律地位，也没有想过用章程来保障自己应有的教育权利等，习惯于传统的管理模式，这样的思想观念直接影响了大学章程的实施，甚至有些人根本不知大学章程为何物，这样的思想文化因素也给章程的实效带了很大的负面影响。

第一，法治观念制约。人们的法治观念、法律意识直接影响到对大学章程的认识和态度。如果大学教育主体对作为大学宪法的章程持怀疑、否定的态度，忽视大学章程法律效力和权威，就不会去重视章程并认真遵守它，有时即使合法权益受到侵害也不善于用法律来保护自己。正当的法制观念淡漠必然会对章程的实施产生负面影响。

第二，趋利因素制约。以个人或少数人利益团体趋利导致"人治化"影响大学章程实效。"人们奋斗所争取的一切，都同他们的利益有关。"① "教育利益属于以物质利益为基础的精神利益，从另外的角度看，它又是以经济利益为基础、政治利益为主导的文化利益。"② 大

---

① 《马克思恩格斯全集》（第 2 卷），人民出版社 1957 年版，第 82 页。

② 夏勇：《中国宪法改革的几个基本理论问题》，《中国社会科学》2003 年第 2 期。

学各教育利益主体追求相对独立的利益，不可避免造成利益冲突，复杂的利益关系及人们利益优先的价值取向，导致人们热衷于"人情关系网"或"权力网"等非正当途径，不可避免对章程实效造成负面影响。

　　第三，习惯因素。人们传统的习惯定式对章程实效的制约也不容忽视。"政策、习惯往往取代法律成为维系生活的主要规范，或者至少在实际上发挥作用，以至于成为法律之外的规则或制度。"①大学的"领导习惯"使其他利益主体对章程和具体制度公平的期望值越来越低，以至于对章程和具体制度的怀疑和漠视而逐渐形成一种习惯，严重影响章程的实效。

　　思想是行动的先驱。只有大学教育主体都具备了法制意识，认识到了自己的权利与义务，才会拿起"法律武器"来保障正当权益，更使得各部门之间明确责任义务，促进大学的高效发展。只有人们意识到了章程的这种"统领"作用，才会去认真执行它，使之发生应有的效果，提高章程的实效。

---

　　① 夏勇：《中国宪法改革的几个基本理论问题》，《中国社会科学》2003 年第 2 期。

第三章

公立大学章程实效基础：内部治理结构

作为组织的大学，其内部治理结构形成于组织结构，大学组织系统所固有的因素影响着内部治理结构的形成与作用，大学内部治理结构所具有的组织特性与大学组织系统特性一脉相承。受大学组织理性作用的影响，大学内部治理结构的合理建构与优化完善就需要一套完整的、系统的、理性的约束与规范机制及理念体系。而作为大学"校内宪法"的章程要真正做到理性的服务于学术自由以及决策模式与资源配置的合理化，并对大学组织的运行与治理起到规范与促进作用，就必须保证大学章程理念符合内部治理结构的学术理性需求。当前国内大学章程架构缺乏学术决策权存在的依据，相应的决策模式没有得到明晰，对于大学开放环境下监督模式构建的效果难以保证，学术治理的有效性缺失。大学章程的架构失去理念支撑，使其具体内容没有实质性和针对性，其实效性在治理过程中的规范与约束作用得不到体现，使其学术决策权威与执行力丧失。大学内部治理结构基于其机构建设、职责权力、运行机制等需要章程制定加以合理规范，从大学章程实效研究目的出发，研究利益相关者中教师主体的学术权力如何治理？如何完善大学内部治理结构？不仅是大学章程规范的大学内部治理结构及制度体系安排，也是大学章程实效的关键内容。

第一节　大学内部治理结构

现代大学制度特征包括学术权力与行政权力架构的二元治理结构、学术权力的独立性和自主性、校院系的三层次矩阵结构。这种二元权力治理结构特征表现为，大学基本价值取向应为学术自由和学术卓越，学者在大学有较高地位和荣誉，大学内部治理在某种意义是学术权力的行使，是通过学术决策作用的学术治理。

大学治理是公共治理在高等教育领域的拓展和延伸，从现象描述与作用形式的内涵层面，大学治理具有更多新的内涵，与其他治理形式适用范围也有明显的差异。大学治理应变革政府管理主导和干预高等教育的范围和形式，大力缩减政府控制力度与程度，政府权力范围应限制在超出大学自身以及社会力量难以完成的外部事务上。[①] 大学治理中评价、考核与监督等事务应借鉴公司治理的绩效考核形式，强化管理并提高内部治理的效率，规范治理结构中的激励模式，利用市场机制中的竞争与参与实现大学治理的效率。大学的治理目的是协调政府、市场与大学之间的良性互动与沟通，反馈并满足相互间的资源、信息需求，而非政府与外部环境的强制指令与施压，治理过程中要重视大学与政府、大学与市场中其他组织的联系，建立渠道畅通的沟通桥梁。大学治理客体由于大学组织系统构成的多元化与复杂性而使上行下效的行政命令失效，由专家、教授、学者等组成的学术群体，由行政人员、校长等组成的行政群体，以及学生、教职工、校友等组成的参与群体，都是大学治理活动的利益相关者组织，发挥他们彼此的相互协调作用，有助于规范治理结构中的权力划分。传统的权责明确划分的治理形式不再适用于大学治理，由于大学组成人员构成的复杂多元，学术活动的互动协作，以治理方式的多样性变革实现机构功能相互替代、责任共担是大学治理的行之有效的模式。政府、外部权威以及内部行政化导向在高等教育领域，尤其是大学内部治理中，应该将权力影响限制在法律范围内，尊重法治、依法办事，尊重大学活动的学术本质与自由，保障大学组织系统的有效、开放，并在参与权的监督下确保治理运行的结构合理、学术价值与治理效率，这也是大学治理走向"善

---

① 俞可平：《治理与善治》，社会科学文献出版社 2000 年版，第 95 页。

治"的目标①。对于大学治理作为公司治理与公共治理的延伸与借鉴，还应当给予大学治理更丰富的内涵与针对性，将大学治理从结构与制度等层面深入完善，并加以现代大学制度的研究，从法制化的权威性与强制力方面规范治理活动的运行模式。

一　治理理论框架下的大学治理结构

大学治理从作用范围及规范对象上可以分为大学内部治理与大学外部治理，大学内部治理是对大学组织系统内部各参与群体的利益关系与权力获得作出协调与平衡，规范行政人员、教授、学生及其他参与主体的行为活动。大学外部治理包括建立完善政府与大学的新型关系，优化并创新公共学术资源的配置模式，使学术科研活动的资金财产来源渠道更加多元通畅，赋予利益相关者参与权，建立大学治理的监督机制并提倡社会参与②。外部治理作用的发挥更需要依赖内部治理的规范和有序，大学内部治理的运行离不开结构的优化与完善，大学内部治理结构是内部治理活动的基础性条件，它将大学内部所有的决策活动都集中在一个基本的结构框架中展开，《高等教育法》对大学治理结构中的权力机构划分是：党委会是最高权力机构，负责学校的重大决策；校长在党委领导下具有全面管理教学、科研和行政事务的权力；学术委员会具有学术事务的审议权；教职工代表大会享有对学校管理的监督权。依据法律规定，大学一级的治理机构有四个：校党委、以校长为首的行政机构、学术委员会和教职工代表大会，这四个机构之间的权力、责任关系组成了大学内部治理结构。③鉴于大学内部治理结构其功能发挥而产生的动态性，就必须对大学治理活动产生深刻影响的内外部环境以及文化特性等因素进行控制和把握，对于丰富和完善大学内部治理结构的内涵也具有现实意义。大学内部治理的动态性与过程性，受到多重因素的影响。基于大学的学术本质使得

---

① 赵成：《大学治理的含义及理论渊源》，《现代教育管理》2009年第4期。

② 李福华：《大学治理的理论基础与组织架构》，教育科学出版社2008年版，第76页。

③ 刘献君：《院校研究》，高等教育出版社2008年版，第302页。

大学内部的决策活动应具有学术性，大学运行过程中的人员互动以及与外部环境的沟通使得大学应具有开放性与适应性，大学内部治理活动因其自身以及参与者具有独特的理念和价值观等使大学组织具有文化特色的属性，大学内部治理的动态性决定了必须对大学内部的决策过程加以控制与规范而使规范性与法治性得以体现。

大学内部治理的动态过程性使得其结构问题在实践过程中逐渐显现，对于现阶段发展与变革中的大学，大学内部治理结构具有了新的内涵。大学内部治理应当突出大学的学术本质，其结构性应当赋予学术委员会对学术事务更高的权威性与决策，大学鉴于其学术性作为一个探究学问的场所，内部各项事务基于学术事务的作用发挥，且服务于学术，相关机构需要充分行使其学术决策权。大学内部治理结构不是一个封闭的系统，其开放性决定了治理活动需要多方参与决策，以及对治理过程和决策事务行使监督并使之规范，监督权力在大学内部治理结构中的地位得以加强与提高。大学内部治理结构在文化特性内涵的作用下，其学术性贯穿于整个实施过程当中，不同于传统一元权力主导大学各项事务，现阶段的大学运行在权力结构多元化的影响下能够提高效率并具备有效性，多元权力的制约使大学内部权力趋于均衡。大学内部治理结构在学术权力与监督权力理性的作用下，保障学术权威，发挥监督作用，使自身各项功能属性得以充分发挥，进而保障大学各项事务的正常与高效运行。

二　大学内部治理主体利益格局的发展变化

大学内部利益相关者的格局在长期的历史变革中必然会受到各方面的综合影响，尤其是社会制度和本国传统文化的影响。但不管其格局如何演变，主要仍是以党委为首的政治权力、以校长为首的行政权力和以教授为主的学术权力以及力量新晋增长的学生权力这几个所组成的主要利益相关者。只是在大学治理的发展演变过程中，其势力对比发生了极大的变化。新中国成立后，高等学校的治理结构随着我国政治经济的发展形势而不断进行调整和改革，大学内部利益相关者的格局也发生了相应的变化。

在 1950—1956 年的过渡时期，以教育部颁发的由政务院批准的《高等学校暂行规程》和《专科学校暂行规程》为依据，我国大学内主要实行的是校长负责制，对教师全体的权利则没有专门的文字提及。这就确定了以校长为代表的行政权力的强大和其他权力的相对弱小，尤其是学术权力和学生权力在这样的条件下很难得到保障。在随后的十年间，我国大学主要实行党委领导下的校务委员会负责制，这种变化是为了加强党委的领导，明确规定中国共产党组织在高等学校中的地位、职责，这实际上为以后几十年间我国大学内部治理的基本框架奠定了基础。十年"文化大革命"期间，由于社会混乱，高校各级党组织和行政领导陷于瘫痪，大学内部治理和利益相关者格局无从谈起。改革开放至今，我国大学内部主要实行的仍是党委领导下的校长负责制，只是在新形势和新目标下一直进行着各种形式的探索，学术权力对大学内部治理的参与越来越多，学生权力参与治理的意识也越来越明显。

从这种回顾可以看出，在大学内部各利益相关者对大学内部治理的参与格局中，学术权力的作用日趋明显。在《高等教育法》及《纲要》等法律法规的保障下，学者在相关学术事务管理中开始拥有有限的决策性权力，教职工代表大会民主管理权也越来越受到重视。这是我国高等教育不断调整自己以适应社会变化和转型的成果。

三　利益相关者对大学内部治理的参与

大学内部的行政管理包括校长、院长、系主任等的管理人员及以党委、校长为首的党委与行政系统，他们是大学决策的制定者和执行人，是整个行政系统有效运转的保障。如果把大学比喻为一艘船，那么大学行政管理就是中枢的指挥系统。但当前我国大学普遍存在着行政权力"欲凌驾于大学教师和学生之上，倾向于扮演决策与支配者的角色，对知识和人才缺乏应有的理解与尊重"[1]。行政权力忽视学术权力、学术权力行政化的趋势，这在很大程度上影响了大学正常运行，

---

① 贾永堂：《浅论我国大学管理人员的专业意识》，《高等教育研究》2001 年第 4 期。

导致权力异化。

师生作为大学主要利益相关者参与大学治理成为必然。英国教育家怀特海有言："管理一所大学的教师队伍与管理一个商业组织决然不同。教师的意见以及对大学办学目标的共同热情是办好大学的惟一有效保证。"[①] 事实上，这个范围应该拓宽到更广泛的学生团体，大学教师和学生是高校最重要和直接的组成部分，正是有师生群体的存在和努力才能使大学有其区别于其他社会团体的特殊性，他们是大学人文底蕴、知识环境、学术氛围的营造者。在尊重知识和科技的今天，他们在大学发展中的地位和作用越来越明显。对于当今大学来说，大学排名、社会声誉及政府资源分配等竞争最终都是人力资源、学术实力的竞争，校园环境只是附加或参考标准，一个大学所拥有的终身教授、长江学者等高级头衔和荣誉的数目、体现学术能力的核心论文数目及博士硕士学科点才是竞争的关键所在。这都需依靠教师学生群体和科研人员的辛勤付出。从学生参与治理来看，学生在大学的地位就如同客户是企业最重要的利益相关者一样，学生一定程度上来讲是大学的"客户"。尤其是在大学推行收费制度后，学生既是高校所提供教育产品或服务的消费者，又是高等教育的投资者，他们会对大学管理进行选择，对大学发展提出要求，学生参与治理在欧美大学已经很普遍。目前，我国大学生能力和素质逐渐提升，又普遍善于运用网络表达意愿，学生利益能否得到重视已经成为高等学校运作的一个因素。大学只有有效保护、平衡师生群体利益，才能最大限度地发挥他们的能力，为高校治理和发展尽力。

四　大学主要利益相关者参与治理的权力博弈

在利益相关者理论框架下，大学内部治理过程中要在诸多利益主体间寻求一种平衡关系，做到兼顾而非极端。张维迎在《大学的逻辑》中明确地指出，大学作为一个非营利组织，是一个典型的利益相

---

① 陈文博：《一流大学要有一流的环境》，《国家高级教育行政学院学报》2002 年第 4 期。

关者组织，教授、校长、院长、行政人员还有学生以及毕业了的校友，当然也包括我们这个社会本身（纳税人）。[①] 作为利益相关者，他们都会对学校决策和发展产生影响，应引起同样的重视。而目前我国众多大学内部治理的实际情况却是，传统的科层制和单一行政化方式并未关注和满足大学众多利益相关者的利益需求。在这种管理模式下，行政权力强势于学术权力、大学强势于校内二级学院、领导强势于教师学生群体，这种不平衡关系非但不能实现各方利益，以实现权力优化组合，反而会造成不满、抗议，不利于学校发展。因此应当致力于建立一种利益均衡机制，在各权力主体之间保持必要的权力张力和平衡。

大学内部存在多种利益群体，在多年大学发展和教育改革过程中已经形成了一定的利益分配格局，大学治理势必会带来利益的重组，他们间为争取更多利益而进行的相互斗争就会给大学治理带来阻力。随着大学内部各利益团体的组织化，学生会、教授会、工会的作用越来越明显，这种利益的斗争和争取将会更加激烈。无论在行政领域还是学术领域，既得利益者都不会愿意"放手"所得权力和利益，而相对弱势群体则会借助其他力量的参与来抓住机会争取更多权益。这容易造成混乱的权力博弈，阻碍大学治理的进程。

第二节　大学内部治理结构问题

完善大学治理结构关键在于大学决策权力分配与协调，因此治理结构问题主要表现在权力结构问题。

一　行政权力泛化越位，大学行政化严重

大学各利益相关者利益统筹于大学这一主体发展需求之下，然而由于权力分配的不均衡导致行政权力过强，学术权力缺失，出现学术

---

① 张维迎：《大学的逻辑》，北京大学出版社 2004 年版，第 19 页。

权力弱化。在完善大学治理结构的过程中，各利益主体势必会产生权力博弈，大学行政权力与学术权力博弈是大学内部利益相关者间力量博弈的主体。这个问题的存在是由于权力主体利益、权力、地位的不公导致的。权力弱小的主体只能处于被支配地位，相应的，权力较大的一方则可以利用优势控制更多的信息、调配资源，制定利于自身的博弈规则，从而使博弈结果更利于保护、实现自身利益。这是权力博弈的法则，在大学中也不例外。学术权力偏好追求学术自由与平等，能够充分调动专家学者的积极性，但也容易趋于散漫、保守、固执与空想；而行政权力则有着精确性、稳固性、纪律性、严谨性和可靠性的优势却也容易导致权力滥用、唯领导命令是从、教条主义、缺乏变通。二者各有其优劣，应当恰当地予以平衡，然而事实上当今我国多数大学依然存在着行政权力强化，极大压缩了学术权力的地位而导致教师学生群体的不满。"从高等教育权力体系的角度看，中国大学'行政化'的实质，是将大学组织内部的行政权力'化'成了政府行政权力'链条'的末端。通过这根权力'链条'，政府教育行政部门对大学的管理一直延伸到大学内部，实际上取代了大学对自己的管理……由此产生的体制性弊端，不只是'强化了官本位意识'、'造成了行政权力的膨胀'，更为根本的是形成了政府行政部门在学术资源分配上的垄断地位，而大学的办学自主权却付之阙如。"① 大学的这种行政化通过学术事务、资源分配、人事任命和聘用等方面完全渗透在大学事务中，造成弱势方权力继续弱化、强势方力量不断膨胀的恶性循环。

这种极不公平的权力博弈造成了大学行政化，使大学内部权力高度集中，助长了大学中的功利化、庸俗化，是腐败的直接诱因，这并不符合大学的本质和发展要求，因此是大学内部治理结构所面临的主要问题之一。

二　党委权力与行政权力边界不明

高等教育法确定了中国公立高等学校的内部权力结构模式，承认

---

① 　冯向东：《大学学术权力的实践逻辑》，《高等教育研究》2010 年第 4 期。

了内部权力结构的政治原则主导性，明确了高校基层党委的重要权力范围。可以概括为党委领导下的校长负责制，从而以法律的形式确认了我国公立高校内部治理的核心原则：政治领导加行政主导。① 这就决定了除学术权力与行政权力的博弈外，政治权力与学术权力间的博弈也是影响高校发展的重要因素，具体表现为党委权力和行政权力的不明晰。校党委是党的意志在大学内传达实现的主要途径，行政权力的行使位于党委的决策之下，政治权力的越位干预了大学行政。在这样的制度设计下，大学内部治理无论做任何层面的制度创新都会在党委权力下受到限制。面对权力失衡的缺陷，这种"博弈"似乎是徒劳的。

三 以教授为主体的学术权力被弱化

大学利益相关者间存在着力量的博弈，尤其在公立大学中往往存在着行政权力大于学术权力的情况，再加上第三方权力的介入，使与之相关的大学治理难上加难。学术权力想要拥有学校事务的决策权、制定规则的意愿可能性几乎为零，甚至难以在决策过程中占据一席之地。行政部门、管理部门做出的决策容易脱离实际情况，不利于学术研究健康发展。

教授是学术权力的主要载体，也是大学内部治理的主要利益相关者，要使教授民主参与大学的管理和决策就要设立体现教授学者意志的学术组织机构，例如当前我国大学中的学术委员会、教授委员会、教师职务（称）评审委员会等都是此方面的尝试。然而事实上这种在"校党委或校行政领导下"所行使的管理学校事务的权力受到了太多的政治和行政权力的干预，这些机构的作用就难以得到真正发挥而流于形式，因此学术权力就难以得到强化。

四 学生权力的缺失

力量弱小的利益相关者在利益表达过程中缺乏畅达的通道，利益

---

① 郭平博：《我国公办大学内部治理结构研究》，西南大学博士学位论文，2012 年，第 4 页。

诉求难以实现，在大学中主要表现为学生权力的缺失。个中原因除了各权力方的博弈所造成的倾轧外，学生利益表达途径缺乏、学生群体权力意识淡漠、学生群体利益需求不明晰等都是重要影响因素，学生权力的缺失使其难以真正参与大学治理，而各方权力的失衡非常不利于大学治理的正常发展。

上述问题首先会造成大学内部行政权力泛化，行政机构臃肿，效率低下，行政工作人员服务意识淡漠，师生主体地位没有得到体现，易制约学术研究、教学工作的正常进行，并由此引发一系列负面影响。是目前我国各大高校中普遍存在的问题。其次，学术权力乏力、教师学生缺少发言权会极大削弱其教学、研究的积极性，课堂缺乏生气大学校园便缺乏活力，教师们关注的只是职称业绩，学术活力得到遏制，大学竞争力随之下降，完全不利于大学的正常健康发展。学生群体的权力缺失很容易造成大学的教学质量下降，学术氛围减弱，不利于积极文明的校风学风建设，从而削弱大学文化竞争力。

以上因大学内部利益相关者权力失衡和争取权益所带来的博弈会使恶劣影响像多米诺骨牌一样产生连锁反应，牵一发而动全身，影响到整个大学内部治理。因此，平衡协调各利益相关者的权力，结合我国大学实际情况构建适宜的大学内部治理结构的重要性不容小觑。

第三节　大学内部治理结构完善

上一节对大学主要利益相关者权力张力的分析，主要着眼于高校内部的权力关系与治理结构，是大学章程产生实效需要调节内外部两个关系之一，也即是说大学内部治理结构完善是大学章程实效产生的基础。

一　结构理论与大学内部治理结构模型

对治理结构研究最初都是依托和运用于企业管理，所谓治理结构，应当是一种包含制度安排、权力制衡机制和决策机制的综合系统。将治理理论结构化的操作有利于将制度安排、权力制衡机制和决策机制纳入整体下进行深入研究，是与利益相关者理论有着内在一致性的一种理论模式。

大学内部治理结构涉及大学中各利益相关者间的相互关系，是现代大学制度的核心问题，而构建一个适应社会发展需要和本国国情的大学治理结构，从而构建出大学各利益相关者的关系框架，使之与大学的总体目标相容，是建立现代大学制度的重要任务。[①] 与企业治理结构理论相似，高校内部治理结构从本质上讲第一是一种高校内部的制度安排，即基于所有权和管理权分离而必须建立的关于高校内部不同治理主体之间权力分配和制衡关系的制度安排；第二是包括行政权力、学术权力、政治权力、学生权力等的权力制衡机制；第三是一种有效的决策机制和运行机制，即"通过一定的激励和约束手段调动各种因素关系，协调各种关系，以实现高校办学目标的组织和运转机制"[②]（如图 3-1 所示）。

二　西方大学内部治理结构启示

哈佛大学、剑桥大学、斯坦福大学及伯克利大学等无论私立与公立大学，它们不仅在某些学科领域内走在前沿，在大学管理和治理方面也有着可资借鉴的地方，成为当今世界范围内高等教育领域的翘楚。这些世界一流大学的治理经验引起了研究者和实践者的高度关注。相对于国内大学来讲，英美等发达国家大学的发展历史更长，因此有可能在长时间的发展历程中根据实际问题不断调整治理方式、优化治理结构，使各大学利益相关者更协调配合地保障大学健康发展。因此，参考世界知名大学的内部治理方式，以便结合实际情况构建适合国内高校的内部治理模式实属必要。目前，英、美、法、德、日等主要发达国家的大学都存在着公立与私立之分，各自在法律地位、发

---

① 牛凤蕊：《大学治理：美国的经验与启示》，《内蒙古师范大学学报》（教育科学版）2009 年第 1 期。

② 付治国等：《高校治理结构的问题》，《社会科学论坛》（学术研究卷）2006 年第 3 期。

展类型和治理方式上都有些差异，但也有共通之处。

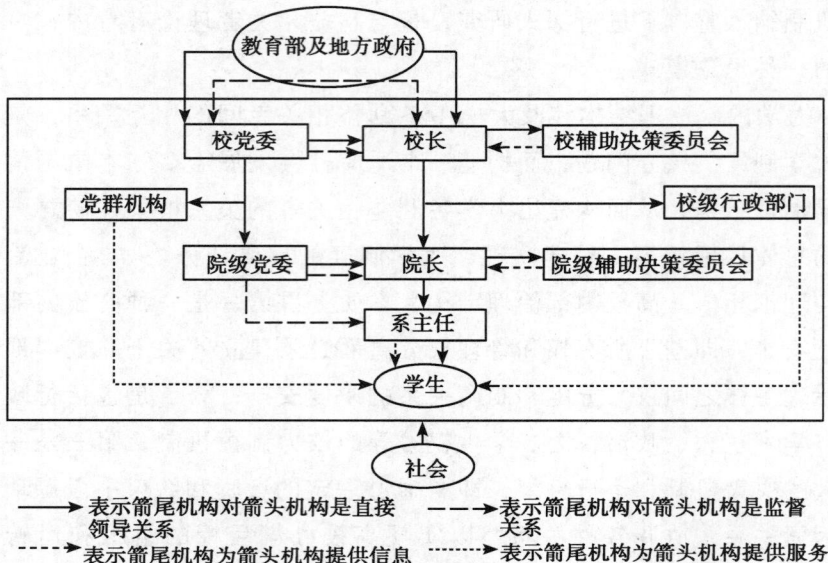

图 3 - 1　中国大学内部治理结构示意图①

　　一般而言，英美系大学内部治理普遍采用董事会领导下的校长负责制。董事会由与学校有关联的各利益相关者组成，包括校长董事，学生家长董事，教师董事和包括政府官员、社会名流等在内的社会人员董事等。董事会负责对大学内各项重大事宜进行讨论和决策，管理学校和学生，安排课程和教学，管理学校财务等职务，是学校的最高决策机构，也是学校的法人代表。② 大学校长则一般由校务委员会或董事会任命，其职责主要是董事会各项决策的具体执行者和形象人，简而言之即是董事会与具体事务间的桥梁。行政上的一长制与决策的民主制构成了英美大学内部治理的主要特色。大学内部除了董事会和校长、副校长进行大学事务的直接管理和决策外，大学内各种委员会的参与也非常重要，包括校务委员会、教授评议委员会、教师发展委员会、调查委员会、体育运动委员会、知识产权委员会等众多名目。③

---

① 胡春华：《高校内部治理结构研究》，《武汉理工大学》2008 年第 12 期。

② 张斌贤：《现代国家教育管理体制》，上海教育出版社 1995 年版，第 96 页。

③ 王英杰：《美国高等教育的发展与改革》，人民教育出版社 1993 年版，第 78 页。

这些委员会的设立，正是英美大学内部各利益相关者参与大学治理的表现，它们往往由教授、教师、大学行政人员、学生等组成，能够更充分地反映内部各利益相关者的利益诉求，促进师生参与大学治理并维护其权益，以其重要性制约董事会和校长的决策和执行，使大学内外部各利益相关者权力实现民主和公平。除了学校内部的一套治理机制以外，英美某些区域的大学还建立了跨学校的协商交流机制，主要形式是大学校务委员会协会、大学校长委员会和董事会主席协会。通过这种非官方的形式将所辖大学的校务委员会、董事会及校长组织起来，提供交流的平台，不仅加强大学间的交流和协商，也能联合起来共同处理大学与政府、社区、社会团体的关系。这就将大学内部利益相关者与外部相关者一定程度上联系起来了，通过对外部治理的完善来保障、推动内部治理。

学术权力与行政权力的"斗争"不仅在我国大学中普遍存在，它也是国外大学中让人感到头疼的问题。将公司管理的理念和方法引入大学已经引起西方众多教师学生的不满，学术权力的失落会导致教师学生的热情丧失，不利于学术发展，然而学术乃是大学的灵魂。因此，欧美大学在校长、董事会之外还设大学评议会，下设众多委员会，保障学术发展和教授权益的主要有学术计划委员会、福利委员会、教师申诉委员会、名誉学位委员会、知识产权委员会等组织。在学院和系一级也设有相关的学术委员会类似机构。日本大学中也通常设有教授会，由学部长主持，以多数人表决为决策机制，可自行决定本学部（学部是日本大学的中层组织）的教学科研方针、教师人事、学部预算、课程设置、招生等一切与教学科研相关的事项，此外还具有选举学部长和校长的重要权力。① 上述委员会、教授会的方式均可资借鉴。我国大学目前已设立了学术委员会、教学工作指导委员会等教学及学术机构，体现教授治学。通过政府外部行政力量推动的学术治理还在实践探索中，实效如何还有待于检验。在参考国外大学的经验上应进一步建立健全"以教师为主体的教职工代表大会"制度，提

① 王智新：《当代日本教育管理》，山西教育出版社1995年版，第64页。

高教授在其中所占的比例，扩大教职工代表大会的职责权限，以保障学术权力参与学校重大问题决策的发言权。在院系一级可成立以学术带头人为主的教授委员会，自主决策院系的资金使用、学科建设、师资和招生，将校级权力进行适当分散和下放，充分激发教授治校的热情，发挥院系的活力。

与美国国家精神中的自由主义因素相关，又由于其联邦、州和地方的三级行政制度划分所带来的差异性，美国各大学在发展、治理模式上呈现出较大的不同。然而无论是公立还是私立大学，尤其是在研究型大学中，普遍采用了文理学院这样的传统分学科教育体系，辅以其他专业学院并存。以美国加州伯克利大学为例，基础的文理学院作为其 14 个学院之一，被划分为 5 个学部：生物学部、艺术和人文学部、数学和物理学部、社会学部和本科生部。在生物、数学、物理等大学科类学部下还设有系一级，而本科生部则主要以研究生层次为主开设研究计划，也有为本科生设置的课程。这种以传统的文理学院为主，其他专业学院为辅的做法，尤其是在本科生部开设与其他学院联合的本科生课程的学科和层级建制，与我国大学普遍采用的学院—系—专业—方向的体系有着明显的差异，看似较为混乱，然而也正是这种"混搭"的自由精神强化了学院权力，这就意味着学术权力在更多地参与着大学治理。美国学院有着很多在我国高校二级学院中很难实现的权力范畴，例如学位颁发权、课程设置权等，往往大学一级权力只在此过程中起着指导作用。范德格拉夫在论述美国高校组织时，认为大学和学院一级都是相对"平坦"的，因为一系列渗透在行政机构中的团队分解了上一级决策权的缘故。应该说，美国高校对于权力的分配是做得比较出色的，校一级把更多权力授予了院和系，强有力的中层管理被普遍认为是美国大学管理体制的显著特点。

三 中国大学内部治理结构的探索

新成立的南方科技大学被认为是中国大学"去行政化"的代表，试看其在 2011 年 5 月颁布的《南方科技大学管理暂行办法》（以下简称《管理办法》)："南科大设立学术单位。学术单位负责学校内教学和科研有关事务，在学校授权范围内实行自主管理。学术单位负责人应当具有教授资格。"① 南方科技大学在探索中，创新性地建立了"理事会—党委会—校长"的内部治理结构。其内部治理结构中的最高权力机构是理事会，拥有决策人事、章程、财务等最高职能，其下仍然沿袭党委领导校长负责制，并设立以教职人员为主的校务委员会、学术委员会对学校重大事务进行审议。

2011 年，南方科技大学第一届理事会正式成立，并召开了第一次会议。② 第一届理事会由 20 名成员组成，不仅有来自教育界的知名人士，也包括企业界和政府的成员。根据《管理办法》的规定，南方科技大学是其内部治理中的最高权力机构，具有聘任或解聘校长、审定学校章程、审定学校的财务预算、审批校中长期发展规划等职能。③并对理事会的人员组成有着明确规定。第一届理事会的成立就是严格依据《管理办法》进行的，是南方科技大学开展高等教育实验的重要内容，也是其在现代大学制度建构方面迈出的坚实一步。《管理办法》对校长职责、副校长设置、校长的遴选和任免等也作出了明确规定。在创校初期，校长主要在副校长的协助下开展创校筹建工作。目前南方科技大学的校长朱清时实际上是兼董事会理事、党委书记、校长三任于一身。这就决定了其既要受到理事会、理事长的领导，又要接受深圳市委教育工作委员会领导，同时在许多大学内部治理问题上又拥有一定的自主决定权。

南方科技大学的此番尝试，迎合并代表了完善大学内部治理结构的一些方向，如提升民主参与度，行政机构逐步放权等，但实际并未扭转行政权力当道的局面，对于党委、校长及校务委员会间的职能划分，也缺乏更为明确的界定。尤其是如何处理好党委与行政权力的关系尤为重要。南方科技大学理事会对学校重大事件进行决策，如果理

---

① 南方科技大学网［EB/OL］．http：//www. siistc. edu. cn/index. asp。

② 《南方科技大学理事会成立》，《深圳商报》2011 年 7 月 17 日。

③ 《南方科技大学管理暂行办法》，http：//www. sz. gov. cn/zfgb/20U/gb746/201106/t20］10607_ 1663413. htm。

事会与党委权力"分庭抗礼",则容易造成冲突,不利于工作的开展。因此可以将党委书记或副书记作为理事会的当然理事,这样党委权力可以通过学校理事会实现对大学的管理,这就避免了二者的不合甚至对抗。按照利益相关者理论,这样反而不会削弱二者权力,而是能够最大优化利益相关者权益,优化大学内部治理结构。南方科技大学正应该在改革的道路上多走一步,解放思想、打破束缚,进一步明确党委和大学理事会的职责和权职关系。南方科技大学在这方面的探索可以给我国其他大学提供有益借鉴,尤其是对于内部治理结构而言可以开创一种新模式。

目前我国各综合性名校中,其治理结构也都大体遵循着"党委—校长—职能部门—学院"的思路。如《吉林大学章程》中明确指出:"学校坚持依法治校,实行教授治学,实施民主管理。……学校实行校、院两级管理为主的体制。……逐步扩大学院自主管理的领域和范围,发挥学院办学的主体作用。……党政职能机构、直属机构根据学校授权履行管理和服务职责。"① 从此段话中我们至少可以读出两方面的信息:其一,党政职能机构所代表的行政权力是大学内部治理中的优势权力,通过行政划分出的行政机构传递政令;其二,我国大学一直都未放弃对民主治校、教授治校等的追求,其实质在于提升学术权力所占之份额。行政权力中心是党委领导下的校长负责制,统筹行政、教学等事务,其中党委拥有宏观决策权及很大程度的人事任免权,校长则具体掌管校园事务。同时,以教代会、学代会等为民主机构参与大学决策。目前,一些学校也设有校学术委员会,但由于我国现行法律没有规定学术委员会的独立地位,导致了学术权力在高校中的弱势,因此往往受到行政因素干扰,影响利益相关者中学术主体的参与。而以南方科技大学这样新成立的大学而言,更能代表我国处于改革转型期的"中国特色",其内部的治理结构主要以行政权力为主,同时逐步强化学术权力参与,以

---

① 《吉林大学章程》, http://gongkai.app.jlu.edu.cn/? mod = info&act = view&id = 133。

实现二者关系的制衡与调整，但距离我们上文提出的制度建设要求，仍有很长一段路要走。

四　大学内部治理结构完善

前文已就各大学利益相关者参与大学内部治理的力量博弈进行了分析论述，确乎存在着党委权力与校长权力没有边界、学术权力份额不足等问题。学校内部权力分配的最终目的是建构一套有效的治理结构体系，但这首先需要明确体系中的基本要素及其间的关系，如权力类型、权力主体及其结合机理等。① 而只有充分明确各大学不同的利益相关者层次，才能有效进行权力分配与组合，最终建构行之有效的治理结构。因此，本节将大学内部治理结构的分析纳入利益相关者理论视角下。我国目前的许多大学在进行内部治理的过程中并没有从最核心最重要的环节入手，而是盲目照搬国外、国内一流高校的经验，忽视了自身特殊性，往往造成财力、人力、物力的极大浪费。这是因为大学内部治理并没有统一的模板，各大学因其自身情况的特殊性会存在差异性的利益相关者层次和群体，只有因地制宜，利用利益相关者理论才能在纷繁复杂的现实因素中找到深层次的线索和结构。

（一）完善大学内部治理结构的原则

1. 注重文化因素在完善大学内部治理中的作用

任何制度设计都不可能完全考虑到各方面现实条件，并以强制命令式的行为方式促使其实现，而这种制度上的漏洞需要靠文化和精神上的感召来弥补。尤其对于大学这个特殊的社会组织而言，其所参与治理的主要利益相关者都是文化层次、思想素质很高的群体，在大学内部治理的制度安排上更应注重以精神力量进行完善，使大学内部治理结构在成熟的文化土壤内有效发挥作用。在全球治理的时代，新的规则和方式冲击着传统，大学治理方面亦然。经济全球

---

① 薄存旭：《学校内部权力分配面临的问题》，《教育发展研究》2008 年第 13—14 期。

化、网络时代、生态危机、高速时代等概念正给治理印上效率、速度、利益最大化等标签，也使得治理的盲目性、拜金性、粗糙性极大增加。然而，大学作为知识的创造地、文化的传播者，在全球化的治理语境中必然有着自身的独特性，这就是不应当缺乏其内在的人文精神。我国现代大学内部治理的制度安排首先需要做到以人为本，以人为本不仅是建设中国特色社会主义的需要，也是全球人文服务精神的要求。对于我国来说，建设特色的现代大学治理结构重要的就是向世界一流大学看齐并打造国内的世界一流大学。以人为本正是与其目的和发展需求一致。坚持以人为本的办学理念和教学理念，既是一种发展观，也是一种人力资源管理理念。目前我国高校人力资源管理实践以人为本存在诸多制度制约，而推进以人为本的实现首先需要建立现代大学制度。①

在大学内部治理的制度建构中除了对人文精神的关注以外，也应强调学术传统。学术水平是大学的重要衡量指标，也正是其区别于基础教育的制度化知识传授的差异所在。我国大学内目前的许多学科设置都是参考西方，很多学科历史非常短，在我国传统学术内难觅其踪。然而，不管是经学、文学、哲学、建筑、化学等古已有之的学科，还是精神分析、西方医学、电子信息技术等新型学科，都在不同高校内有着其自身独特的学术研究传统和习惯，在大学治理的过程中不应生搬硬套地借鉴先进经验，而应因地制宜，照顾到本校的学术传统。尤其是在当今学科整合的时代，随着人们实用性考虑的增加，加上媒体的误导，文学尤其是文字学、语言学、文献学等冷门学科报考人数大为降低，呈衰落之势，甚至面临着被撤销的危险。这与我国历史中注重文学才能的传统相悖，也是现代大学学科制度建设和大学治理中应尤为注意的。另外，责任意识、服务理念、追求卓越等都是在大学治理过程中不可缺少的精神观照，只有以精神领航，制度设计才会在正规上运行，不会成为令人窒息的条条框框。

---

① 孔垂谦：《高校人力资源管理实践"以人为本"需要建立现代大学制度》，《现代教育科学》2007 年第 1 期。

2. 淡化行政权力，强化学术权力

大学内部各权力主体博弈中首先和最突出的问题就是两大权力的失衡，即是指学术权力与行政权力的不均衡。由于历史方面的原因，新中国建立后，我国对高等学校实行中央集权管理，大学被视为事业单位，在管理上主要沿袭行政管理体制，教师难以真正参与学校管理，这一点在我国大学中突出地表现为以行政权力主导的管理体制。而大学因其知识性和专业性要求，既需要行政治校，也应有教授治校。这样，行政权力和学术权力就产生冲突，这种冲突表现在，学术自治要求大学在处理学术事务上不受政府和行政权力的干涉，而科层制的行政规范则要求大学把一切活动都纳入规范化、程序化的运作范围，以提高效率。于是，强调约束、效率的行政规范和注重自由、平等的学术价值产生了明显的冲突。主要是科层制行政权力的泛化导致学术权力被挤压而趋于萎缩，造成学术权力与行政权力的冲突和对立。① 这些会带来学校机构重叠、人员冗杂、功利主义盛行、决策脱离实际等问题，造成资源的浪费，尤其影响学术的健康发展。

淡化行政权力，强化学术权力是解决当前我国大学中行政权力压制学术权力问题的必然解决途径，这正是符合学术发展，符合知识进步和传播的科学内涵。"高校的前途，就其协调传统与革新的职能而言，多取决于成千上万个教师的价值观，而很少取决于高校的理事或校长。因为思想与创造不能由行政部门以命令的方式向下推行，只能由个别学者或专家征求领导人许可的意见书的方式，去向上渗透。任何重要机构都无法这样，高校却必须这样由下而上地进行工作"②。大学的知识性成就其特殊性，区别于其他机构单位行政化的管理。大学是知识的发现地和传播者，大学的主要活动即是学术活动。学术权力与行政权力性质不同，不能用行政权力取代学术权力，或用行政权力

---

① 杨谢秋、肖静：《基于利益相关者理论对我国大学权力结构的思考》，《长春工业大学学报》（高教研究版）2008 年第 2 期。

② 蔡文伯、杨瑞旭：《我国现代大学治理 30 年来的回溯与反思》，《石河子大学学报》2008 年第 10 期。

运行的机制取代学术权力的运行机制。

学术是大学存在的合法性基础，也是大学存在的合理性土壤。介于已知与未知之间的高深学问作为高等教育的逻辑起点，正是知识的高深性与未知性，才使得学者们孜孜不倦地追求学问、研究学问、探索学问的奥妙。学术是大学的生命之所在，是大学教师事业所在和毕生追求。大学内部治理，实际上所要保护、促进的最主要内容就是学术自由的发育和推进，学术制度的建设就需要遵循学术发展的内在逻辑。1995 年《联合国教科文组织关于高等教育的变革与发展的政策性文件》就已指出："近代史有力地证明了必须捍卫学术自由的原则，它是高等教育机构存在和谐正常运转的先决条件。"在西方国家历史上，也一直给予了学术自由相当程度的重视。这正是我国目前大学发展所面临的学术权力与行政权力矛盾的现状，它给我国当前大学发展和治理带来极大阻力，因其重要性和急迫性，在本书中也被反复提及，需要注意的是，并不是一味追求在大学内学术权力完全占据主导地位，争夺到话语权、领导权即是学术自由，大学的管理机构必须由本校专家和一定数量的外校人士组成，在群众和舆论的监督下进行管理活动，才不会失之僵化、狭隘从而走向另一个极端。另外，学术自由应包含外在、内在两个尺度，即保障学术自由的政策法规的完善程度和学术自由作为一种理念的认同程度。学术自由的实现与现代大学治理密切相关，推进大学治理既要完善旨在保护学术自由的外在制度，又要培育以学术自由精神为核心的内在制度。①

3. 明确党委权力与校长权力的职责与分界

相较经济体制改革的成就而言，教育体制尤其是高等教育体制的改革还很滞后，尤其在公立大学中，政府的高度集权式的控制带来了很大的弊端。办学权、经营权和管理权的不明晰极大地阻碍了各利益相关者的积极性和创造性发挥，已暴露出其体制危机。我国大学所普遍实行的党委领导下的校长负责制这种领导体制，既要维护党的领

---

① 周光礼：《学术自由的实现与现代大学制度的建构》，《高等教育研究》2003 年第 1 期。

导，又要行使行政职能，在实施贯彻中也逐渐表现出一些问题。以党委领导为代表的政治权力必须明确自身职责，"对政府部门而言，治理就是从统治到掌舵的变化"①。党委掌握思想政治领导权，在组织上积极贯彻党的思想、路线、方针在大学内的执行，并加强思想政治工作，引导大学发展，但不能以政治权力完全代替行政权力和学术权力，"党委领导，校长治校、专家治学"应是我国高校内部治理努力的方向。而以校长为首的大学行政人员主要负责学校的日常管理事宜，保障学校的运转有序，在计划、组织、协调、后勤保障等方面发挥主导作用，实际上是行政权力的表现。党委领导下的校长负责制，在实际执行上容易形成领导体制上的二元结构和两张皮现象，容易产生机构重叠、效率不高和校长虚置现象，具有强烈的行政化倾向和官本位思想。② 二者权力范围的明确对于切实落实校内各项事务来说有着不言而喻的积极意义。

完善党委领导下的校长负责制，"科学的决策运行模式是践行党委领导下的校长负责制的根本保证"，"各种制度的完善是顺利贯彻实施党委领导下的校长负责制运行模式的有力保障"。③ 应从以下几方面入手：一是统一思想，将党委权力与以校长为代表的行政权力共同纳入为学校谋发展的统一思想认识中。二要进一步明确党委和校长的职责职权，确定其权力边界并从制度层面上予以保证。三要从法规制度上保障其运行，严格规范会议制度和决策规则。

4. 赋予学生一定的参与和决策权

坚持以人为本，这个"人"，就不仅指拥有头衔的教授学者和优秀学生，也包括普通青年教师、普通职工以及更广泛的学生群体。尤其要坚持以学生为本，这是由当前我国大学内学生权力缺失的实际情况要求的。学生是大学实践活动的主体，是占高校人员构成的绝大多

---

① 陈振明：《公共管理学原理》，中国人民大学出版社 2003 年版，第 76 页。

② 张小娟：《坚持和完善高校党委领导下的校长负责制》，《中国高教研究》2005 年第 6 期。

③ 曹娟、马瑾：《党委领导下的校长负责制运行模式之探究》，《黑龙江高教研究》2005 年第 5 期。

数，但也是高校内相对弱势的群体，坚持以人为本，以学生为本才能最终凸显高校各项工作的时效，培养合格、优秀的人才，使人文精神通过大学生撒播社会，烛照当世。以人为本就是要以他们的利益诉求为本，其中所包含的博爱、平等观念也蕴含着更高更严格的要求。学生是大学存在的表现和理由，大学应当赋予学生更广泛的权利，包括自主学习、参与学术研究、享有学术资源、享有学术自由、对大学权力主体进行监督、其他政治权利等。然而，就我国目前高校的发展现状而言，大学学生并没有充分享受行使其权力，只能划属第二核心利益相关者集团，重视和发展学生权力在我国将是一个长期的过程。实际上，学生拥有并行使好自己的权力，有助于平衡大学内部权力，是符合大学发展逻辑的。

在加强学生权力的途径方面，除了已有的方式外，应注意拓宽思路、突破传统，多向优秀经验学习。增强科学与民主意识，形成科学与民主的传统，可以多从资金、政策上支持学生，加强理论研究，健全和完善民主集中制。在涉及学生个人切身利益的校内改革过程中要充分考虑学生需求，结合实际，进行充分酝酿、严谨分析，并严格执行民主程序，切实解决好与学生利益息息相关的课程设置、基础设施建设、学生管理等各项工作。此外，还可通过设置临时工作小组、成果展示、意见箱等形式拓宽参与渠道，让大学真正成为言论自由的园地。这些都是大学生行使其知情权、申诉权、评论权、批评建议权、参政议政权等权利的方式，是制约行政权力、提升学生权利和学术权力的途径。

5. 建立大学内部的权力协调机制与监督机制

如果说传统的大学协调机制更加注重的是大学与政府间利益关系的协调的话，在今日之市场经济环境下，高校虽有别于纯营利性的企业，但内在理路亦包含着多边契约，如前文所析，大学乃是一多元构成之总体，校股东、行政领导层、师生员工等相关利益主体均应是其中参与者，而大学办学的目的，并非追求其中一方利益的最大化，而是寄望平衡各方利益取得共赢。这就要求高校在内部治理方面树立整体观念，做到"分享"治理之权，才能实现对各方利益的整合与服务。利益相关者理论视角下的协调机制就是要对涉及其中的多元利益相关者进行激励，充分激发他们的主观能动性，最大限度地共同促进大学发展。大学各利益相关者间势必存在着利益冲突，一种有效的制度安排就是在二者甚至多者之间达成利益制约关系，满足激励相容原理，最大限度地进行协调，以达到大学与多元利益相关者利益目标的一致，是大学内部治理的根本方法。这种协调首先应当是大学内部治理主体成员间伙伴关系的建立，主要是行政权力、政治权力、学术权力、学生权力的协调。除了各利益相关者主体间的协调外，对大学治理内部包括课程设置、资金分配、基础建设、学科发展等各项内容的协调也尤为重要，这实际上是尊重学术自由、扩大学术权力在大学内部治理的相应反映。

在注重大学内部权力主体协调的同时，监督机制的建立也很重要。要充分发挥大学中的监督作用就要建立以普通教师、学生和教辅人员为主体的群众监督机制，将校务运行纳入阳光下，增强群众的知情权。这种监督应当包括校内各项改革措施，各级领导的作为，教师的录用、考核、晋职，学生的招生、分配、奖惩等各项事务。

（二）探索大学内部治理结构多元模式

正如世界上没有完全相同的两片树叶，大学亦如是，然而不同大学在办学理念与实践上总体现着相似的属性，我们结合国际通行之分类学与类型学范式，可将大学划分为"研究型大学"、"教学研究型大学"、"教学型大学"三类，这三类大学在办学实力、人才培养等方面有着截然之不同。

学校类型有别，其职能与定位自然不同，故内部治理结构模式的设计也应针对其特征表现出差异，如此，则各类大学可各司其职，扬长避短，更好地发挥其作用和功能，为社会建设服务。而内在治理结构之区别，主要表现在学术权力在治校过程中所占比重上，学术权力是大学当中除行政权力外的，主要掌握在教师、研究员、学生等教学研究主体手中，在学术权力与行政权力二者关系的处理中，不同类型大学有着不同的适用性。我国大学类型划分及主要特征详见表 3 - 1。

表 3 - 1

特征 类型	人才培养	学校规模与 社会贡献	学科建设与 科研环境	范例
研究型	学术型、创新型。为科学研究和高精尖项目提供专门人才	历史较长，办学规模大，在国际国内享有一定声誉	拥有国家级重点学科和实验室，有国家重点学科和优势学科，学历教育涵盖博士、硕士和学士的完整层次。科研实力强，具有较多标志性国家科研成果	国家重点建设的38所"985工程"大学
教学研究型	高层次、复合型。培养高端人才，部分涉及研究	办学规模较大，辐射范围较大	拥有省级重点学科和实验室，有省级重点学科和优势学科，学历教育至少有硕士和学士层次。科研实力较强，有一定数量的科研成果	国内大学的综合排名靠前，未列入"985建设"的"211大学"和部分省属重点大学
教学型	应用型、技术型。主要实行一般教育，学生接受知识与技能培训，面向社会	办学规模较小，历史较短，多为地方管理为地方培养应用型技术人员院校	注重基础学科建设，以本科教育为主，高等教育大众化，科研创新能力较弱	在国内大学的综合排名约在200位以内，以及综合排名200位以外的近500所本科院校

1. 研究型大学：以学术权力为核心

研究型大学一般拥有较长的历史，办学规模宏大，在国际国内享有一定声誉。此类大学的定位，乃是以学术、科技研究与培养高素质、研究型人才为中心任务。此类大学一般有着数十年乃至逾百年的发展历程，在此过程中建立了丰厚的学术积累与培养经验，形成了齐全的学科体系和诸多处于国内外领先地位的优势学科。其人才培养层次涉及本科、硕士研究生、博士研究生等各个层面，其师生规模也往往在数万人以上。

这类大学在我国高校中所占比重不高，但在培育高精尖人才、开展创新科技研究并推动生产力方面，起着举足轻重的作用，一般拥有国家级重点学科和实验室、国家重点学科和优势学科，学历教育涵盖博士、硕士和学士的完整层次。总的来说，我国研究型大学科研实力强，综合素质高，具有较多标志性国家科研成果，能够吸引国内外优秀人才。

首先，研究型大学的核心在于科学研究，主要的任务在于学术，学术研究的主要核心在于科研人员的构成，教师、科研人员、学生群体作为核心利益相关者，就应该在大学内部治理过程中充分考虑他们的利益诉求，进行以学术权力为主导的内部治理结构架设。大学组织的学术性特点决定大学是人才培养的重要场所，也是现代科学的发源地，人类精神文明的殿堂，不仅应承担起培养素质全面和能力广泛的优秀人才，也应致力于知识的整合、选择、传承与创新。大学想要永葆其生命力，并且经久不衰、历久弥新，就必须对大学学术性特点有正确认识。对于研究型大学而言，其核心任务乃是知识的接收、应用、改造、创新以及传播，故在大学的治理结构学术权力与行政权力最大限度分离的基础上，其核心为学术权力乃是大学研究性的必然要求。要求是着力于大学学术管理的民主化，学术权力的实际拥有者大多是大学的教学研究人员以及研究型学生，而他们恰恰在大学的基层，学术权力为内部治理结构核心，实际上就是将其他利益相关者手中的治理职权向学术主体转移，使他们获得"除了上帝，他就是自己的主人"[1]的学术决定权，从而管理一切学术事务。此理念是建立以教研人员为主体的教授委员会和校学术委员会，"中国教授委员会不仅对大学的建设和发展发挥了作用，也是对我国建立现代大学制度所作的一种探索"[2]，校学术委员会亦是如此。此外，学生亦是大学利益相关者的重要角色，更是有权支配一定学术权力的主体，应着力建立和完善相关渠道，使其充分参与到高校治理决策中来。

对于学生主体来说，也应该打破传统思维束缚，科学优化学科建制，尤其是理工类院校和财经类院校，可适当扩展学科领域，朝综合类院校发展，这不仅能扩大学校规模、提升大学影响力，也能使学生

---

[1]　席西民等：《我国大学治理面临的问题及改善思路》，《西安交通大学学报》2005年第1期。

[2]　张君辉：《中国教授委员会研究》，东北师范大学博士学位论文，2006年，第128页。

主体这一重要的大学利益相关者在学科融合中迅速开阔视野，提升自身，利于研究型大学的学术成果建设。

此外，在财务和人事制度方面也应体现出更多的权力"下放"，应当追求以教学、科研为主，财务、人事为辅的二级管理体制，对于科研资金的申请，以及科研课题的申报都应该有一定的自主性，充分体现学术自由的原则，以学院带动学校发展，使学院拥有更多权力。这样，与研究型大学最为息息相关的教师、科研人员、学生主体等利益相关者才能充分发挥其能力，贡献更多的学术成果。

2. 教学研究型大学：二元权力并重

教学研究型大学办学定位介于研究型大学与教学型大学之间，而教学所占权重又大于科研。其学科门类覆盖面较窄，特色与优势学科较为集中，学术影响力有限，综合实力弱于研究型大学。除个别教学研究型大学有国家级重点学科外，一般高校仅拥有省级重点学科和实验室，有省级重点学科和优势学科，学历教育至少有硕士和学士层次，科研实力较强，有一定数量的科研成果，在个别领域可能有突出成果。然而其目前在我国大学内所占比重较大，办学规模较大，辐射范围较大，师生数量多，相对来说地方影响力也较大。其人才培养以输出高层次、应用型人才为目的，故而在办学过程中立足本科教育，于实力较强之学科适度发展研究生教育。

教学研究型大学于前后两种类型之间，一方面要利用自身优势，在相关科研方面努力开掘，以研究型大学为追赶目标；另一方面要巩固教学领域的发展成果，逐步脱离低层次人才的培养，重点提升本科、硕士教育的水平。如此"两手抓"，就要求在内部治理结构设计方面，做到学术权力与行政权力两种权力统筹兼顾与并行不悖。

具体而言，作为利益相关者中两方的行政机构与教学机构人员应做到相对疏离，从而为二者各自行使权力提供保障，譬如校长之于学术委员会，任委员甚至副主任自是当然，但主任之职应由无行政职务的德高望重的学者担任，近年一些教学研究型大学的校长主动退出校学术委员会，都收到了不错的效果。对行政部门而言，要摆正位置，转变职能，在行政组织及职能服务方面加以完善，对教学质量及政治思想和后勤保障等方面狠抓实干，同时将一部分权力移交给学术主体；对以教师学生为代表的学术主体来讲，应在学术研究领域内制定相关规则，以保障学术研究为目的事务有效介入，充分参与大学事务决策。

3. 教学型大学：学术权力参与

教学型大学的共同特征基本都是在新中国成立后的历史进程中建立或升格，主要立足于本科、专科或职业技术教育三方面进行办学，基本不涉足研究生教育，也不以在学术领域有卓著贡献为目标，以培育某些领域内的应用性、专业性人才为己任。它们更加注重基础学科建设，以本科教育为主，高等教育大众化，科研创新能力较弱。相对而言，在人才培养上也主要实行一般教育，注重学生的基础知识和专业技能培养，以应用型、技术型人才适应社会需求。教学型大学历史较短、多为地方性院校的特征也决定了其辐射范围有限，往往成为所在地区不大范围内的人力资源培育中心，为地方建设发展提供人才保障与智力支持。

对于教学型大学而言，首先，培育应用型人才是其办学使命，日常以开展一般性研究与教学为主，所实施者基本是单向的知识传授。其次，此类大学并不以学术研究为主体。系、所作为教学主体是大学的主要机构，因而并不适用于以学术权力为核心的治理模式。从因校制宜的考虑出发，在教学型大学的内部治理结构应以行政权力为主导，以学术权力的参与辅之。具体而言，即采用直线式的管理辅以民主参与的方式，由校长、书记、系所领导等组成的校管理层进行决策，由系所无行政职务的教师组成议事机构进行参与监督，经过民主讨论，将产生的决议经由"校—院系—教研室—教师"的途径逐级传达。这样学校权力较为集中，行政决策效率更高，政策传递和贯彻也更为通畅。

综上我们可以得出结论，在将我国大学划分为三大类后可以明显看出其区别，也就能够根据其核心利益相关者的不同而制定出不同的治理方案，以学术研究在大学发展中的重要性为依托决定不同程度的学术权力参与机制，各类型大学的内部治理模式比较详见表3-2。

表 3 - 2

类别＼治理	核心利益相关者	核心功能	内部治理权力结构	发展和突破
研究型大学	教师、科研人员、学生群体	科学研究	学术权力主导，以学术权力为核心	以学院的二级管理体制为主，设置教授委员会、学术委员会等
研究教学型大学	大学行政管理、教学管理、师生	人才培养	行政权力主导，学术权力并重	有效平衡行政权力和学术权力
教学型大学	政府相关管理部门、社会公众	社会服务	市场权力主导，学术权力参与	树立多元化质量观，加强教师队伍建设

　　不同类型大学发展目标不同，大学传统与特点不同，利益相关者权力分配权重各不同，因而需要不同的治理模式进行治理，促使大学内部的协调和治理，才能完善大学内部治理结构，更好的实现大学内部治理。

第四章

公立大学章程实效性前提：章程理念

从上一章大学治理结构研究结论来看，教师作为学术权力主体，也是利益相关者核心主体，将会成为大学内部治理的重要参与群体与影响源，特别是作为学术活动的参与者、执行者及监督者，其学术权力更应发挥和体现自身的治理作用，也彰显了大学学术本质。大学章程核心内容是完善的内部治理结构，大学章程理念必须以大学组织学术的本质特性为基本，以大学内部治理结构的完善为研究导向，既保证章程理念内容符合大学的核心本质与特征，又为大学的内部治理活动提供理论基础与理念支持，使内部治理过程得到合理规范与约束。从这个角度来说，研究大学章程实效性必须以大学章程理念研究为前提和出发点。

第一节　公立大学章程理念价值

大学章程实效是我国高等教育法制化进程中的重要组成部分，章程理念研究可以为现阶段大学章程制定与实施过程提供具体的行动指南与导向作用，为章程建构困境提供切实可行的解决方案及理论基础，有助于大学内部治理实践进一步深化与规范，体现了章程理念的价值意蕴。

一　彰显学术自由与学术秩序

大学内部治理结构及其治理过程是现代大学制度建设的重要组成部分，静态的治理结构与动态的治理过程的完善，有助于实现现代大学制度目标。现代大学制度精神本质上是为了保证学术自由与学术秩序。制度建设具有规范性，大学章程作为校内法律性文本，一方面可以通过强制性对内部治理活动施加约束以达到规范目的，另一方面章程建构要充分体现现代大学制度理念，对大学章程理念的归纳与总结有助于在内部治理结构运行中使制度理念贯穿其中，体现章程的权威性与实效性。大学内部治理是现代大学制度的具体体现，大学章程建设及理念的特征彰显了内部治理的学术本质，为保障学术自由提供了理论与实践基础。大学章程的学术自由理念从本质上体现了大学组织的学术性，从制度上体现了大学建设与发展始终要发扬学术自由的精神内涵，从执行上要树立学术决策权威以保障学术权力在大学内部治理结构中的地位。学术自由是大学历经时代变迁而经久不衰活跃于社会环境中的根本动力，随着大学逐步开放并与外部环境接轨，使得外部功利化世俗化等因素渗透进大学运行的各项活动中，大学赖以生存的学术资源与信息过多的受到自身行政手段主导以及外界因素干扰。大学内部的学术治理根本上要重塑学术权威，强化学术权力，进而体现学术自由，保障大学精神与理念核心，赋予大学章程以学术自由理念能从权威性与实效性上保障大学本质，彰显现代大学制度的核心。

学术性是大学组织的本质属性，学术自由与学术决策权理念的彰显也是大学内部治理所必需的条件与环节。从学术自身特点出发，突出学术责任对于学术活动的规范性作用，将学术自由与学术责任结合起来，以学术责任理念为支撑保障大学运行的秩序，这也是现代大学制度的构建与实施所要求的。现代大学制度的作用表现在"放"与"收"两个方面，对于学术自由的保障与彰显充分体现了制度建设的开放特征，而对于学术责任理念作用的加强则体现了对于学术活动秩序的规范。大学内部治理结构的理念要求明确了学术自由中的学术责任，章程理念的此方面内容有助于实现现代大学制度的秩序，进而有助于大学组织运行的规范。学术责任从学术性特征出发对学术自由进行自我约束，为大学内部治理结构中各项权力配置及平衡提供了理念基础，使学术权力在决策模式中权威作用的发挥得以实现，同时，也使参与者权力进一步加强，为合理建构监督模式创造了条件。大学章程在学术自由中的学术责任理念服务于大学内部治理结构及其优化与完善，也继承了现代大学制度的理念内涵与传统，是制度理念在治理实践层面的运用，将理念内涵融入治理过程之中，为大学内部治理结构提供了实施基础与理论依据。

二 体现大学特色并树立正确的办学目标

大学章程的决策理念以不同大学的层次类型为基础，学术个性自由形成了大学的文化与特色，进而确立了适合自身发展定位的办学目标。大学作为高等教育事业发展的载体，具有大学特色的办学目标体现了高等教育与大学发展的适用性，既符合了大学学术资源利用者与参与者的个性特色，又满足了大学所处的外部环境需要。大学的差异化定位及目标充分体现了大学的学术自由及其所产生的文化与特色，而对这种差异性的保障与确立则需要依靠完善且具有针对性的理念支撑以及强制性手段的规范，大学内部治理结构的优化与完善对于大学特色的体现以及合理目标的确立在实践层面上具有可操作性，建立在理念基础上的治理活动，能够针对这种多样性与多元化的发展形成不同的治理模式。大学特色发展的实现归根到底是对权力的合理行使与运用，形成具体的决策模式以保障大学特色性目标的确立。在不同层次类型定位下大学决策模式形态具有差异性，只有将大学内部治理中的权力结构合理配置，并针对多样化发展而需要构建的不同决策模式理性平衡学术权力与行政权力的地位，且在适合的模式形态中适度强化学术权威的影响，才能在保障学术自由与特色的前提下发挥大学内部治理结构的作用。大学章程理念将不同大学定位下的决策模式及形态作为内容之一，有助于提高大学内部治理结构在特色定位与办学目标下的操作性和针对性。

大学定位下的决策模式体现出学术决策活动的形态差异，定位及办学目标的不同使得大学内部决策模式具有不同的形态，大学章程建设将此作为自身理念内涵的组成部分，既从理论上满足了大学内部治理结构的理念需求，又从实践上以法治手段规范和约束治理活动的合理性与合法性。学术决策模式及形态的确立为大学内部治理提供了法治手段与法理依据，为大学章程建设创造了理念基础，既体现了大学的文化与特色，又确立了大学办学特色目标，同时依据不同的决策模式和形态达到学术治理的效果。决策理念是国内研究型、教学研究型和教学型大学的治理理论基础，通过学术治理对大学学术自由与责任的保障与明晰，进一步适度提高和规范学术权威在治理结构中的作用，依据不同的决策模式形态，具体的应用于各种层次类型定位的大学内部治理过程中以使其更有针对性而提高效率。

三　适应社会变革以理性服务社会

大学的开放为学术自由的保障提供了充分的外部条件和资源，而面对外部环境的复杂变化，大学自身的特色性为其适应社会变革创造了权变基础与能力。学术本质贯穿于大学的三大职能当中，通过学术治理对于大学精神内涵的保障需要从职能的社会作用中产生影响，大学职能不仅要体现自身的学术价值与作用，还要与外部社会环境的需要相结合，发挥自身的适应性与权变性以适应社会变革。大学的开放与权变体现在职能作用上，作为知识与智力资源的集合，在人才培养、科学研究以及社会服务上应当充分发扬大学的学术本质，培养为社会所需、研究为社会所用以及服务为社会所求。大学内部治理结构对于大学职能的学术性及作用发挥在影响权力的分配上具有规范与引导效果，影响其开放程度及权变适应能力，大学内部的不良权力倾向和权威影响都不利于职能的学术作用发挥以及对外部环境适应能力的提高。针对于不同定位的大学，其决策模式的构建是以学术权力和行政权力为导向并合理配置权重，且能够引导大学以适应复杂的外部环境以满足社会的需要，同时要求大学内部治理结构必须引入体现社会需求以及参与者影响的第三方权力，在大学章程的建构与实施中赋予大学权力运行的监督者以更高的权威。在开放权变的条件下，大学章程理念以此为理论基础，从外部环境的复杂多变中寻求社会的人才所需、成果所用及服务所求，将大学职能活动的参与者与利益相关者纳入到监督模式中，赋予其监督权力及权威。

大学充分的开放性与良好的适应性是理性社会服务的理论前提与理

念基础，是大学内部治理的要求及其学术本质的体现，通过从大学章程的法治手段上对学术决策的监督模式进行合理建构，为学术治理提供内部规范与约束理念的支持。大学开放下的监督模式是大学章程理念内容中与外部环境相联系的一环，它从内部权力结构的具体作用出发，充分提取大学内部对于贯穿学术性的要求，以及外部社会环境在职能作用上对大学的需要两方面因素，赋予学术活动外部参与者监督权力以规范和平衡二元权力运行，使大学内部治理在学术决策上体现监督效果并提高治理效率。大学内部治理过程及结构不能仅仅依靠内部参与双方的协调与制衡，在多元化发展与需求的外部环境中大学必须开放自身并适应环境变化以达到自我革新的目的，作为治理理论基础的大学章程理念，在其凝练的过程中必须充分考虑社会与公众的需求，并将他们的需求作为一种力量源泉来推动大学内部治理实效性的提高，章程理念以大学的开放性与权变性为基础，把监督权力主体从内部拓展到外部，在治理意义上使得权力结构更加完善且效果得以优化。

四　规范大学内部治理以保障运行效率

大学运行效率的保障与提高是建立在学术自由、文化特色以及开发权变的特征之上，一方面受到大学本质内涵的影响，大学运行效率要体现出学术性，终究是对学术活动的规范及效率；另一方面在大学内部治理过程中要合理配置涉及决策效率及监督效果的权力结构，通过对政策制定与实施过程的结构性优化与完善，以达到提高决策意识与精神的贯彻效率与落实效果。学术运行活动是一种理性思维的实践活动，在知识、观念及价值等融会贯通的基础上必须要求学术人在学术活动中保持学术敏锐性以及抽象思维的灵活敏捷，这样不仅有利于自身学术能力的提升与深化，也有助于将外部环境的需要与诉求转化为学术科研任务，将学术自由与责任和大学运行效率紧密结合起来。同时，因层次类型定位的差异性也必须使大学在开放的条件下面对多元化发展的外部环境使自身内部结构合理优化并确保实施的针对性，以保障大学运行效率的提高。

　　大学的学术运行效率离不开内部治理结构的优化与完善，而结构的建构与实施又需要大学章程及其理念的规范、约束及指导。大学章程理念内容从大学组织运行的本质出发，融会了学术责任、决策模式及监督模式理念，在此基础上引入效率目标并形成理念。大学内部治理结构的优化与完善是一项复杂的系统工程，不仅从结构组成要素上要充分体现大学组织的特征及治理规律，还要从结构实施及运行效果上提高治理效率。大学章程的效率目标理念在章程理念体系中处于实践层面，为大学内部治理结构的规范施加了权威性影响，使整个理念内容体系的实效性在学术治理效率中得以体现。大学章程的建构与实施一方面是在法治权威的层面上对大学组织的权力运行与内部权力结构施加约束与限制性影响，另一方面要在合理规范的基础上保障大学内部学术治理的效率。大学章程将结构建设与效率目标内化为自身理念，为大学重塑学术责任并强化学术决策权威及监督权力提供了实践保障与理论依据。大学因其复杂性、多元化、巨型化发展，必须在学术自为、自主与自治的前提下使用强制性规范措施，以保障内部权力结构运行、职能作用发挥以及参与者的合法权益与监督权威。因此，通过大学章程理念内容的归纳与总结，对于大学内部结构运行与规范在治理意义上提供了实践基础与可操作平台。

大学章程理念是大学章程制定与实施中所应具备的精神信仰与灵魂核心，是大学章程作为一种理念文化载体和制度理性体现的重要支撑。大学理念是对章程架构过程中理性要素的凝练与升华起着依托作用，现代大学制度在这一过程中为大学理念的践行提供了执行依据，大学章程理念的总结与归纳有效的保障章程的权威性与实效性，自始至终贯穿着大学理念与现代大学制度的本质内涵，它们彼此一脉相承、互为佐证，为大学章程在实践操作过程中的保障作用提供了理论依据。章程理念研究是现代大学制度建设背景下实现章程权威与实效的重要理论架构，也是大学法制建设与法治保障环节中十分关键的组成部分。

第二节　公立大学章程理念内容

大学内部治理结构优化及其制度化即是大学章程的架构与实施

过程。作为大学内部学术活动的规范性纲领性文件，大学章程的权威性与实效性需要在满足内部治理结构需求的基础上赋予自身以理念内涵且具有针对性，理念内容既要保证大学组织基本属性在内部治理过程与结构中的体现，又要确保章程效用的发挥能够符合大学内部治理结构的规律与要求。大学内部治理根本上是学术治理，其结构建设本质上是对学术权力作用与权威影响在学术决策与监督模式中的强化，而现阶段国内大学章程建设只停留在外围范畴的讨论与作用上。多数大学章程建设缺失，而已公布的部分大学章程，在具体内容上存在实施效果与约束作用发挥上的严重不足，没有以理念为效用基础且缺乏理论支撑，丧失了以内部治理活动及结构优化需求的导向；在章程内容的层次上，章程立足点高于大学内部治理结构的具体作用对象，内容缺乏实效性与适用性而成为脱离治理实践与结构建设的空中楼阁。通过大学章程理念内涵研究，既可以从大学组织的本质属性与特征上使章程建设更符合大学内部治理结构的需求，又可以使章程作为法治层面的强制手段规范并保障大学内部治理结构的有序与高效。

大学的组织理性促使其内部治理具有理念指导以及合法的制度架构，从而规范和平衡大学内部各项活动与权力。解决大学章程制定形同虚设没有实效的问题，制定不同于一般组织的章程，必须从组织系统的角度深入研究大学组织系统特征。

一　大学组织系统特征

从组织系统的要素与结构出发，以科层制构成为当前大学组织系统结构的主要形式，它决定着机构形态和运行效能，组织形态多以部门间结合的松散化、扁平化、柔性化和网络化呈现。[1] 从大学组织系统的复杂性以及学术与科层的双重性出发，加以其建立在国家特有的外部环境和传统中，构成组织系统的目标、人员、专业、机构和环境

---

① 丁虎生：《大学组织的结构要素与结构形式》，《西北师大学报》（社会科学版）2012 年第 11 期。

等要素影响着现代大学制度建设及其内部治理结构的运行①, 对大学组织系统的特征及发展前景作出进一步的探究, 规范内部治理结构的权力配置和参与模式。大学组织规模的扩张和学科系统的多元, 大学组织系统已极端异化, 在组织系统整合中, 科层、学术和环境机制都起到相应的影响作用。

以组织的冲突与整合分化为切入点, 从大学组织系统发展与改革过程中内部冲突的必然性出发, 组织冲突的表现包括: 学术价值认同、治理运行安排以及组织结构设计等。要从突出大学的学术个性、优化和完善内部学术治理模式、合理设计学术组织结构等方面消除组织冲突的负面影响, 做到正视冲突、管理冲突、限制冲突的消极作用, 发挥冲突的积极作用, 保障是大学组织系统发展的学术本质。② 常规的科层手段不能构成组织系统规范的基础, 外部环境的影响对大学组织参与者发挥着有限的影响, 学术自由理念在大学组织系统规范与重构中起着重要担当。共同的学术信仰和学术目标, 对于规范建构松散的大学组织系统, 改善学术组织内部治理具有积极意义。③ 大学组织系统冲突源于结构变革中的权力作用, 行政权力与学术权力系统的复杂构成使各自所属的权力结构具有独立的运作规范④, 而通过法制化构建的强制力与权威性规范和协调着大学组织系统中的治理运行与权力配置。

以大学组织结构及权力模式变革为出发点, 当前大学存在过度行政化导致学术权力弱化, 根本上是学术权力缺少权威性的法律保障, 加上大学组织系统结构的渐变致使内部权力结构的异化, 以致行政权力压制学术权力。社会外部环境的变化引发了大学组织系统结构的调整, 学术权力与大学组织系统结构的一致性和从属性使此种条件下的

---

① 钟凯凯:《我国大学组织要素特征探析》,《山西财经大学学报》2012 年第 12 期。

② 周作宇:《论大学组织冲突》,《教育研究》2012 年第 9 期。

③ 金顶兵、闵维方:《论大学组织的分化与整合》,《高等教育研究》2004 年第 1 期。

④ 邹斌:《大学组织系统的双重性及其模型》,《中国高教研究》2004 年第 7 期。

权力作用难以发挥①，应赋予学术权力以法律保障，彰显学术影响力。有学者以"协商模式"探究大学组织系统的学术权力运行，针对大学内部权力结构配置中学术权力作用问题，以"协商模式"规范和调整大学组织系统内部不同参与者之间的权力关系，使各权力主体在教学、科研、咨询服务职能中能够发挥应有的影响与权威。②

梳理以上研究内容，可以归纳出组织系统的以下四个特征：

（一）大学组织系统的学术性

组织理论发展至今，组织运行的核心理念已由过去的"命令"与"告知"转变为现在的"学习"与"自主"，组织理论的本质由封闭转为开放，由"人迎合组织"转变为"组织迎合人"，突出"学术人"在组织运行中的重要影响。大学将知识传递、人才培养等形式融入组织，更是一种不同凡响、更适合人的学术自由的组织模式。③ 组织人本主义理论对于大学"以人为本"、"以学术为本"治理的重要性作出了更进一步的解释，在理论的系统性、实践性和深入性方面都有所超越。它确定了以"人的自由"、"学术自由"作为大学治理的核心和归宿的原则，在此基础上建立个人学术自由与大学组织的和谐关系，并将责任最终归结为个人的自我实现。④ 组织人本主义对保障大学组织学术运行主要有以下两方面的贡献：一方面，主张大学组织树立更为开放、参与性更强的人本主义学术风格，通过满足大学组织参与者的需求以提高效率、促进变革和发展；另一方面，强调在越来越组织化的时代中，以学术自由的方式对待大学组织中的个人应是其运行的一个优先目标，大学组织应鼓励个人的学术自由和责任感。⑤

---

① 钱志刚：《学术权力合法性危机与大学组织结构变革》，《教育发展研究》2012年第 Z1 期。

② 向东春：《大学基层学术组织权力运行的"协商模式"》，《湖南科技大学学报》（社会科学版）2012年第4期。

③ 季诚钧：《大学属性与结构的组织学分析》，人民教育出版社2006年版，第26页。

④ 李涛等：《德鲁克管理思想中的人本主义追求》，《东南大学学报》2002年第5期。

⑤ ［美］罗伯特·丹哈特：《公共组织理论》，项龙、刘俊生译，华夏出版社2002年版，第83—86页。

大学是一种学习型组织，大学各项活动的参与者在组织中都是为了自我价值与利益实现的需求而投入其中。大学组织的参与者都具有选择何种学习方式与内容的自由，以及享有并共享学习资源与环境的自由，组织成员的组合方式与关系也应当是自由与非等级化的，成员间的感情交流和信息沟通畅通而无障碍。① 大学组织的学术自由更能体现出大学的本质特征以及大学组织存在的内涵，即大学的学术性。不论是从历史还是现实的角度来看，大学的核心本质就是探究学术、研究高深学问的场所，大学组织的本质内涵要求大学是以学术为中心，以科研为重点，正是由于大学组织基于人本及其自由的深层次考量，大学的学术本质才不至于成为无源之水、无本之木。

（二）大学组织系统的文化性

由组织的自由本质与个性分析可以得出，任何一个成功的组织在倡导与推崇自由开放理念的基础上均会产生自己独有的思想特征、存在方式，进而深化演变成为自身的文化与特色，是组织的灵魂与支撑，任何组织无论从生产到发展、从兴盛到衰亡，都离不开特定的文化氛围。组织文化是"一种意识形态层面的精神象征，反映着组织的社会地位与价值，是联结组织成员的心灵纽带"②，它被称为"共享精神、思想观、价值观、设想、信仰、期待、态度和规范的综合体"。③ 大学作为一个学术组织，文化特色的凝聚意义和精神内涵就显得尤为重要。大学组织的文化特色可以理解为大学的理想、信念、目标、氛围、行动标准和价值导向，是大学在其长期的发展与适应，以及结构模式不断演变的过程中积淀形成的。④ 由于大学组织文化自身的复杂性和内隐性，使得其在内涵和外延方面具有较大的调整与适应空间，综合诸多学者对于大学组织文化的共识性理解与认识，可以总结出大学组织文化的内在性、共享性、认同性、规范性以及发展性等

---

① 季诚钧：《大学属性与结构的组织学分析》，人民教育出版社 2006 年版，第 27 页。

② 同上书，第 68 页。

③ ［美］罗伯特·G. 欧文斯：《教育组织行为学》，窦卫霖等译，华东师范大学出版社 2001 年版，第 196 页。

④ 季诚钧：《大学属性与结构的组织学分析》，人民教育出版社 2006 年版，第 69 页。

特点。① 组织的文化属性衍生出其自由与个性的特点，大学组织的学术自由又要求其个性特征的发挥。大学组织的文化性基于自由个性与学术个性的内涵，又促成了大学组织的特色属性，只有对大学进行学术特色发展与构建的前提下，才能保证大学组织的生命与活力。大学组织的文化与特色属性也是相互依存的，大学文化要传承发展、经久不衰，就必须非趋同于其他大学组织，应具有自身独有的、特殊的精神内涵与理念核心；而大学特色要想充分体现与彰显，就必须依托于相应的文化形式与文化实体，没有基石而架空的大学特色就只是空泛的说辞且难以付诸实际。

（三）大学组织系统的权变性

随着经济与社会的发展，组织所处的环境也随之发生了很大的变化。为了使组织不断适应新的环境，产生了以开放与权变方法为主的现代组织理论。以此种观点分析，大学组织是一个面向外部环境的开放系统，在与外界交互作用的同时，也使自身得以生存与发展。外界信息与资源通过大学组织的加工转换处理，形成的输入输出不断循环的过程维持着大学的生存与发展。作为开放系统，大学组织与外部环境的界限则是柔性且可渗透的，外界的信息以及资源交换均有助于组织的功能调整，以及对外界环境变化的适应，同时也有助于保持大学各部分各环节的协调均衡。大学自从走出象牙塔，面对不断变化的社会环境显得更加开放，也从过去的"稳定型"逐渐成为"变化型"的组织，而其运作模式也由"机械式"转变为"有机式"，大学组织不论是其内部结构还是与外部环境的结合方式，都变得更加灵活和具有适应性，传统大学的封闭式机械化及其象牙塔式的与世隔绝已不符合现代社会的需求。"……环境为一方，以组织内部结构和行为机制为一方，双方之间存在着固定的依存性……成功的组织是以那种与环境的要求协调一致的组织图式建立起来的……"② 大学组织具有自身的学术自由与个性，同时具备在个性自由之上的文化特色，而大学组

---

① 李运庆：《浅析现代大学组织文化的基本内涵及建设的方法与途径》，《襄樊职业技术学院学报》2011 年第 9 期。

② 季诚钧：《大学属性与结构的组织学分析》，人民教育出版社 2006 年版，第 22 页。

织的权变性正是得益于这两种特殊性的基础性作用而显现出其重要作用，也才能够使其在不断变化的外部环境中随机应变，因地制宜，具体情况具体分析，充分适应环境并将自身的学术传统、文化特色继承并传递下来。大学组织得以延续的成功在于它面对不确定的环境能够自主分化结合，便于通过较为灵活的手段进行管理，以使大学组织的设计与运行适应环境的需要。

（四）大学组织系统的有效性

组织理论最早诞生于公司、工厂等企业组织之中，因而组织的秩序、等级、纪律、职责、分工、权力等便成为组织理论的具体表现，并且从管理需要的角度出发，此类组织环境则被限定为理性的、程序性的以及稳定的，以便保证组织活动与运作的有效性。大学作为一个正式组织，需要构建一定的组织形式、遵循合理的规范，体现其秩序、等级、稳定的一面，但是受大学组织运行的个性自由、文化特色以及开放权变的本质影响，其秩序背后又必然存在无序。大学是以专业人员构成的学术组织，是知识与信息传授与传递的集合体，不断地产生着新思想、新观念、新知识，这也体现了大学不断适应社会并引领社会的作用，同时必须充分尊重学术组织的个性与特色。① 大学组织的有序与无序是辩证统一的，同时也是运动发展变化的，在合理的组织结构下能够充分发挥其效率优势。组织有序与无序的两种形态不是绝对排斥的，形成了一种"混沌序"（chaos order），正如混沌理论认为，组织运行在一定结构内具有确定性、必然性和有序性，但同时又因其开放性和适应性而具有随机性、偶然性和无序性；有序和无序运动状态相互转化、螺旋发展，现有有序形态的失范会促使秩序更替，并以不同的模式以进一步规范，而且无序能带来更大的多元化、修复性及创造性的有序状态。② 所以，混沌运动是一种有序的运动，混沌现象也是一种有序，这种动态有序包含着两种交替前进的序态，

---

① 季诚钧：《大学属性与结构的组织学分析》，人民教育出版社 2006 年版，第 63 页。

② 陈先哲：《院校层级在高等教育系统中的有序与无序——兼论混沌理论在伯顿·克拉克〈高等教育系统〉中的运用》，《高教探索》2008 年第 5 期。

即：混沌态（1）→有序态（1）→混沌态（2）→有序态（2）→……①大学组织系统既具有五花八门的结构形式，又不断地实施有条不紊的操作作为有效性的保障，大学组织结构在一定程度上依靠产生并维持反变革的倾向来限制变化。组织结构有序与无序的矛盾对于自身的适应机制来说是必不可少的，因为一个适于应变的组织正是靠着无序和有序之间的对立才免于一成不变的②，进而在合理结构的作用下提高效率。鉴于此，大学组织的结构形式就必须与环境变化相适应、与有效运行相适应，尽管存在影响大学组织效率的多种因素，但是通过结构模式的制度化影响，对整个大学学术运行过程的有效性实现及结构稳定具有保障作用。当前我国大学中不乏保障大学组织运行有效性的各种规章制度，但是真正具有服务于学术至上、学术自由、大学自治、文化特色等核心内涵的制度安排与载体却寥寥无几，对于二元权力的制约与平衡的力量也甚是缺乏，而此正体现了大学组织不同于其他组织的独到之处。③

二　大学章程理念内容

大学章程理念是大学章程制定的指南，章程能否具有权威性实效性，其理念具有重要指导作用。大学章程理念是现代大学制度理念的具体化，现代大学制度理念又源于大学理念。因此大学章程理念内容应依据大学理念内容来建构。

（一）现代大学制度理念与大学理念一脉相承

大学制度建设源于大学理念内涵的总结与归纳，大学理念的物化与实践也离不开制度措施的保障。在国内外高等教育发展史上，现代大学的建设与发展不同于以往旧式大学或学堂的运作模式，并在国际化与大众化的进程影响下亟待现代化的大学理念与大学制度重塑大学

---

① 蒋洪池：《从混沌理论看高等教育系统的"有序"和"无序"》，《电子科技大学学报》（社会科学版）2005 年第 7 期。

② 伯顿·克拉克：《高等教育系统——学术组织的跨国研究》，王承绪等译，杭州大学出版社 1994 年版，第 239 页。

③ 季诚钧：《大学属性与结构的组织学分析》，人民教育出版社 2006 年版，第 64 页。

的地位与权威。1810 年德国柏林大学的建立奠定了现代大学制度的基础，大学的职能由先前的人才培养又充实了科学研究内涵。影响现代大学进一步发展的环境复杂多变，大学为了自身的存续逐渐向社会开放并成为社会发展的中心，大学逐步从象牙塔转变为服务型学术组织。尽管弗莱克斯纳对于社会服务职能深入到现代大学理念内涵中，并对大学改革与发展中的影响愈加深重持否定态度，但是开放的大学面对不断变化着的外部环境必须采取适应与融入的态度①，"大学可以在忠实于知识的情况下提出建议并观察结果，然而不能成为对其后果承担责任的实际代理人"。② 这也体现了现代大学制度在社会文化传承与发扬过程中的重要作用。现代大学制度以社会为中心，以服务为途径，以人才、技术、信息的输出为己任，在保证制度建设学术本质的前提下发挥自身约束与规范作用，建构以合理性和权威性为特点的法制化治理模式，使制度建设服务于大学组织建构及学术科研活动的发展。现代大学被克拉克·克尔在著作中表述为多元化巨型大学，拥有多重性的机构、多样性的目标、多元化的权力中心，且服务于不同个性需求的大学组织参与者③，在此基础上建立的现代大学制度也会因大学自身以及外部社会环境的需求而呈现出复杂多样性。

　　大学理念的多元化与适应性决定了现代大学制度的复杂性与多样性，大学在走向社会中心，不断融入社会发展的进程中，也在不断丰富着制度内涵，现代大学制度必须保持其新鲜活力，不断了解社会并反馈外部环境变化，使自身更加优化与完善，进而更好地服务于大学组织及其学术活动。著名教育家夸美纽斯曾说道，制度是大学一切工作的"灵魂"，"哪里制度动摇，哪里便一切动摇；哪里制度松垮，哪

---

① ［美］亚伯拉罕·弗莱克斯纳：《现代大学论——美英德大学研究》，徐辉、陈晓菲译，浙江教育出版社 2001 年版，第 133 页。

② ［美］约翰·S. 布鲁贝克：《高等教育哲学》，王承绪等译，浙江教育出版社 2002年版，第 19 页。

③ ［美］克拉克·克尔：《大学的功用》，陈学飞等译，江西教育出版社 1993 年版，第 197 页。

里便一切松垮和混乱"。① 现代大学制度建设要适应时代潮流发展充分发挥其制度保障作用，坚持并维护大学组织的学术性本质，从自身制度权威性出发，依据不同类型层次的大学建立学术权力的保障机制，以及行政服务的约束与规范机制。大学组织内部学术性以及学术权力和权威的保障需要发挥制度建设的强制性与法制性，将学术活动参与者的权力结构与运行按照大学发展的实际需要合理划分②。现代大学制度要善于发挥自身在大学与外部环境交流互动过程中的保障与影响作用，妥善处理大学发展所面临的问题与挑战。制度建设是一项复杂的系统工程，它有赖于大学理念的精神内涵与价值体现，并建构在学术本质的基础上，现代大学制度不是单纯的理念转换与内容建构，更重要的是一种文化传统的形成，这也为其具体建构实施提供了理论基础与文化背景，有助于提高具体约束措施的法律效力和权威性。

（二）大学章程理念必然承载着大学制度理念

章程是大学设立及其合法地位取得的制度性基础，它首先树立了大学的法律权威，并且从根本上规范了大学的运行模式，是评价其他规章制度及其执行的准则。大学章程以结构规则、操作原则以及相关权力概念与边界的厘定等为指导思想，形成了严密的逻辑体系，涵盖了大学内部管理事务与治理活动的各个方面。《高等教育法》要求大学章程应规定大学的名称和校址、办学宗旨和规模、学科门类的设置、教育形式、内部管理体制、经费来源、财产和财务制度、举办者与大学之间的权利与义务、校长的权利与义务、大学重大事项的决策程序、章程修改程序等重大事项，同时，它还要体现大学的办学思想、发展方向和培养目标等指导理念，因此，章程所规范的是大学在变革与发展中的核心本质问题。③ 大学章程优化与完善了大学内部治理结构，重塑了大学学术权威，提高了学术权力在大学内部权力结构中的影响力，使大学内部各项权力的行使更加均衡。大学章程制定与实施过程中所体现的大学理念内涵促使大学内部治理结构致力于学术

---

① 任钟印：《夸美纽斯教育论著选》，人民出版社 1990 年版，第 242 页。
② 刘献君：《现代大学制度建设的哲学思考》，《中国高教研究》2011 年第 10 期。
③ 杨晓波：《简析中国公立大学章程的内容》，《四川教育学院学报》2008 年第 4 期。

事务，服务于学术活动。大学章程的核心本质是要保障大学学术权威以及学术活动的有序与高效运行，优化大学内部治理结构中的学术权力行使。

大学章程的架构，不仅要求制定程序中的专业化支持，更重要的是融入学术理念。"大学章程理念是人们投射到大学章程这种制度建设上的一种精神祈望与价值建构，是大学章程的灵魂。"① 它随着自己所孕育的章程载体的发展演变也在不断地丰富和完善。章程因其正式性和严肃性，为大学组织起到了话语传达、精神呈现及路径指导的作用。② 大学章程在维护自身理想与信念的同时，能规范和适应内外部环境，将当前盛行的治理思想融入自身理念内涵之中，这也是为章程制定程序中的理念赋形。大学章程理念基于大学理念的理性和大学章程的实效性而产生，大学理念是对大学根源本质的理性认识而形成的一系列理论观点与价值观念，它作为大学的精神与灵魂贯穿于大学各项活动中。大学章程是对大学各项活动以及内部治理起着制度性的规范作用，承载着大学理念使其能够顺利地融入大学内部各项事务中，因其制度性需要使大学理念从一种精神追求变成一种理性存在，大学章程理念在章程的制定与实施中使其更好的承载和体现大学理念，既能使存在于章程中的大学理念不失其本质，又能使承载理念的大学章程不流于形式。大学章程理念必须彰显实效性，它的本质核心是指导大学章程的架构建设及其实施过程，进而规范大学内部治理活动及其结构。大学章程理念基于其理性而融入具有制度性的大学章程中，满足和适应了大学内部治理结构的需求，在其指导与实施下的大学章程能够高效的发挥治理作用，充分体现学术本质，彰显学术价值。

过去的大学内部治理结构存在于计划经济体制下。从我国的实际情况来看，在改革之前的计划经济时代，为满足高层次专门技术人才的培养，国家投资举办了大量的公立大学，这些大学以事业单位的身份开展教育教学、人才培养和科学研究工作，其突出特点就是"事业

---

① 姚叶：《国外大学章程理念的公共治理取向》，《高教探索》2011 年第 5 期。

② 姚叶、黄俊伟：《中国大学章程的定位分析》，《大学教育科学》2009 年第 1 期。

活动的非产业化、事业主体的国办化、事业机构的行政化、事业经费的供给化和事业资源配置的政府化"①，这种行政化色彩浓厚的运作模式与管理方式，直至今日仍是我国大学的突出特征。在改革开放之后，大学所处的环境发生了变化，大学职能改变，科研与服务职能逐渐凸显出来，并成为大学适应当前社会不可或缺的重要职能。大学日益复杂化的结果就是导致传统的内部治理结构不能满足大学发展，影响大学本质属性的体现、合法职能的发挥。大学传统内部治理结构在不断更新的社会经济环境以及相应的社会需求下，对于大学的束缚与制约体现得越来越明显，同时利益相关者的权力失衡也表现的愈来愈严重，大学各项活动参与者的合法利益得不到保障。

依法治校是在依法治国背景下提出来的，对于优化和完善大学内部治理结构具有重要意义。大学章程是大学内部的法律性文件，有"校内宪法"之称，对于规范大学内部各部分权力结构、职能划分都有推动作用。大学内部各项活动相应的决策制定者与执行者都应当在大学章程所规定的范围内进行，大学章程对于大学内部的各项权力也应当有合理的划分，充分发挥自身的规范作用与效力。国内还有相当一部分大学没有制定自己的章程，这就不利于大学内部治理结构的优化与完善；而从当前已出台的部分大学章程来看，其对于大学内部治理的实际效用的发挥也存在程度上的差异。受传统文化以及长期以来的观念形成的惯性，已有的大学章程对于权力平衡及权力行使的规范程度还远远不够。尽管大学章程经历了从无到有，由浅入深，但是其实效性依然得不到体现，对于大学内部各项权力的分配依然不够合理。

大学内部的改革与发展依靠大学组织理性的发挥，而要保证大学内部治理的优化与完善也需要一个能够发挥实效性的章程使之实现，从大学组织理性中衍生出的大学章程理念对于章程的制定与实施，以及内部治理的灵活高效与结构的优化完善都具有积极意义。大学章程理念不同于大学理念，大学理念是从根本上回答大学是什么的问题，

---

① 萧鸣政：《人力资源开发与管理》，北京大学出版社 2005 年版，第 440 页。

它揭示大学的性质，反映人们对大学的追求。① 大学章程理念则是服务于大学章程的建设，为其制定与实施提供理论支持与精神内涵，脱胎于大学理念而又不同于其缘起，两者一脉相承却又具有不同的意义与实效。

第三节　公立大学章程理念建构

大学章程是协调与规范大学内部运行及外部参与关系的重要依据，是建构与维持大学内部治理结构与秩序的纲领性文件，是在改革与发展的浪潮中大学组织得以优化与完善的基础，是保障大学办学自主权、治理活动学术性及决策与监督权力赋予的核心依据。据统计，"2007 年我国共有 563 所大学报送了章程，占当时总数的 21.1%，其中教育部直属大学中有 23 所，占 31.5%"。② 教育部出台的《高等学校章程制定暂行办法》已于 2012 年 1 月 1 日起实施，要求各高校完善章程架构，优化内部治理结构。部分已设置的公立大学完成了或正着手章程的制定工作，这是对过去缺失的现代大学制度建设环节的弥补。通过研究分析已出台的大学章程文本内容可知，当前大学章程的制定只是停留在对《教育法》、《高等教育学》、《高等学校章程制定暂行办法》等政策性法律法规的重申与遵循，缺乏实践层面与执行层面的深入，缺少结合大学自身条件、实际环境与发展状况对大学章程法定内容所进行的创设性规定，大学章程的形式、内容及地位存在"章浮于事"、"千校一面"、"虚架空泛"，概言之，在办学宗旨及理念、特色定位、内部治理结构、相关参与者权力关系等方面都存在诸多问题。

---

① 肖海涛：《大学的理念》，华中科技大学出版社 2000 年版，第 63 页。
② 湛中乐、谢珂珺：《大学章程制定主体及其相关问题探讨》，《高校教育管理》2011 年第 6 期。

一　大学章程主要内容

按照教育部要求，到 2014 年底，大学要完成章程制定工作，当前正处于制定到核准阶段，试点单位章程已正式公开。大学成立相应的组织、机构、委员会等参与并从事各自的章程起草，通过阶段性的公布草案、征求意见稿、试行方案等章程雏形，能够发现章程文本与实施过程中的问题并加以改进。从某个试点大学官方网页公布的大学章程（以下简称《章程》）为例来看，具有一定代表性：其一，国内大学章程制定总体特征可见一斑，把握现阶段章程制定中的普遍问题与不足；其二，作为以综合性研究型大学发展定位的师范大学，处于教育部重点大学阵营，其内部办学定位、治理结构、文化特色等把握对处于其他层次的大学均具有指导意义与参考价值；其三，目前章程建设处于试行阶段，而国内多数大学章程制定阶段、章程动态阶段特征的探索有助于自我完善与优化的实现。大学章程理念研究与章程建设同具有不断变化发展的内涵特征，要做到在建构过程中的优化与完善就更有必要在此间发现实际问题与理念不足，并充实理念内涵。

《章程》试行稿在征求意见稿的基础上优化了条文内容，强调了内部治理结构中的权力配置。在"总则"中，突出了大学的法律地位并强调法治性，在规范大学法人治理方面，大学章程更应当发挥其权威性与强制性，完善章程架构以保证法制化的实现；提高了大学的办学自主权地位，为强化学术独立自主与学术民主提供制度保障。在"学校功能与教育形式"中，规范了大学社会服务的形式与内容，尤其是教育形式与方式，有助于树立大学在社会的中心地位与形象，保障社会服务的效果与质量。在"组织与结构"中，明确了领导机构的责任与权力，以及听取意见与建议的义务，进一步优化与完善大学内部组织结构与治理结构。在"教职工"与"学生与校友"中，提高了教职工与学生参与民主管理的地位，试行稿中增加了校友参与内部治理的规定，为校友群体参与大学建设与发展提供了保障。章程制定是一个不断完善与发展过程，试行稿的丰富与完善就体现了动态性与发展性，并在章程治理实践中不断优化。

　　按照大学章程的基本架构，《章程》试行稿分为七章，分别包括总则、学校功能与教育形式、组织与结构、教职工、学生及校友、经费资产后勤和附则。在大学内部权力结构与配置中，《章程》第十八条"校长全面负责学校的教学、科学研究和其他行政管理工作，行使下列职权：……"规定了校长的职权范围，第十九条"学校实行校务公开，校长定期向教职工代表大会报告工作，听取教职工和学生的意见和建议"，确定了教职工及学生代表大会的监督参与地位，但是，还应当引入校外参与机制，使校务公开在内外部关系协调上能够更加合理有效。第二十条"校务委员会是学校的咨询评议机构，对校长提出的重大事项……提出意见或建议"，强化了内部决策咨询评议机构的监督与参与权，有利于保障大学本身的学术自由及学术权力地位，但还应适当分配并合理规划校务委员会的职权及成员结构以突出学术决策权的属性。第二十一、二十二条分别规定了学术委员会与学位委员会的机构性质与职能地位，明确了大学组织的学术特性，而机构权力限于学术与科研事务，对于其决策权力还应当扩大范围，提高学术决策权力的地位及影响。在监督模式构建及权力赋予上，第二十三、三十七、三十九条保障了教职工代表大会的职权与职责，以及教职工的参与权与自由，但还应从学术决策权方面对其参与权以合理划分，确保教职工能够切实有效的参与到内部治理活动中。《章程》第三十九条规定"维护学术民主与学术自由"，并"提供必要的条件和保障"，在具体实践中，对于学术自由基础上的决策与监督权力的参与应当进一步明确，合理规范结构与配置。《章程》第三十七、四十二条规定教职工与学生具有"知悉学校改革、建设和发展及关涉切身利益的重大事项；参与学校民主管理，对学校工作提出意见和建议"等权利，虽然从制度上保障教职工与学生群体参与决策与监督活动的权威性，但是仍然缺乏区分度与具体措施，容易导致在实践过程中权威性与实效性的缺失。第四十四、五十条为学生与校友参与大学治理提供先决条件，承认其民主参与管理的权力地位，但在具体实施上应进一步明确执行性与操作性，尤其是校友组织参与决策与监督中的权力赋予对于大学内部治理结构的优化与完善，以及大学自身建设与发展都具有积极意义。

《章程》对于大学内部的行政权力、学术自由以及参与者的决策与监督权力都有不同程度的体现，但是在具体实施与操作层面以及权力合理划分与结构优化等方面还需要进一步完善。同时，《章程》对于大学的组织属性及内部治理结构的需求应当予以体现和满足，在决策下的学术自由保障、学术决策的形态、监督制度的表述都应当是现阶段大学章程建构实施中首要关注与研究的重点。大学章程建设因不同定位而形态各异，但是其所体现的理念内涵是所有大学组织运行中所应具有的核心，为理念内涵的丰富与完善建立基础。

二 大学章程理念问题

现阶段大学章程存在学术决策权缺失的问题，从理念内涵上可以归结为：学术自由得不到保障，缺乏学术民主权力明确规定；决策模式构建中缺少学术决策权及其地位；监督模式的构建中对于监督权力主体选择不当，有违学术自由理念的初衷。大学章程作为一种法理性质的文件，贯穿于其制定与实施始终的学术决策权理念并不明确，在大学内部治理结构中应当如何发挥其效力与影响尚未完全得到体现。

（一）学术决策权缺失

章程是大学内部治理的法理依据，是学术决策权力保障的内部"宪法"，通过制定大学章程对学术决策起着举足轻重的作用。《高等学校章程制定暂行办法》（以下简称《办法》）第九、十条规定章程应规范议事规则与决策程序，按照有利于推进教授治学、民主管理，科学设计学校的内部治理结构和组织框架。大学章程要彰显大学的学术性与自主性，所规范的参与者的学术素养、技术水平及其社会责任感在很大程度上体现了章程理念的实质，也决定了学术决策权的可能性与现实依据。

大学章程的制定与实施需要科学理念内涵支撑，而章程理念从根本上必须体现大学的最本质核心的特征。从大学内部治理的本源上讲，现阶段大学章程对于学术自由及其学术决策权的赋予与保障有所欠缺，章程本身所具有的法治属性得不到体现与落实。目前国内大学章程所应具备的学术决策权仍需要明确，它在内部治理结构及其运行中的独立地位及影响还应得到进一步提高，对于学术决策权理念的缺乏应有更深刻的认识与强制保证。《章程》中对于大学的学术决策参与主体之间的关系以及内部治理各种权力主体的法律关系等，以及对于教职工与学生的参与学术决策权赋予等缺少明确的规定，影响大学组织参与者学术决策权的真正行使，也使大学章程在内部学术治理过程中潜埋着多重纠纷与隐患，难以真正地将法律性规章制度付诸实践，缺乏可操作性。①

　　虽然我国已有大学颁布了章程，但抑或是停留在浅表经验的总结归纳，抑或是架空于实践性与可操作性之上，缺少充分合理的学术权力保障。在当前环境下，大学章程的制定与实施处于落后于治理活动的实践探索，进而影响利益相关人的决策参与。

　　（二）文化特色不明

　　大学章程是大学内部治理的核心准则与价值体现，同时也是大学理念借助过程操作及现实建构得以付诸实践的制度媒介。当前大学章程缺少理念内涵的孕育，因而使得大学的文化特色难以彰显。大学组织建设与发展需要个性化特色支持，大学章程对这一理念的缺失导致"多校一面"、"千校一章"，这就使现阶段大学章程建设所呈现的"摆设"局面成为最主要的问题和最普遍的现象，本质是章程理念内涵缺少大学文化传统与积淀。

　　大学办学理念与文化个性在章程建设过程中得不到体现，内容趋同也致使大学章程的定位作用与特色传承尽失。诸多大学章程内容，如办学理念、培养目标、学校目标定位等都缺乏校本特色的体现，通过比较可知，众多大学章程如脱胎于同一源本，空泛之余更显同质化。一所大学经过深入长久的建设与发展，都会将自身所积淀出的发展经验、学术影响以及文化特色内涵附着于章程内涵，并通过章程建设公开展现。不同大学其层次类型分类和定位各异，对于内部治理活

---

① 李昕欣、张德祥：《关于高等学校章程制定与实施的几个问题》，《高等教育研究》2006 年第 9 期。

动的参与主体、参与力度和参与形式都体现着现代大学的文化特色。大学因定位不同而产生独特各异的治理模式，而如果学术自由与自治的保障缺失也必然导致治理文化特色的淡化。

（三）大学开放程度不足

大学章程对于举办者、办学者和管理者之间的关系不够明晰，导致学术权力和行政权力运行失衡；对师生权利义务的规定不明确，与师生自身利益诉求相悖逆。[①] 学术权力与行政权力是大学内部治理的核心范畴，学术治理模式构建的学术自由与自主自治在当前章程权力规制作用难以显现的条件下得不到有效保证。学术民主与自由，以及大学自主自治是现代大学建立与发展的核心价值理念与传统，在当前社会经济发展形势下，大学应依据自身特色定位，开放并适应外部环境，但大学章程的建构与实施仍旧缺乏对于开放环境下参与权实施的保障。《办法》第十条中规定，"章程应当根据学校实际与发展需要，科学设计学校的内部治理结构和组织框架，明确学校与内设机构，以及各管理层级、系统之间的职责权限，管理的程序与规则"。这就要求大学在内部治理中的权力配置必须充分体现开放性原则，彰显内部活动的学术性本质，赋予参与者广泛的权利，包括一定的决策参与权、咨询审议权及监督权等，探索董事会机制使决策过程与监督过程更具科学性。现阶段大学章程的制定对于各种学术性质机构职权开放程度依然缺乏明确的规范，大学教授委员会制度、教学指导委员会制度、学术委员会制度、学生委员会制度、教职工代表大会制度等大学一系列委员会制度都需要成熟与完善，尤其以学术权力有效行使的制度保障缺失；对于监督模式中参与权的构建仍有待完善，大学治理模式的一元化传统根深蒂固，通过开放监督模式中参与者的学术权力构成，有助于提高决策过程的学术属性，有利于保障学术自主自治在决策活动中的体现。《办法》中对于民主决策、实施监督等方面也有明确的规定，但是在章程制定中还应明晰教师、学生以及其他治理利益

---

① 杨军、焦志勇：《我国公立大学章程制定中存在的问题及对策》，《中国高等教育》2008 年第 19 期。

相关参与者的权力地位与影响作用。大学章程的建构必须明确校院二级教授委员会制度、学术委员会制度、董事会制度、教职工代表大会制度等决策与监督机构以特定的参与影响与权威，充分保障大学内部治理活动的学术性、民主性与开放性。

　　大学章程关于一些重要关系的规定不够明确，导致了学术治理活动效率低下，涉及参与者的切身利益也没有行之有效的保障依据，"大学内部结构与政府行政组织同质化，领导干部集决策权、执行权、监督权于一身，是大学基本制度设计的欠缺"。① 目前国内大学章程制定与实施缺乏理念支撑，对于内部各项主体权力与参与权的规制方面存在概念模糊、措施不明等问题。在权力结构配置与运行方面缺乏使学术权力与行政权力之间协调平衡、影响作用发挥的组织结构与运行模式的制度规定，没有针对权力参与模式构建的规范制度，同时，对于参与者监督权力的权威作用及影响缺乏明确的规定，对师生及其他相关组织的开放保障得不到实现。

　　（四）治理有效性难以保证

　　大学章程对权力的规制作用有利于协助内部治理结构的优化与完善，形成长效的治理机制，并在章程强制力与权威性的保障作用下，通过有效的章程内容构建对于大学内部权力结构、学术活动、组织运行等方面的协调与平衡，保障大学内部治理活动的有序与高效。大学章程建设与大学理念及其支撑下的现代大学制度密不可分，大学内部治理结构运行的长久性、继承性与效率性的体现与结构自身对于学术自由的合理规范，以及决策与监督模式的参与权赋予等方面具有紧密的逻辑关系。大学内部治理结构所体现的学术组织特性，同时也是治理活动所需要与要求的理念内涵，更是施加制度性影响所必需的理论依据。大学章程是内部治理结构的长效保障机制，它的建构完善及效率性体现离不开理念支撑，同时，不仅要加强对于大学组织学术本质的保障，还要对不同定位的大学决策模式及开放环境下的监督模式进行合理建构。现阶段大学章程对于内部治理活动的约束与规范缺乏合

---

① 潘懋元：《大学教育的沉思》，《黄冈师范学院学报》2012 年第 2 期。

理有效的制度权威影响，导致长效机制的不健全。而大学章程规范的效率体现在多个方面，通过大学理念的现实应用总结归纳章程在治理活动中的学术性、特色性与开放性理念，进而形成效率性理念以促进章程建设与治理活动的合理有效。

受到我国现有高等教育整体运行模式的影响，大学"依章自决""照章自主"治理的作用始终得不到显现，由此，多数大学采取了观望怠慢的态度。部分大学领导者认为虽然大学章程对于内部治理结构乃至现代大学制度的优化与完善起着十分重要的作用，但受到现阶段外部环境影响，大学章程的有序作用与效率体现仅仅是游浮于可执行层面的"空中楼阁"。因此，对于处在不断变化的外部环境中的大学及其制度建设，"大学章程'外'不能真正地调整大学与政府之间的权利与义务关系，从而保障和维护大学依法享有的学术自由与自主自治权利；'内'不能真正地调整大学同教师、学生之间的权利与义务关系，从而保障和维护大学内部治理活动参与者之间的合法权益"。[①]在制定大学章程问题上这种消极影响长期存在，既阻碍了高等教育发展与改革的进程，也不利于大学章程的有效建构与实施，进而导致章程建设"空质化"问题愈加严重，从而使大学章程的制定沦为上行下效的形式化制度，严重影响了治理长效机制的健全与作用。

大学章程是作为一种制度形式必然存在监督影响以强化规范，章程建构与实施的长效保证必然离不开监督模式的作用。我国大学章程建设仍处于探索阶段，对于参与主体界定与参与权赋予还缺乏充分的认识，对于章程建构与实施的积极性与行动力还有待提高。《办法》第十三条规定，"章程应当明确学校开展社会服务、获得社会支持、接受社会监督的原则与办法，健全社会支持和监督学校发展的长效机制"。当前大学章程建设不仅缺乏内部各项活动利益相关者的主体参与意识的提高，以及决策模式与监督模式中参与者群体的影响力，同时对于社会公众的作用力与参与权还有待加强。多数大学章程内容中

---

① 焦志勇：《高度重视大学章程建设中的"空心化"问题》，《国家教育行政学院学报》2012 年第 7 期。

呈现出同质空泛、形式刻板、个性缺乏等不足，使得在具体操作中实效性、权威性不强，更缺乏效率性。

大学章程的长效治理机制缺乏明确的权威影响力及地位保障，近期大学中不断出现教师、师生及其他社会参与者对自身权益的诉讼案件充分凸显出对于章程的法律权威及其地位效用的亟待明确。大学章程是大学内部运作的纲领性文本，是内部治理中的重要约束与规范文件，同时它又是大学内部其他规章制度建构与实施的权威性依据，对于大学章程的制度化确立及传承有利于确保其法律效用和长效机制的健全。大学章程与内部治理脱节自始至终限制着章程强制力与权威性的发挥，在制度建设与内部治理结构中徒有虚名，在大学组织运行中难以发挥其应有的效用，依法治校在内部治理方式中的转变也无从谈起。大学内部治理只有在章程范畴内行使权力并发挥作用，才有助于维护好大学内部组织秩序，保障师生及社会参与者权益，实现学校发展与治理运行的有效性。

三　治理框架下大学章程理念建构

大学章程理念的内容源于大学组织的理性特征与内部治理的运行过程，通过组织系统理论解释大学特征与大学章程精神实质相吻合，基于大学组织特性分析章程理念使得理念研究更能够符合大学的本质，满足其发展变化的需求，及其内部治理要求。大学章程内容及其理念的建构在实效价值上服务于内部治理活动，大学内部治理制度及其运行所需的指导思想凝练于章程理念内涵之中，大学章程理念通过内容确定的强制作用与权威性规范性，明确治理结构中的权力配置，并指导治理活动的有序与高效。

大学章程理念内容的研究与总结离不开大学自身的本质特征，而从组织系统的理论出发分析解释大学组织所具有的特征也为大学章程理念研究提供了理论基础，同时大学内部治理结构的多样性与复杂性对大学章程理念也有新的要求。大学章程及其理念的重要性在于它是大学组织运行的纲领和指导思想，服务于大学内部治理，使其结构与过程更加合理与完善。大学章程理念建立在大学理念之上，形成于大学章程文本并发挥其实效性，因而大学章程理念理应体现大学所固有的学术本质与理念内涵。大学内部治理结构在其运行与发展过程中面对不断变化与丰富的内外部环境、权力分配、机构职能等，对大学章程及其理念提出新的要求，而大学章程理念只有不断适应此种要求才能使章程架构逐渐合理，进而使章程理念在指导内部治理结构的约束与限制的同时，能够发挥治理结构的效率并保证治理过程的高效运行。基于大学的本质特征以及大学内部治理结构对章程理念的要求，从以学术自由保障学术民主、以特色定位传承学术文化、以扩大开放提高社会服务，以及以程序理性保障内部治理的效果四个方面阐述大学章程理念。

（一）大学章程应明确学术决策权

大学章程是规范大学内部各项活动的法理性文件，保障了大学的学术自由与民主，对学术权力在大学内部治理结构中的分配与权重起着约束与规范作用。大学章程理念的内容从大学的核心本质出发，充分体现出大学的学术性及自由，为学术权力的合理有效发挥提供理念支持。德里克·博克认为，"学术自由是人拥有更充分的机会广泛参与思维交流，培养人的判断力与想象力，同时也维护着大学与学者的权益，学术自由的缺失最终会影响大学为社会贡献的知识性探索与拓展"。[①] 学术自由性的发挥必须依靠大学内部权力的合理分配，通过提高学术权力地位将学术自由的保障力量提升到制度层面，"美国大学教授联合会"将大学在教育决策方面的权力纳入学术自由的内涵范畴，以保障学术科研与文化传播的核心自由。大学章程理念的建构过程是一项学术性很强的理性思维活动，为了使大学章程的制定与实施过程更加公正与高效，其理念的学术性与自由性必须得到彰显与保证，这其中学术权力的作用就显得尤为重要。大学理念中的学术自由体现了大学生命的真谛，是大学生机与活力的象征；大学章程理念中的学术自由则体现了从制度层面对学术活动的保障作用。大学所处的

---

① 徐小洲：《博克的学术自由与大学自治观》，《浙江大学学报》（人文社会科学版）2002 年第 6 期。

复杂环境迫使学术自由与自治的实现需要权力上的保证，以体现其权威性，大学章程理念中对于学术权力的赋予使得大学章程的建构实施能够充分体现大学学术活动中的自治与自由。大学的学术自由本身是一种信念与价值的体现，融入学术活动的方方面面，大学章程需要全面深刻地体现出这种理念价值才能正确发挥自身的规范与促进作用。

学术权力思想是大学章程所体现与规范的重要内容，它基于组织理论在大学章程架构中对治理理论的实践，大学的学术自由应当保障学术权力的发挥，在保障学术治理自由性的同时还要彰显组织建构的平权与平等，大学在充分发挥其学术自由的同时，不失对公众、社会及知识的民主参与权的体现。学术权力是基于一定水平的学术科研能力以体现其合理性，专业技术与知识赋予学术活动以独特的权力作用方式；它更是一种体现权威性的感召力和影响力，是学术受众对学者的专业素质、科研能力及人格魅力的赞同与折服。① 随着社会经济发展对专门人才的需求，要求大学存在的意义应体现其权力价值，它以学术为根基，以知识的传递和人才的培养来运作，在充分保障自身学术自由的前提下，能够发挥大学应有的权力责任。学术自由要充分考虑其所处的内外部环境的组织特性，学术权力需要建立在广泛参与、共同决策的基础上，社会公众不能过分强调参与大学决策而忽视了对学术自由与合理发展的现实。学术自由与学术权力责任是辩证统一的，大学以其特殊的组织形式，使学术权力建立在内部参与群体的平权与平等协商的基础上以保障更广泛的学术自由，使自由与权力相互作用并促进学术科研及社会服务的飞跃。

学术自由需要决策权力的保障，思想与文化的创新离不开学术自由，学术自由是创新的前提条件，但大学不是孤立存在的，其学术科研创新的成果必然要服务于社会并满足社会的需要。布鲁贝克认为学术活动"需要超出一般的、复杂的甚至神秘的知识，那么，自然只有学者能够深刻地理解它的复杂性"②。高深学术的特性决定了教授群体

---

① 阎亚林：《论我国高校学术权力行政化》，《陕西师范大学学报》（哲学社会科学版）2003 年第 1 期。

② ［美］布鲁贝克：《高等教育哲学》，王承绪等译，浙江教育出版社 1987 年版。

在学术治理中的核心地位，为避免学术自由局限于象牙塔内，必须通过学术权力扩大学术活动的作用范围，打破学术自由的阈限。大学的权力系统中需要成立各职能委员会为决策部门提供咨询、审议、决策建议等，委员会以其独立性与专业性为决策者提供技术性参考，强化学术权力在决策程序中的影响，提高决策方案的执行效率，这种学术委员会下的治理权力以其权威性为学术决策权的实现提供了制度保障。① 学术决策权是各种专门委员会中的教授群体在大学内部重大事项所被赋予的决定商议权力，是治理活动的核心参与权，保障大学内部治理的学术性。高度的学术自由保证了决策权力的广泛、合理与规范，既能使决策过程深入治理核心，又能与外部环境保持距离，完善学术决策权力及保障权力，使大学在复杂的决策环境中保持自由与理性，履行权力责任。大学章程在其架构与实施过程中应具有学术自由及决策实现的指导思想，确保学术治理的实践作用，使其更好的结合组织理论指导章程治理的建构。学术决策权因学术自由的核心产生，是学术自由不断开放扩大的结果，大学章程理念应具备学术决策的内涵，使学术活动更加规范合理，使章程的建构实施更加有序高效。

　　学术决策权行使基于学术资源的合理利用。学术资源是一种公共资源，它掌握在专业的学术人员手中，由于科学研究涉及内容的高深与专业，要求学术活动应具有严谨的决策与监督模式。学术自由与学术权力都是对学术资源的合理分配与利用，以往的大学管理体制权力过于集中，缺少高等教育基层组织的决策权力赋予，缺乏合理的权力结构配置②，因此在集权基础上建构的大学章程不仅缺乏对自由与权力的保障内容，对于学术资源利用与配置的决策与监督模式建构思想也重视不足，同时，学术决策权理念在大学章程中没有体现出建构意义，不能保障学术人员对科研资源利用的决策地位。大学章程理念建构需要开放决策与广泛参与的指导思想，根本上体现在自主思维空间

　　① 毕宪顺、赵凤娟、甘金球：《教授委员会：学术权力主导的高校内部管理体制》，《教育研究》2011 年第 9 期。

　　② 胡建华：《中国高等教育管理体制改革分析》，《南京师大学报》（社会科学版）2005 年第 4 期。

与实践环境下的学术自由与权力。① 治理过程中的学术决策权体现出大学章程理念的保障价值，同时，决策权力还需要监督权力的参与以施加外部控制力，在权力结构配置的影响下，大学章程理念建构在学术决策权与监督参与权的相互作用下，推动内部治理活动的有效进行。学术活动既要考虑本身的自由性，又要完善组织建构，以广泛参与开放大学的权力决策结构，丰富大学章程内容与理念，完善治理结构与组织结构。学术决策权是大学章程及其理念建构中的重要指导思想，对于学术自由的保障及学术决策权的彰显都具有现实意义。

（二）大学章程应明确大学定位

大学定位是指大学如何确定自己的发展规划和发展目标，根据经济、社会发展的要求，通过对国内外高等教育发展的状况、趋势以及自身状况的把握，确定在一定时期内的规划和目标。大学定位与分类能够做到明确自身在整个高等教育系统中的地位，找准所处位置，各司其职，使高等教育系统的运行与发展更加合理高效。大学对自身在一定时期内的发展水平、功能与目标的定性确定了大学的性质特征，而大学的定位是对大学在特定时期及特定发展环境中所应承担的职责与功能的理性归纳，将定位理念融入大学章程的建构与实施中，使得大学章程理念建设既能符合大学实际发展需要，又能满足内部治理结构的要求，也使大学在确定自身发展方向与学术民主以及发挥大学的职责与功能等方面获得制度保障与法理支持。大学组织因其具有的独特性而使得不同大学通过定位来实现自身的特色发展，相应的制度层面上，大学章程理念建设是"章程架构与实施的重要内涵及其实效性的保障，它同样要符合大学定位的独特性与适用性"②。大学章程定位理念要服务于大学章程建设以保证大学的正确合理定位，满足大学特色建设与发展的要求，而使大学产生层次性差异以及职责与功能不同的重要因素是在大学发展与运行中赋予其不同程度的学术决策权力。大学章程作为理念与学术理性

---

① 伍红林：《试论高等教育组织内学术决策权的分配》，《现代大学教育》2003 年第3 期。

② 姚叶、黄俊伟：《中国大学章程的定位分析》，《大学教育科学》2009 年第 1 期。

的制度性载体，对大学的学术文化的传承起着促进作用，基于不同定位的大学，其章程建设及理念内涵相应的也需要具备不同定位与分类模式加以保障。鉴于大学自身所具有的独特性以及其所处环境的复杂性，大学章程定位理念内容应充分发挥并保持大学应有的特色与独特性，依据不同层次类型的大学，完善学术权力与行政权力的分配形式，合理配置内部权力关系，将定位理念运用于不同大学的决策模式建构，保障学术文化的传承。

不同类型的大学定位对应的内部治理结构应具有各自的独特性与适用性，大学内部治理结构的作用形式基于对学术活动的权力配置，此种配置形式一方面需要充分考虑大学定位的具体需求以便寻求合理有效的分配形式，另一方面需要保障学术文化的传承，以使其理念的作用发挥能够因校制宜。大学章程的特色定位对于不同类型大学的文化传承提供了具体可行的功能、价值及理论依据，有助于合理配置大学内部的学术权力与行政权力，发挥学术决策的作用。在不同分类定位的大学组织形式中，学术权力的分配比重及地位应当由学校自身的具体发展目标与规划以及职责与功能决定，不同类型层次的大学因其所处的客观环境要求与区域发展战略，承担着各自的发展任务与历史责任。合理完善并充实大学章程理念，使其更好地满足不同层次类型的大学需求，发挥其规范作用，使大学内部的权力结构运行更加理性，学术文化的传承性更能实现。现阶段我国大学的类型和层次定位主要包括研究型大学、教学研究型大学和教学型大学，不同类型大学的章程定位各具特色，其内部治理结构的权力划分与配置因其职责与功能的差异性也需要建立符合学校自身特性的具体的决策模式。

研究型大学建立在国家战略层面上，对于整个国家的社会经济发展具有引领作用与核心影响力。研究型大学文化性突出，职责与功能更侧重整体规划性与适用性，基于此种特性，研究型大学以学术科研为主要任务，大学本身以及社会需求都要求其充分发挥自身科学研究职能与水平，从更高的水平与层次上满足国家战略需要，促进社会经济发展。学术活动与科学研究是研究型大学的首要任务，只有充分发

挥学术自由在学术科研活动中的作用空间，才能使研究型大学完成其
学术文化的传承与发扬。研究型大学因"科研职能的重要性而使其内
部治理结构中的权力分配要突出学术性，加强学术权力在大学内部事
务决策以及学术活动中的比重"①。学术科研活动是研究型大学体现自
身功能与价值的重要载体，其地位与作用高于内部其他事务与活动，
通过赋予学术科研人员更高的权力，确保学术权力在大学内部权力结
构中的主导地位，使专业人员能够在学术文化氛围内行使决策权，大
学内部的学术委员会、教授委员会等学术活动执行与决策机构被赋予
更高的权威，使学术决策权在保障学术文化性的基础上促进其传承与
发扬。

　　教学研究型大学建立在区域战略层面之上，是地方社会经济发展
的基础，对区域文化的整合与传播起着重要作用。教学研究型大学除
了具备研究型大学所强化的学术科研职能之外，对于服务地方经济发
展，满足区域社会文化需求都体现出了其核心影响。教学研究型大学
在满足地方社会基本的人才培养与科学研究需求之外，其所处的区域
环境也要求大学"输出更多的学术文化资源以服务于地方社会的发
展，提高大学内外部环境的信息共享与文化传播能力与水平"②，而此
类服务性活动就需要大学内部权力机构协调进行。基于教学研究型大
学文化传承的需要以及其内外部事务的复杂性与实用性，大学的学术
科研以及社会服务活动除了学术机构还需要行政机构的协助，使内部
的学术权力与行政权力并重。一方面发挥大学行政部门在内外部环境
的学术文化交流与沟通中的作用与影响，另一方面要保证学术人员在
文化服务中的地位与权力，以确保大学学术人员能够在合理的权限范
围内发挥其应有的影响。教学研究型大学的权力决策模式不能单纯地
提高行政权力的比重与影响力，以达到学术权力与行政权力的并重，
而是要在提高的同时相应的维护学术权力的地位。教学研究型大学的

---

① 　杨林、刘念才：《中国研究型大学的分类与定位研究》，《高等教育研究》2008 年
第 11 期。

② 　王双巧、王占梅：《高等教育与区域互动发展的现存问题及对策研究》，《教育与职
业》2011 年第 15 期。

文化职责与功能有其特色与定位，其内部治理结构中的决策模式也应当符合区域文化环境。大学职能的发挥不仅需要学术机构在具体学术活动与学术决策权的利用上充分考虑到地方文化发展需要，对于行政权力的合理划分与理性发挥也有利于维护大学在地方社会中的地位与发展，保障学术文化的深入传播与发扬光大。

教学型大学建立在社会人力资源需求的基础上，"为社会经济发展提供了所需的技术人才，其主要职责与功能体现在人才培养及人力资源的输出上"①。教学型大学服务于社会，面向市场，其文化性体现在人才培养的多样性与实用性上，根据经济发展和市场需求可将其培养的人才作为文化传播的载体，以合理的学术决策参与保障人才的学术文化性传承。由于大学的运行及其内部治理结构多受到外部社会经济环境及市场需求的影响，其内部公共学术资源的分配以及权力关系配置主要通过行政手段进行，以应对复杂的外部环境使大学能够满足社会需求并保证自身的地位与发展。在以社会需求和市场导向的人才培养与社会服务形式中，教学型大学因定位的特殊性及职能的适用性，使其内部治理结构中的决策模式以学术权力的参与为主要形式，学术权力的行使更多的是为行政权力的作用提供技术支持。此种模式下，学术权力在大学与外部环境的文化交流与沟通中起着参与及协助作用，学术机构的设立更多参与到行政机构的权力决策中。面对社会的需求行政部门要确定人才培养的数量与内容，以及社会服务的规模与形式，以便更合理的保障教学型大学人才培养的文化性与学术性，及其文化传统的继承与发扬。

（三）大学章程应体现开放办学

大学在运行过程中必须面对社会环境，历史与现实的各种因素促使其对外开放，分享沟通其信息与资源，提高社会服务的能力。大学因其组织开放的特性使自身与外部环境的交流与互动越来越频繁，不同类型层次的大学也因其所处环境的差异性，采取了各自独有的开放

---

① 潘懋元、车如山：《做强地方本科院校——地方本科院校的定位与特征研究》，《中国高教研究》2009 年第 12 期。

模式。大学组织的独特性与开放性也决定了大学的开放不是单纯的信息资源输入与输出，而是经过权力结构运行下对公共学术资源的合理配置、加工与利用，既能够提升自身的学术科研水平以及声望和地位，并从外部环境获取有益的资源与支持；又能够根据自身的能力和水平以及社会需求发挥社会服务职能对外部环境的影响，服务于社会并满足学术发展需要，以达到相得益彰的效果。大学开放导致其内外部活动参与者及利益相关者的互动与交流增多，而在这种开放的环境下，诸多因素必然会影响大学的运行，内部的学术科研以及外部的社会服务等活动的正常进行与质量保障也受到干扰。大学组织的各项活动应在其内部治理结构的作用下合理有序运作，学术权力与行政权力在不同的决策模式下发挥自身对大学的影响，权力结构的作用会因所处环境的复杂多变影响其效果的发挥及功能的体现。大学内部权力行使不当会导致恶性权威的蔓延以及权力结构的异化，进而对决策模式作用的正常发挥产生负面影响，不利于学术资源的合理开发与利用。优化与完善大学内部治理结构，合理配置权力结构，就必须对开放环境下学术权力和行政权力所规范的内容加以规范，以明确的开放内容保障大学的社会中心地位。在大学章程架构过程中，开放性的体现依托于章程对大学内部治理结构及组织机构的合理建构。决策与监督模式实践的指导思想在大学章程理念中得以凝练与彰显，需要对大学开放性加以深刻挖掘，从多个方面融入学术决策与监督，进而提高大学的社会地位。

大学章程建设要完善大学校友会、董事会等外部开放组织建设的指导思想，为扩大大学的开放性提供理论依据与基础。在大学的组织结构建设中要充分考虑外部需求，将外部学术参与权适当纳入内部治理结构中，提高大学决策与监督活动的学术性。大学内部运行过程中，决策模式对大学各项学术治理活动以及行政管理事务起着根本性影响。大学建设、政策制定及发展规划自上而下的贯彻实施离不开决策机构的权力行使，正因为其重要性和决定性，决策权力的合理开放才能对内部治理结构的优化与完善起到促进作用。校友会、董事会及其他学术咨询机构对大学内部权力结构的合理配置及其作用发挥都具有积极意义①，同时也能够完善外部监督权力的参与，保证权力作用的合法性，以避免权力失衡及政策偏颇。大学内部的监督模式是针对权力结构下的决策模式而建构，是对于二元权力作用的平衡，通过提高校友会、董事会等外部组织的参与权，既能够体现大学组织系统的权变性与适应性，又能够丰富和完善治理结构的权力主体。在大学内部治理结构运行过程中，各项权力的制约与平衡离不开外部力量的参与，重塑决策与监督的权威与影响也需要咨询组织的建言献策以满足大学利益相关者的合理诉求，开放决策与监督权力的主体范围与参与群体，使大学内部各项活动参与者的合法权益得到保障。

　　大学开放性扩大的决策与监督模式主体也要体现在社会服务职能中，社会服务活动既包括行政事务的特性，也要体现大学文化输出的学术性。社会服务的学术性保障离不开学术决策权的实现，同时，学术监督还要深入到整个学术决策与政策执行的过程中。从决策和监督两个方面保障了社会服务的合理性与学术性，一方面避免因学术权力的主导作用而导致的学术服务资源滥用与学术腐败；另一方面，学术监督组织形式的开放化，使学术评议会以及教代会等机构在社会服务的监督模式中发挥了参与及评议作用。在充分保证大学开放性继续扩大的同时不应忽略社会服务的学术本质，强化学术监督权力的权威性对于学术服务资源的合理配置、学术腐败的遏制以及学术责任的彰显都具有积极意义。②当前，大学组织中监督机构作用的发挥主要以保障学术权力与行政权力的平衡，防止因一方权力倾斜导致的决策失当，使社会服务活动丧失学术性。现阶段大学的学术科研与社会服务并重，服务定位与服务方式应以区域社会发展为出发点，在此范围内发挥学术监督权力的合理作用，使大学的社会服务在开放的环境下更加完善。对于社会服务学术性、技术性内容的决策，监督机构要根据学术部门的需要，充分考虑服务活动的合理需求，提高学术委员会、教授会、校友会、董事会等参与机构的决策影响与权威；对于社会服务形式等行政性的决策，监督机构要根据

---

　　① 丁笑梅、关涛：《校长与董事会：美国大学治理结构中的核心关系研究》，《教育科学》2012 年第 6 期。

　　② 尹晓敏：《透明度、权力监督与高校腐败治理》，《高等教育研究》2012 年第 10 期。

社会的需求合理规划学术服务资源与信息输出与服务的途径，既保护内部学术科研活动不受外界干扰，又能发挥服务社会的作用。大学针对社会服务的开放监督模式要充分考虑到二元权力活动形式的交叉性与复杂性，区分权力运行及其作用对象的特征以更好地发挥社会服务中决策与监督的效果，使学术决策权地位与权威在治理结构开放化中不断提高完善，保障社会服务的学术性。

章程理念的开放性要满足大学参与国际交流的需求，为大学走向国际参与提供指导思想与制度平台。国际化的进程是大学紧随学术前沿的保障，就章程理念本身，国外大学章程的指导意义与实践价值有利于大学在与外部国际环境的沟通与互动中借鉴完善。在大学改革与发展层面，国外的价值、观念等因素随着外部信息与资源的输入对大学内部治理结构产生潜移默化的影响。大学在不断变化的复杂环境中要明确自身的学术责任，保障质量并提高影响力与社会地位，能够把控国际社会对大学内部环境的异化及负面影响。这也要求大学章程理念需要监督开放参与的国际视野，将大学运行与国际环境接轨，通过学术信息的国际化，有助于国内外学术科研人员充分了解大学治理结构的运行，为国际化监督创造途径，保障国内大学在国际社会的影响力；将社会公众引入到大学内部决策模式中，赋予其监督权力，如国际学者、公知、涉外部门工作者等具有国际交流经验的人员，这为大学国际化水平的合理发挥与实现提供了外部保障[①]，对学术决策权的平衡与协调施加了外部力量与影响；国际舆论影响在大学的外部环境中不可或缺，大学的信息开放与透明以及国际化人员的参与，为舆论监督提供了渠道与平台[②]，有助于时刻了解大学内部治理结构的运行及变化，监督活动伴随着大学与国际环境的交流与互动深入到决策模式之中。大学章程的理念依据与指导意义保障了治理结构的国际化，使治理活动在外部环境影响下能够合理有效的规范权力结构。

① ［美］菲利普·G. 阿特巴赫、简·莱特：《高等教育国际化的前景展望：动因与现实》，别敦荣等译，《高等教育研究》2006 年第 1 期。

② 李福华、刘云：《论高等学校的国际化办学特色》，《清华大学教育研究》2006 年第 3 期。

（四）大学章程应保障内部治理效率

大学的良性运转需要质量与效率的共同作用，通过决策模式与监督模式的构建，为大学质量保障建设创造了条件，这需要通过大学内部治理中权力分配合理和民主的程序，保证制度顶层设计时的民主参与，才能在治理运行过程中实现高效。大学章程作为大学内部运行的规范化纲领性文件，其理念有助于内部学术与行政事务的协调有序，在大学定位与开放的基础上大学章程理念融入了决策模式与监督模式的建构指导，基于此种多元权力的参与，为了保证大学内部治理的效率，对内部治理的结构与程序的合理化就必不可少。大学内部治理的效果是对学术资源的有效利用，提高学术投入与产出的影响及效益，使其发挥最大的优势与价值。随着市场经济的发展，市场竞争机制对大学也产生了一系列影响，使高等教育过度市场化，造成了大学教育片面追求经济效益，忽视了高等教育的本质属性。大学的核心价值体现在人才培养、科学研究、社会服务等职能上，并通过文化传承彰显其核心价值与理念，经济效益只是大学在市场经济环境下的副产品，以引领完善社会发展，体现其社会服务的作用，大学各项活动运行的程序、目标及其教育投入与产出都不能与经济相提并论。大学内部治理结构对大学内部各项权力及相应的决策与监督模式的超越和整合，突出了大学组织的学术性，确立了学术性是大学治理的主要价值诉求的地位。大学内部治理将学术性作为其运行效率的首要指标及有效因素，回归大学组织的本质层面意蕴，重塑大学的本色。

大学内部治理不能脱离大学的学术本质，其程序运行效果体现在学术性上，大学内部治理的效率最终是学术决策权的有效运用，这也是对学术本质的追求。对于学术决策效率的保障不仅要协调大学内部各项事务利益相关者的权力行使，以及其参与决策与监督的水平及程度，同时要优化和完善决策模式和监督模式中的权力划分及运行模式。在内外部参与者广泛介入治理活动的条件下，提高学术决策的信任度，在涉及学术发展、科研进步以及引领社会变革的重要决策领域要正确处理大学自身与政府、市场以及其他高等教育组织等外部环境的关系，强化参与者的监督权及影响权威，进一步合理化决策与监督模式的程序。

　　大学内部职能机构与教学部门随着社会发展不断丰富与完善，同时也变得愈加复杂，而各部门间利益关系的协调程序对于学术决策的效率起着至关重要的作用。大学的学术与科研活动只有保持高效运转才能实现创新和进步，鉴于大学内部治理过程中的开放参与，决策模式与监督模式的合理建构便有利于提高大学运行的效率。大学处于一种复杂的决策与监督环境中，多种因素对决策过程及监督环节的多重影响给大学治理效率的提高带来了挑战。大学内部治理过程中的决策与监督模式应当明确学术信念，避免在复杂的环境中受到误导而丧失本质。决策与监督模式的运行尽管受到内外部环境的影响与渗透，但是处于程序核心的专家、教授、学者等具有学术导向的参与者应当发挥其权威作用。学术决策需要学术权力的赋予及权威性支持，对于决策过程的监督同样以保障其学术性为基础，各种层次类型定位的大学，其内部治理的监督过程需要对专业技术结构及学术科研活动了解熟悉的专门人员参与进行，避免监督过程融入过多的非专业因素而导致监督程序的非理性，进而影响决策模式作用的效果。大学内部治理的决策与监督模式除了坚定其学术核心理念之外，还要注重治理程序中参与者之间的交流与互动。大学处于多方参与决策监督的复杂环境中，参与者对于整个内部治理结构的运行程序必须具备充足的技术及专业理性能力，并对大学内部治理的学术本质特征有充分的适应性，即决策与监督过程的参与者要确保大学运行的学术性得以彰显，避免影响治理程序合理的学术性。对参与到大学内部治理活动中的利益相关者的权力赋予，是大学对于自我约束与控制的体现，更是对学术民主的具体实践，通过维护决策与监督模式的学术本质，也对内部治理参与者提出理性要求，有利于治理效率的提高及大学精神与使命的保证。

　　大学内部权力运行模式会受到来自外部环境参与者的影响，在确保参与者对于学术本质核心的坚持之余，更需要赋予参与权更多的个性与权威，才能保证决策与监督程序的合理有效并适应外部环境的变化。鉴于学术活动的特殊性，决策权力需根据大学所处的层次类型及其决策程序的适当分化，在保证学术权力机构决策影响的前提下，确立参与决策的利益相关者的地位及其意见参考价值得以体现，避免学术权力与行政权力的相互制衡而导致决策拖延、效率低下。参与者对于决策程序的效率提高更体现在对于各方合法权益的保障，以及学术素质与民主意识的彰显，要将精神层面的内涵及使命特征融入学术决策参与中，避免决策程序不合理而导致各方利益相持。在监督模式中，要提高监督团队的专业素质与道德水平，在学术素养上强化监督过程参与者对学术决策程序的契合度，避免非专业人员的参与对监督乃至整个决策过程的效率影响。监督权力的行使主体多元化更需要各方的协调与沟通，确保在决策与监督过程中信息的公开透明，有助于内部治理过程参与者切实了解大学决策过程的内容与实质，有效地规避一些不必要的问题与障碍，将决策与监督中难以协调的事务解决在模式运行之中，避免治理程序实践后期产生的积弊。内部治理效率需要决策模式合理的权力配置及执行，更需要监督过程参与者的协调，其中对于大学外界的政府部门、社会公众及市场环境的参与合作关系更应加以重视并合理规范，建立外部环境与大学间的信任、依赖、平等的合作关系，减少并消除矛盾与偏见，通过有效的程序运作机制，树立共同目标，解决合作冲突，彼此协调利益，达到治理效果。

第五章

公立大学章程实效性路径：
学术权力制度安排

大学有其独有的组织属性和组织特征，表现在其他组织所不具有的学术自由及学术支配力量，大学学术权力制度安排及实现是现代大学制度的核心内容，淡化行政主导，确立学术权力地位，改善学术权力虚化，明确大学学术决策权，实现学术权力参与学术事务治理乃至大学事务决策，大学章程作为"元制度"，影响其实效的因素是元制度下的系列具体制度安排，换言之，章程权威实效性的根本路径须完善各种配套制度结构落实章程的权力结构安排。

第一节　公立大学学术权力制度

现代意义的大学既强调培养人才，同时也赋予了它发展科学、服务社会的新职能，其基本核心以学术为基调，以学术活动支撑教育活动、社会活动。由此学者们提出了大学组织的二元权力并以学术权力为核心特征。

一　大学内部二元权力属性

在庞大的大学内部组织中，存在着两种并行的权力，即行政权力和学术权力，这两种权力左右着大学的内部管理，影响着大学的办学理念，指引着大学的发展方向。"学术权力，简而言之，即学术人员和学术组织所具有的管理学校的权力。"[①]学术权力的显著特点是追求

---

① 周光礼、刘献君、余东升：《当代大学理念冲突的表现形式及其实质》，《湖南第一师范学报》2003 年。

学术的自主性，学术要自主，必然要求大学的学术自治与学术自由，才能充分发挥与保证学术权力的有效运行。而大学本身所具有的科层属性又催生了行政权力。"大学行政权力是国家机关公权力延伸，为实现大学的组织目标，大学中行政机构及人员依据一定规章制度对大学事务实施管理的权力。"行政权力产生于行政职位，扎根于科层组织，其特点表现为追求实效性。行政权力是外部赋予的权力，是政府授予的权力。作为传授高深学问的高等学府，学术权力本应为根本。但是在高等教育后大众化阶段的今天，行政权力充斥于高等教育的整个管理体制，在高校的实际运作中占据了主导作用，学术权力弱化已成为不可争议的事实。学术权力处于弱势地位，大学忽视了教学、科研的中心地位，大学的办学理念未能发挥其应有的作用，行政权力的主导地位使得大学自治与学术自由这一大学制度之根本未能得到充分的体现。教师的教学自由与科研专长受到了某种程度的限制，行政权力的主导地位无法调动教师参与学术、参与学校管理和决策的积极性。长此以往，必然会影响到学校的可持续发展，因而必须平衡二者之间的关系。

二　学术自由

大学自治及学术自由是现代大学制度的基本内容。"大学在维护、传播和研究永恒真理方面的作用简直是无与伦比的；在探索新知识方面的能力是无与伦比的；综观整个高等院校史，它在服务于先进文明社会众多领域方面所作的贡献也是无与伦比的。"之所以大学能够对整个社会的政治文明、精神文明、物质文明以及生态文明作出如此之巨大的贡献，是因为这与高等教育的悠久的历史传统的大学自治、学术自由等分不开的。大学自治与学术自由在大学中有其存在的合理性基础。学术自由可以保证大学学者更好地进行学术研究、探索高深学问、追求真理，学术自由的终极目的也是为了实现大学的学术价值，使之大学的学术研究能够更好地培养人才并且服务于社会。学术自由如此之重要，那么它的内涵是什么呢？笔者查阅相关期刊文献和书籍，具有代表性内涵的界定主要有：

　　《不列颠百科全书：国际中文版》："学术自由指教师和学生不受法律、学校各种规定的限制或公众不合理的干扰而进行讲课学习、探求知识及研究的自由。就教师而言，学术自由的基本要素包括：可探求任何引起他们求知兴趣的课题；可向他们的学生、同事和他人发表他们的各种发现；可出版他们搜集的资料和得出的结论不受限制和审查；可用他们认为恰当的符合业务要求的方式进行教学。对学生而言，学术自由的基本内容包括：可自由地学习感兴趣的学科；可形成他们自己的论断和发表他们自己的意见。"①

　　《牛津法律大辞典》认为："学术自由指一切学术研究或教学机构的学者和教师们在他们研究的领域内有寻求真理并将其晓之于他人的自由，而无论这可能会给当局、教会或该机构的上级带来多么大的不快，都不必为迎合政府、宗教或其他正统观念而修改研究结果或观点。"②

　　《大美百科全书》则认为"学术自由指教师的教学与学生的学习，有不受不合理干扰和限制的权利，包括讲学自由、出版自由及信仰自由，均为民主社会的基本要件"③。

　　以上是代表性的辞典对学术自由所作的概念厘定，我国学者同样也对学术自由进行了深入的研究，我国学者对学术自由的界定代表性观点主要有：

　　冒荣、赵群在《学术自由的内涵与边界》一文中把学术自由解释为学术组织及其成员免于某些强制而从事学术活动的自由。④

　　韩延明教授在《当代大学学术自由的理性沉思》一文中指出，"学术自由一般是指进行科学研究、探索真理和教与学的自由。"⑤

---

　　①　美国不列颠百科全书公司：《不列颠百科全书》（国际中文版第一卷），中国大百科全书出版社 1994 年版，第 38 页。

　　②　［英］戴维·M. 沃克：《牛津法律大辞典》，北京社会与科技发展研究所译，光明日报出版社 1998 年版，第 352 页。

　　③　光复书局大美百科全书编辑部：《大美百科全书（第 1 卷）》，台湾光复书局 1990 年版，第 36 页。

　　④　冒荣、赵群：《学术自由的内涵与边界》，《高等教育研究》2007 年第 7 期。

　　⑤　韩延明：《当代大学学术自由的理性沉思》，《教育研究》2006 年第 2 期。

　　肖海涛教授在《论大学的学术责任与学术自由》一文中指出，"所谓学术自由，在西方历史上同大学自治是一对孪生概念，是指大学从政府和教会那里争取到的学术权利，大学在政府或教会许可的范围内有教学、研究和学习的自由，即大学的教师和学生在探求真理的过程中，可以自主解决学术上的事情，而不受学术范围以外的政治、宗教等社会因素的干扰。"[①]

　　纵观以上定义，本书认为，所谓学术自由，即是指在大学里教师与学生拥有教与学的自由，教师有研究的自由、交流的自由、探讨的自由、教学的自由以及发表学术成果等的自由而不受到政府、社会等外界因素的干扰、控制与影响，学生拥有学习的自由。他们的职责在于探究高深学问、追求真理、崇尚美德。其核心在于保护知识、传播与传承知识，其目的在于实现学术社会价值。

三　大学学术权力制度安排

　　大学学术性及学术自由，由学术权力保障其实现，由此形成了大学组织特有的二元权力，因此"对大学内部治理结构的研究以学术权力与行政权力作为其主要研究范畴"[②]。学术权力，是学术人员及学术组织所拥有的权力。行政权力，是指由大学行政人员及各级行政部门所拥有的权力。由此可以发现，大学内部的组成人员可以分为两大类：学术人员和行政人员。在大学中，学术人员包括教授、副教授以及其他学术人员在学术事务上行使学术权力；行政人员包括校长、处长等在行政事务中享有行政管理权。学术权力和行政权力在理论上进行了严格的区分，有明显的界定，但是在实际操作中理论与实际相脱节，出现学术权力与行政权力权责不明，职责不清，学术权力与行政权力失衡等问题。大学是探究高深学问的殿堂，学术性是其本质属性，必须体现在大学发展的始终，因此，正确协调学术权力和行政权力的关系，张扬学术权力将成为完善我国大学内部治理结构的核心

---

　　① 肖海涛：《论大学的学术责任与学术自由》，《高等教育研究》2000 年第 6 期。

　　② 胡仁东：《现代大学内部治理结构探析——基于影响力的视角》，《现代大学教育》2005 年第 2 期。

问题。

在大学管理中，学术权力与行政权力在运行中有其局限性，学术权力是大学发展的基本权力，由于主体的特殊性在事务管理中带有保守性，行使学术权力时经常局限于所在的学科或专业，或领域，无法顾及全局，学术权力注重民主、平等、公平就会缺乏效率和秩序。行政权力，存在于大学科层组织中，注重办事效率，但是高度追求高效却压抑学术权力的行使，难以保证学术决策的合理性，窒息学术团体的生气，背离大学本质。因此，要实现行政权力与学术权力的协调，最好的方法便是在决策过程中，学术人员和行政人员在学术方面和行政方面合理分配，明确职权，通过民主协商、共同决策，在高效决策的前提下，既要遵循知识和学术发展的规律，保证大学的学术性特征，又能使大学适应自身发展和外界变化的需要。

学术权力的依托及载体是教授委员会，作为大学系统中的行会组织，教授委员会起源于欧洲中世纪大学，19世纪，德国柏林大学所建立的讲座制度是教授会制度化的开端。19世纪末20世纪初，美国的一些大学将学术权力下放到系一级，对重大学术问题采取集体决策方式，形成由不同学科教授组成的教授委员会，这一制度的建立一改讲座制中教授个人对学术事务专断的局面，至此，教授委员会作为基层学术决策组织而形成。就教授委员会的历史发展来看，在不同时期、不同国家的大学的不同层次中有不同的称谓，西方国家的大学中将校级的学术组织称评议会，院系级称教授会。作为大学最高的决策机构，内部机构庞大，拥有最大决策权力，在大学管理中，与董事会、校长形成"三足鼎立"的局面。在我国这种学术决策组织统称为教授委员会。本书中所讨论的教授委员会，泛指主要由大学学术人员（教授、副教授等）组成的，通过集体行使权力，进行决策的学术组织。教授委员会运用学术权力有效控制学术事务，进行民主管理，从而达到制衡行政权力的目的。在实际运行中，不同国家，不同大学的教育体制不同，教授委员会有不同的运行机制。在定位上，教授委员会设立在学校一级，是大学中最高决策机构，比如加州大学伯克利分校；有的教授委员会设立在院系，作为大学基层的学术组织，我国大学教授委员会就采取这种组织定位。这主要是由大学越往基层学术权力越大的组织结构特点及教授专业知识背景决定的。在运行机制上，教授委员会普遍采用以集体活动为特征，管理者集体组织的委员会制，这种组织活动形式，一方面能够保证所作出的决策综合组织中各种意见，代表各方的利益，提高决策的正确性；另一方面，委员的构成上既有决策的制定者，又包括决策执行者，能够调动执行者的积极性，利于决策的执行。大学教授委员会是以其教学、科研和社会服务职能设立的，以教授们集体掌握学术决策权，通过会议集体表决方式决策学术事务和学校重大发展事项。教授委员会作为一个松散性的学术组织，在学术权力的作用下，一方面维护学者的合法利益，捍卫学者的学术地位；另一方面惩戒学术腐败、学术不端行为实现学术自由、学术自治、学术民主的大学治理理念。

第二节　公立大学教授委员会制度基本内涵

教授委员会制度是章程指导下需要制定的内部微观制度，教授委员会制度运行的评价标准一方面要考察制度的合法性，即教授委员会的制定是否符合《教育法》、《高等教育法》等法律规定，是否坚持学术民主、学术独立、以人为本及崇尚科学的原则，是否尊重大学发展规律等合法性的要求；另一方面考察教授委员会的运行过程是否有效，可以通过考察大学中其利益相关者是否对其作出的决定认可和遵守。只有对教授委员会制度的制定、运行两个方面进行考察，才能明确其适宜性。因此，在教授委员会运行中必须以制度有效性作为教授委员会制度调整、变革的依据。

一　教授委员会制度的产生

教授委员会最早产生于中世纪大学，当时由于神权和王权限制大学的发展，巴黎大学的教师们为了维护自身利益，效仿中世纪城市手工艺人自治的管理模式成立"教师行会"，主要负责学校课程规则的制定，学生遴选、教师聘用和校长选举等学术事务。教授行会拥有较多学术事务的管理权力，是教授委员会制度的前身。巴黎大学教授委员会是自发形成的，教授会的权力非常大。巴黎大学的这一理念与模式传到英国，牛津大学和剑桥大学纷纷效仿，分别成立"教职员全体会议"和"评议院"管理大学事务。

宗教改革后，加尔文创立了日内瓦学院，并将遴选教师、校长的权力交由日内瓦的牧师们，使管理学校的权力交由校外人士，从而形成了校外董事会管理学校大政方针，教师委员会管理学术事务的大学管理模式，促进了大学董事会的形成，这一模式逐渐演化为美国大学的普遍管理模式。

"教授治校"得到完整的落实是洪堡创办的柏林大学，在国家主义的影响下，各国政府进行改革，加大对大学的控制和干预，洪堡提出对柏林大学进行改革，坚持教育与科研相结合、大学充分享有学术自由的原则，创造了近代大学的模式。柏林大学倡导"教学自由"与"学习自由"，教授可以自由教学、研究和发表见解。为避免行政特权，有效保障教师和学生的自由，建立了教学研究制度——讲座制。讲座制是德国大学学术管理的基本制度，在每个讲座内部，讲座教授是所属研究领域的唯一负责人，拥有最高的终生学术管理权力，在学术事务中具有绝对支配地位，决定学校内部一切事务，如学生录用、课程设置、人员招聘及经费使用等。为了充分发挥学术权力，规定院、校一级的管理工作不能直接介入教授教学和研究工作中。"教授治校"的模式得到了充分的体现。

第二次世界大战之后，人们对大学的需求加强，由于大学规模的不断扩大，大学的发展越来越依赖公共财政，因此政府加强了对大学的控制。同时，由于大学规模的扩大，大学内部事务不再仅是学术性事务，事务也日益复杂，大学的发展无法仅靠学术人员进行管理，大学开始吸收各种利益相关人员共同参与大学管理的模式。教授在大学管理中的权力受到了削弱与规制，但是，教授仍占大学管理中的主体地位，"教授治校"仍是世界高等教育的管理模式之一。

随着社会的发展，大学不断发生变化，大学结构日益复杂化，大学事务日益繁重，随着大学学科的专业化，学者们开始对大学改革进行深入探讨，出现"教授治校"和"教授治学"两种大学改革路径。当前有关"教授治校"的内涵，眭依凡教授指出："教授治校是个限制概念，不具有如校长治校那么宽泛的治校即管理大学的外延，其治校的内容通常限定在对重大学术问题进行参与决策的范畴，如学术政策的确定、学术规划的制订、教授的晋升和聘用、学位的授予、课程的设置调整，等等。"① 周川教授认为，"教授治校"是教授参与治校。"教授治校"的实质即民主管理，主要通过教授委员会、评议会等组织形式，参与治校、治学、治教等活动。学者们对"教授治校"内涵的界定区别于传统意义上的"教授治校"，教授全权管理大学一切事务，现代意义上的"教授治校"通过教授委员会组织形式，享有大学学术事务的决策权，并参与大学重大事务的决策。"教授治学"是近年来学者们在讨论"教授治校"过程中提出的新概念。教授治学基本含义指的是教授代表教师群体治理学术事务，教授参与学术事务的决策，作为学术权力的代表，平衡大学内二元权力的关系。有学者对"教授治学"从职责上进行了更为具体的规定，这种职责和权力表现为四个方面：治学科，如确定学科发展方向、学科人才队伍建设；治学术，即坚持学术标准，加强学术实力，遵守学术规范；治学风，即建设自由、民主的学术风气；治教学，就决策事关教学的重大事项，提高教学工作水平。②

从学者们对"教授治校"和"教授治学"内涵的界定，我们不难发现，两者都是以维护学术权力，实现学术自由为目的的。但是，"教授治学"与"教授治校"有其内在联系，"治学"是"治校"的基础，"治校"是"治学"的保障，"治学"包含在"治校"过程中，"治学"是"治校"的核心。为构建以学术权力为主导的大学权力架构和大学组织机制，"教授治校"大学管理模式能为这些问题的解决

① 眭依凡：《教授"治校"：大学校长民主管理学校的理念与意义》，《比较教育研究》2002 年第 2 期。

② 张君辉：《论教授委员会制度的本质——"教授治学"》，《东北师大学报》（哲学社会科学版）2006 年第 5 期。

提供借鉴。这一管理模式能使教授群体在大学事务管理中拥有较强的影响力和发言权，制衡学术权力与行政权力，而且能保证大学所作出的决策不偏离其作为学术组织的轨道，是作为"治校"一部分的"治学"难以实现的。

二　教授委员会制度价值取向

马克思曾说："'价值'这个概念是从人们对待满足他们需要的外界物的关系中产生的"①，"是人们所利用的并表现了对人的需要的关系的物的属性"，实际上是指"物为人而存在"②。换言之，价值应是是主观的，是应然的。价值是主体设定给客体的理想与目的，表达出客体实践运行的宗旨与归宿。

首先，教授委员会主导大学事务是由大学本质属性决定的，符合大学内在逻辑对学术管理的要求。大学是一个专业性强的学术组织，是选择、传承、批判和创新高深知识的场所，伯顿·克拉克指出，"只要大学仍然是正规的组织，它就是控制高深知识和方法的社会机构、学术组织。"③ 大学具有专业性和学术性的发展特点，区别于其他机构和组织，这决定了大学事务的决策权必须掌握在专家、学者们手中，正如前哈佛大学校长德里克·博克所说："教师应该广泛控制学术活动。因为他们是最清楚高深学问的内容，他们最有资格决定应该开设哪些科目以及如何讲授。教师比其他人更清楚地知道谁最有资格成为教授。他们必须是他们的学术自由是否受到侵犯的公证人。"因此，"只有学术造诣较深的学者才能较好地理解高等教育的内在逻辑，并自觉地遵循高等教育的内在逻辑。在高等教育管理中，学术水平高的拥有者更大的发言权"。在大学中，知识就是权力，教授是大学中知识最为丰富的群体，因此在大学管理中应该处于主体地位，享有最

---

① 《马克思恩格斯全集》（第19卷），人民出版社1965年版，第406页。

② 《马克思恩格斯全集》（第26卷）（第3册），人民出版社1974年版，第136—326页。

③ ［美］约翰·S. 布鲁贝克：《高等教育哲学》，王承绪等译，浙江教育出版社2002年版，第31页。

大的权力。

其次，教授委员会主导大学事务是由大学的组织特性决定的。伯顿·克拉克认为，"任务不同、技术不同，各种专业人员驾驭和运用各自的知识群，形成了不同的思想风格，采用不同的专门方法和工具。高等学校便成为一个不需要有多少联系的若干个这种知识集团的联合体"，他认为，学科是大学的细胞，学科的组织形态是大学结构的基础，大学是一个由学科和事业单位组成的庞大矩阵。学科发展是大学最基本支配力量。在大学中，学科发展的力量主要来自高深专门的知识，而大学中的各学科的专家、学者和教授是高深知识源泉，学者和教授们必须通过个人或集体方式享有学术权力，主导学术事务或其他重大事务的决策。

三 教授委员会制度功能

大学治理的实质是"大学内外利益相关者参与大学重大事务决策的结构和过程"，决策权的分配问题是大学治理的核心问题。决策权掌握在不同组织权力手中将对组织的发展产生非常大的影响，拥有决策权就拥有发言权。当然决策权并非随意分配的，是由组织性质及组织权力关系决定的。大学作为一个复杂的机构，学术性使其区别于其他机构的特性，因此在大学运行中，内部权力分配上，必须以凸显其学术性特色为原则。学术权力与行政权力是大学各种权力的一对核心，处理学术权力和行政权力关系问题是大学治理的关键，其中，学术权力的配置问题是大学内部治理的核心问题。伯顿·R. 克拉克在《学术权力》一书中将学术权力分为四种类型：学者式的学术权力，是指"某一领域知识中的学者个体自然拥有的权威"；学院式的学术权力，是知识群的专家共同组成的决定学校学术事务的团体；系统的学术权力，学校中行政机构及教育行政部门决定宏观学术事务的组织；专业的学术权力，即个别专家控制他的下属人员，同时，这些专家又共同管理更大范围的学术事务。大学本质上是学术组织，必定要求学术权力主导大学发展，因此，其决策权必定需要掌握在学者或学术组织手中。教授委员会是代表教授个体行使学术权力的组织，因此由教授委员会掌握大学的决策权，符合大学学术性特性，有利于大学内部治理。

教授委员会决策学院事务，是凸显大学学术性本质特征，遵循学术自由和大学自治的大学理念的要求。大学的发展历史表明，学术性是大学的本质特征，因此，大学无论采取何种路径进行发展、变革，都必须凸显大学学术性的本质特征，坚持学术为主导，否则，大学将失去存在的基础。因此，要坚持以学术为主导，在大学发展中必须坚持学术权力主导的内部管理体制，坚持学术自由、大学自治基本理念。

教授委员会决策大学事务的功能定位，是在教授委员会主导学院事务的价值取向和"教授治校"的管理模式基础上，符合大学内部治理理论，能够凸显大学学术性本质特征，坚持学术自由和大学自治的大学理念。使教授委员会成为学院发展的真正主导者，充分享有对学院发展和教师切身利益有关问题的决定权和发言权。

四　教授委员会制度运行

学术自由是学者的研究权利，是自由追求并获得真理的前提，是学术活动的永恒价值。但是，人们在关注学术自由精神的同时，却少有论及学术自由的限度，自由与限度是学术活动不可或缺的重要内容，自由是有条件的，没有无限制的自由。布鲁贝克曾认为，"没有限度的学术自由会像没有限制的经济上的不干涉主义一样成为灾难"，所以学术自由限度是非常有必要的。学术自由限度，可以理解为，规定学者们在学术活动的一定范围和条件下拥有自由。学术自由的限度既是对学术自由的限制，更为学术自由的实现提供良好的秩序和可能性条件。一方面使学术研究者保持"为学术而学术"的学术精神，保持学术独立和学术自由的精神；另一方面，规范学者在从事学术研究过程中的行为，为探寻真理提供保障。

新制度主义认为，"制度是一个社会中的一些游戏规则，或者更正式地说，制度是人类设计出来调节人类相互关系的一些约束条件"（道格拉斯·诺斯，1994）。正式组织的鲜明特点之一是它的规章制度，特别是维持组织内部日常运行的程序规则（standard operating procedures）。组织中通过正式制度和非正式制度体系明确人们的行为准则，约束和规范人们的行为，建立制度实施机制，保证制度的落实，通过完善制度反馈机制，了解制度的实施效果。从而达到制度在组织中的导向功能、约束功能、激励功能、整合功能。因此，教授委员会中必须建立约束委员会成员的规则和完善的会议制度，保持教授委员会学术自由的精神，为教授委员会有条理、有效率和公平合理地处理事务提供保障。

《教授委员会章程》作为学术权力的规范性文本，是对教授委员会活动的规范，与大学章程理念精神一脉相承，为保证《教授委员会章程》能发挥作用，可借鉴大学章程制定中正义、自由和秩序三大法律价值①，以此来规范《教授委员会章程》的内容。

一是正义。正义是《教授委员会章程》制定的逻辑起点。所谓正义即"存在于社会有机体的各个部分中。每个公民在其所属的地位中尽自己的义务，做与其本性相适应的事情"。② 在现代民主政治下，正义建立在作为规范组成部分的规则、原则和标准的公正性与合理性之上。因此，在《教授委员会章程》中，明确规定人员结构，建立科学的委员遴选程序和退出机制，明确委员的权利与义务；在正义指导下的教授委员会章程，它在实践中的切实有效推行，必将在终极层面上促进高教管理法治秩序的良好形成。

二是自由。"法律的目的不是限制自由，而是扩大和保护自由。这是因为，在一切能够接受法律支配的人类状态中，哪里没有法律，哪里就没有自由。"③ 因此，通过设立《教授委员会章程》规范教授委员会行为，使其运行规范化、制度化，同时，保证教授委员会自由、自主决策大学事务。在《教授委员会章程》中，明确教授委员会权利与义务的范围，明确教授委员会与其他组织机构的职责边界，保

---

① 湛中乐、徐靖：《通过章程的现代大学治理》，《法制与社会发展》2010 年第 3 期。
② ［古希腊］柏拉图语。转引自周辅成《西方伦理学名著选辑》（下），商务印书馆 1964 年版，第 67 页。
③ ［法］洛克：《政府论》，霍菊农、叶启芳译，商务印书馆 1980 年版，第 36 页。

证教授委员在权利的范围内，权力不能以任何理由、形式非法剥夺或限制，权利是权力的"界限"，权力必须以权利实现为目标与宗旨。[①]以自由为价值取向的《教授委员会章程》，在制度规则的约束中，最大程度地实现教授委员会自由决策权。

三是秩序。秩序实则是体制内外的和谐，有组织的社会必然产生秩序，"秩序，指在自然界与社会进程中存在的一致性、连续性和确定性"[②]。秩序是制度设计的目的，是学术自由和自治的保证。在《教授委员会章程》中，建立完善的议事规则，细化会议的议事程序、决策方式，建立民主监督机制和复议制度等，保证教授委员会能够有条理、有效率和公平合理地处理事务。建立委员工作考核机制，规范委员行为，提高委员们工作的积极性和主动性。

因此，为保证教授委员会能充分享有学术事务和学院重大事项决策权，《教授委员会章程》必须以正义、自由和秩序为价值导向。

第三节　公立大学《教授委员会章程》的文本分析

制度文本是制度的重要载体，要对我国院级教授委员会制度进行分析，可以从其规范性的文本入手，运用文本分析法对教授委员会章程文本进行定性和定量研究，从文本的表层深入文本的深层，揭示隐藏在教授委员会章程文本的潜在含义。所以，本章主要运行文本分析法，对教授委员会的规范性文本——院级《教授委员会章程》进行定量研究和文本分析，对文本中的关键词进行统计，并对关键词的内涵进行解读，剖析制度文本中所表达的我国院级教授委员会的特点、运行现状、存在的问题。

一　对 35 所大学院级《教授委员会章程》的分析

本文选取了 35 所大学的院级教授委员会章程，11 所"985"大

---

① 湛中乐、徐靖：《通过章程的现代大学治理》，《法制与社会发展》2010 年第 3 期。
② 周辅成：《西方伦理学名著选辑》，商务印书馆 1964 年版，第 207 页。

学，14 所"211"大学，10 所普通大学，共计 35 所，涉及综合类大学、文法类大学、理工类大学、师范类大学、农林类大学等各种类型的大学，保证研究问题的全面性，反映问题的普遍性（详见表 5－1）。为保证选取文本的权威性和可靠性，主要从大学的门户网站中进行下载。

表 5－1

学校名称	学校类型	是否"211"或"985"	章程名称	发布时间	章程结构
北京师范大学	师范类	985、211	北京师范大学生命科学学院教授委员会章程		总则、职责与义务、议事规则、教授委员会与学院行政组织关系、附则，共5章22条
浙江大学	综合类	985、211	浙江大学医学院教授委员会章程	2004 年	总则、组织、职权、附则，共4章19条
吉林大学	综合类	985、211	吉林大学化学学院二级学科教授委员会章程	2013 年	总则、委员会的组成、职责与义务、议事规则、附则，共5章17条
四川大学	综合类	985、211	四川大学学院教授委员会章程（试行）	2005 年	总则、组织与规则、岗位与职责、权利与义务、附则，共5章29条
武汉大学	综合类	985、211	武汉大学学院（系）教授委员会章程	2006 年	总则、委员会组成、委员任职条件、委员会职责、工作规则、附则，共6章24条
厦门大学	综合类	985、211	厦门大学计算机与信息工程学院教授委员会议事规则	2004 年	共11条
哈尔滨工业大学	理工类	985、211	哈工大土木工程学院教授委员会章程	2009 年	总则、教授委员会组成、教授委员会工作职责、选举办法、议事规则、附则，共6章19条
南京理工大学	理工类	985、211	南京理工大学经济管理学院教授委员会章程	2011 年	总则、组织、职责权限、议事规程、附则，共5章20条
湖南大学	综合类	985、211	湖南大学化学化工学院教授委员会章程	2007 年	总则、教授委员会组成、教授委员会职责、附则，共4章11条

续表

学校名称	学校类型	是否"211"或"985"	章程名称	发布时间	章程结构
中山大学	综合类	985、211	中山大学药学院教授委员会章程	2009 年	总则、组织、权利和义务、议事规则、附则，共5章19条
西北工业大学	理工类	985、211	西北工业大学航海学院教授委员会章程	2012 年	总则、组成、任职条件、职责、权利与义务、工作规则、附则，共6章24条
东北师范大学	师范类	211	东北师范大学教授委员会章程	2012 年	总则、组织与规则、岗位与职责、聘任与考核、权利与义务、附则，共6章40条
对外经济贸易大学	文法类	211	对外经济贸易大学金融学院教授委员会章程	2008 年	总则、组织与规则、组织与职责、委员产生与考核、委员权利与义务、其他，共6章32条
安徽大学	综合类	211	安徽大学学院（系）教授委员会章程	2011 年	总则、机构组成、职责、议事规则、附则，共5章25条
郑州大学	综合类	211	郑州大学法学院教授委员会章程	2011 年	总则、教授委员会组成、教授委员会职责、议事规则、教授委员会委员守则、教授委员会与其他组织的关系、附则，共7章30条
西南交通大学	理工类	211	西南交通大学教授委员会章程	2013 年	总则、组成和产生程序、职责、议事规则、附则，共5章18条
中国矿业大学	理工类	211	中国矿业大学院级教授委员会章程	2012 年	总则、组织原则、职权与义务、议事规则、附则，共5章25条
南京师范大学	师范类	211	南京师范大学外国语学院教授委员会章程	2012 年	总则、组织机构、主要职责、议事规则、权利与义务、附则，共6章30条
中国石油大学（华东）	理工类	211	中国石油大学（华东）文学院教授委员会章程	2011 年	总则、组成与职责、议事规程、权利与义务、附则，共5章22条
中国药科大学	医药类	211	中国药科大学中药学院教授委员会章程	2012 年	总则、组织原则、职责、议事规则、权利与义务、其他，共6章23条
西安电子科技大学	理工类	211	西安电子科技大学通信工程学院教授委员会章程	2013 年	总则、教授委员会组成及职责、委员权利与义务、议事规则、违章责任、附则，共6章30条
上海大学	综合类	211	上海大学法学院教授委员会章程	2009 年	教授委员会的性质、组织与职责、教授委员会议事规则、教授委员的权利与义务、附责，共4章19条
中南大学	综合类	211	中南大学政治学院教授委员会章程	2009 年	总则、组织原则、教授委员会职责、附则，共4章17条

续表

学校名称	学校类型	是否"211"或"985"	章程名称	发布时间	章程结构
陕西师范大学	师范类	211	陕西师范大学政治经济学院教授委员会章程	2010年3月	总则、教授委员会的组成与职责、教授委员会的议事规则、教授委员会的权利与义务、附则，共5章23条
贵州大学	综合类	211	贵州大学理学院教授委员会章程	2011年	总则、组织原则、教授委员会职责、附则，共4章17条
上海中医药大学	医药类		上海中医药大学基础医学院教授委员会章程	2010年	总则、教授委员会组成、教授委员会职责、议事规则、教授委员会委员的权利与义务、附则，共6章21条
安徽财经大学	文法类		安徽财经大学学院（系所）教授委员会指导意见（试行）	2010年	总则、组织与委员聘任、工作职责、议事规则，共4章23条
山东理工大学	理工类		山东理工大学学院教授委员会章程	2011年	总则、组织设置、工作职责、工作规程、附则，共5章16条
临沂大学	综合类		临沂大学学院教授委员会章程	2012年	总则、教授委员会组成及产生程序、教授委员会职责、教授委员会议事规则、附则，共5章19条
四川师范大学	师范类		四川师范大学学术（教授）委员会章程	2012年	总则、组成和聘任、职责与义务、议事规则、附则，共5章26条
湖南农业大学	农林类		湖南农业大学教授委员会章程	2012年	总则、学校教授委员会、学院教授委员会、权利与义务、议事规则、违章责任、附则，共7章49条
上海海事大学	理工类		上海海事大学物流工程学院教授委员会章程	2012年	总则、组成和产生程序、职责、教授委员会成员的义务、议事规则、附则，共6章14条
沈阳师范大学	师范类		沈阳师范大学教授委员会章程（试行）	2004年	总则、组织原则、职责、议事规则、委员守则、附则，共6章30条
重庆工商大学	文法类		重庆工商大学艺术学院教授委员会章程	2013年	总则、组成、职责与义务、学院教授委员会的议事规则、附则，共5章21条
鲁东大学	师范类		鲁东大学教授委员会章程	2012年	总则、教授委员会的组成、教授委员会的职责、教授委员会委员的资格与产生、教授委员会委员的权利与义务、教授委员会议事规则、附则，共7章40条

二　分析工具和方法

本章利用 Microsoft Word 文字处理软件，其词频分析的主要步骤是：点击"编辑"菜单中的"查找"，统计教授委员会中不同维度关键词出现的频率。根据关键词在不同大学教授委员会章程中出现频率的高低，来描述和分析院级教授委员会制度。

三　分析的结果

根据本书的理论基础——新制度主义对"制度"内涵的理解，制度是一种规范或规则，这种规范或规则约束着组织中人们的行为。从内容上看，制度包含三个要素：一是权力体制，即组织机构、组织权力体系和组织隶属关系等方面体系的规定；二是权力运行机制，即组织中各种权力实施及相互作用、相互协调的关系，具体为组织的决策机制、组织激励机制、组织工作程序等规则；三是制度完善机制，即通过获取的制度实施中的反馈信息对制度中存在的漏洞进行修正、强化，从而为组织成员接受、遵守、执行，具体表现为组织制度的救济制度、创新机制等规范。其中，制度文本建构的价值取向及规则的完善是首要因素。所以本章中将人员构成、机构设置、议事规则等几个要素进行进一步解读。

四　对分析结果的解读

（一）教授委员会定位

为能全面了解教授委员会的定位，本书在所选取的大学学院教授委员会章程中，从功能定位、组织层次定位、职能定位三个方面对其进行分析。

在功能定位上。根据统计，在各大学《院级教授委员会章程》的总则中对院级教授委员会的功能进行定位。在总则中，将出现频率较多"决策"、"咨询"、"审议"、"评估"、"监督"作为关键词，并按功能定位中是否有"决策"进行分类，分为三类：第一类是仅有"决策"；第二类是有"决策、咨询"或"决策、审议"；第三类是"咨询、审议、监督"。功能定位上的三种类型为：

第一类：单一决策机构。在所调查的大学中，有 6 所大学在章程中对教授委员会定位为"决策机构"。在表述上有所差异，一是"学术事务的决策机构"；二是"与治学相关重要事项的决策机构"，但这种差异并不是很大。

第二类：复合决策机构。其功能描述为教授委员会在院（系）学术事务中拥有决策权，是院（系）改革、建设与发展的重大事项的咨询机构。如吉林大学化学学院的教授委员会、南京师范大学外国语学院的教授委员会、中南大学政治学院的教授委员会等 15 所大学学院。

第三类：咨询审议型机构。这种类型的大学对其功能定位中没有出现"决策"，此类定位的教授委员会，承担学院改革和发展中有关学术事务的咨询、审议、执行工作及具有学院管理工作的监督功能。如《西安电子科技大学通信工程学院教授委员会章程》中规定，教授委员会是学院改革、建设和发展中有关人才培养、科学研究、学科建设等重大事项决策的基层咨询机构和学院管理工作运行的民主监督机构；《安徽大学学院教授委员会章程》中规定，教授委员会作为学科建设、学术评价、学术发展的咨询机构。教授委员会功能定位情况见表 5 - 2。

表 5 - 2

功能类型	单一决策	复合决策	咨询审议
学校数	6	15	14
百分比	17.1	42.9	40

在组织层次定位上。从大学纵向组织机构上分析，所选取的 35 所大学教授委员会在层次上分为两种：第一种设置在二级学院。教授委员会以院（系）为单位组织，作为基层学术组织。在二级学院建设的教授委员会其领导管理机构有所不同，有的受学校的管理与领导，如东北师范大学和对外经贸大学的教授委员会由学校组织和领导，接受学校聘任、考核与管理；有的受学校学术组织的指导，中国矿业大学、中南大学等 5 所大学的教授委员会受校学术机构（校学术委员

会、校教学委员会、校学科建设委员会、校学位委员会等）指导；杭州师范大学和云南师范大学，教授委员会由学院自行组织和领导，由学院聘任、考核与管理；哈尔滨工业大学则规定教授委员会在校人力资源委员会的指导下开展工作。第二种设置在校、院两级。所调查的35 所大学中，湖南农业大学、鲁东大学和四川师范大学3 所大学设置校院两级教授委员会。在此校级教授委员会与院级教授委员会是领导与被领导关系，同时，院级教授委员会的主任委员通过定期向校级教授委员会进行工作汇报的方式接受校级教授委员会的监督。院教授委员会的代表作为校教授委员会成员，参与校级教授委员会的决策。

在职责定位上。从形式上看，33 所大学用一章5—7 条的篇幅进行阐述；在内容上，不同大学的教授委员会大多集中在学术决策、学术审议、学术评价等学术事务的处理上，有些大学的教授委员会还承担着学院其他事务的监督、学校和学院相关工作的执行上。统计出了在《教授委员会章程》中出现频率较高的部分关键词见表5－3。

表 5－3

关键词	学术审议	学术评价	学风建设及维护	学术交流	资源分配	监督	执行其他事务
学校数	35	35	10	9	6	11	2
百分比	100	100	28.6	25.7	17.1	31.4	5.7

从表5－3 中可以看出，所选大学的教授委员会章程中学术审议、学术评议是其最基本的职责，学风建设、学术交流、学术资源分配、监督职能在章程中也有所体现。但在职责的详细描述上存在差异，具体描述如下：

第一，学术审议。主要包括以下几项内容：讨论、决定学院中长期发展规划，审议规划的内容主要包括：审议各学科、各专业建设规划；学院中学科建设、教师队伍建设、专业建设规划；审议学院重大建设项目和科研项目；讨论、决定学院本科及研究生专业建设发展规划及培养方案；本学院学科、专业设置及调整；对教学工作，对培养方案的制定和修改提出建议；制定教学质量评价标准；监测学院各学科教学质量；讨论、决定学院科研工作规划；讨论、决定教师或专业技术人员的职务评聘资格及有关考核办法，审议教师和其他学术人员业务考核标准、成果评价的原则和办法；审议教师职务（岗位）聘任；审议教师职务晋升标准和办法；审议申报各类奖励的科研成果；审议经费资助的领域、项目及方向。

第二，学术评议。对学院教学、科研先进单位和个人评选提出建议名单；评议优秀人才的引进和选拔；评审学院重大研究成果和优秀论文；评议、推荐在学术交流活动中相应专业范围的交流人员。

第三，学风建设及维护。对学术纠纷和学术失范行为的处理并提出处理建议；

第四，资源配置。决定院系内资源配置的原则；监督学科建设经费的使用；决定和管理学院（系）实验室的建设与管理。

第五，学术交流。决定院（系）开展国际学术交流与合作（包括联合培养学生）的内容和形式；对学院及各学科的学术交流活动进行指导、组织。

第六，监督。听取、审议院长（系主任）的年度工作报告；监督项目的实施；监督学院经费使用情况。

第七，执行学校、学院的工作事项，受学校、学院有关工作部门委托，承担与学院建设和发展有关的其他工作。

由于各大学学院中学术委员会功能定位、层次定位不同，学院中学术组织设置的不同，在委员会职能上有所不同，其更多的职能是在学院建设发展中咨询建议机构，其组织职能与其他学术组织的界限不清晰，各大学教授委员会职能设置从形式到内容上极为相似。

（二）组织机构设置

1. 教授委员会下设机构

教授委员会的下设机构情况实则是了解教授委员会的内部组织结构，由于大学事务内容多样繁杂，且具有专业性以及学科之间差异性，通过设立下设机构，完善内部组织结构，保证每一项事务都能从专业的角度公正合理的作出，因此，设立下设机构在一定程度上可以防止因"外行管理"，降低决策质量和治理效力。通过对《教授委员会章程》在此项的描述进行统计，仅有九所大学对教授委员会有下设机构，74.3%的大学的《教授委员会章程》中没有具体规定是否设有下设机构（见表5-4）。

表5-4

	有下设机构	无规定
学校数	8	27
百分比	22.9	77.1

通过对以上大学的下设机构进行归纳，教授委员会下设机构分为三种类型：职能分委员会、学科分委员会、日常工作机构。并具有不同的作用，具体规定如下：

职能分委员会。主要是指在教授委员会按照工作需要，下设一些专职专责的专门工作委员会或临时委员会。如《北京师范大学生命科学学院教授委员会章程》中规定，院教授委员会设立学术与学位授予委员会、教学指导委员会、人才引进与职称评定委员会、实验室建设与管理委员会；《湖南大学化学化工学院教授委员会章程》中指出，院教授委员会下设立学术委员会与教学委员会；《鲁东大学教授委员会章程》规定，教授委员会设置在校、院两级，教授委员会的下设机构比较复杂，其中设置学位评定委员会、教学指导委员会、专业技术评审委员会。

学科分委员会。按照学院中学科的不同设置分委员会。如《浙江大学医学院教授委员会章程》规定，设立一、二、三级学科分委员会，上一级教授委员会指导下一级学科教授委员会；《鲁东大学教授委员会章程》提出，在专项工作分委员会基础上，在教授委员会中，设立人文科学学部、社会科学学部、理学学部、工学农学学部四个学部。

日常工作机构。通过设置日常工作机构在教授委员会休会期间代其处理日常学术事务，大学教授委员会所设立的日常工作机构主要包括以下几种类型：一是教授委员会设立秘书处，其中浙江大学、鲁东大学、湖南农业大学设立秘书处，鲁东大学校教授委员会的秘书处挂靠在学校发展规划处；二是设立常务委员会，湖南大学和南京理工大学设立常务委员会，其职能是负责教授委员会整体工作安排部署，审议分委员会决议，主持教授委员会。南京理工大学的常务会同时也是学院学术委员会；那些教授委员会中没有设立日常工作机构的大学，如四川大学、陕西师范大学规定，由院教授委员会办公室，负责会议的通知、记录、文件处理，院办主任担任教授委员会秘书。

通过对以上分析发现，设有下设机构的大学教授委员会有以下特点：一是设立在校级层面的教授委员会有下设机构，如湖南农业大学教授委员会、鲁东大学教授委员会；二是研究型大学学院的教授委员会有下设机构，如北京师范大学、浙江大学、南京理工大学、四川大学、陕西师范大学这些大学学院的教授委员会无论是在校级教授委员会或是研究型大学的教授委员会，共同点在于教授委员会规模大，处理的事务繁杂。因此，对于是否有必要设立下设机构也应视情况而定，规模大，事务多，涉及范围广的教授委员会，设立下设机构是非常有必要的。

2. 教授委员会与其他机构的关系

教授委员会与同级行政组织的关系。通过对34所所选大学院级教授委员会章程进行分析发现，8所大学的院级教授委员会章程中关于学院教授委员会与同级党政组织的关系的描述基本一致，描述内容概括如下：学院实行教授委员会决策基础上的院长负责制，教授委员会拥有学术事务的决策权；行政班子行使行政管理权，负责实施教授委员会决策的事务；党委（支部）是学院的政治核心，讨论和决定学院重大事务，支持教授委员会和行政班子独立开展工作，并对其工作进行监督，教职工代表大会在院党委（支部）领导下教职工行使民主权利的基本制度和形式。其中，《郑州大学法学院教授委员会章程》描述更为具体，是学院党政联席会议领导下的行政权力、学术权力和民主权力分权制衡的管理体制。教授委员会拥有学术评价权力，行政班子拥有行政管理权力，教职工代表大会则行使民主决策和民主监督权（如图5-1）。

3. 与同级学术组织的关系

在所选的教授委员会章程中，仅在4所大学的院级教授委员会章

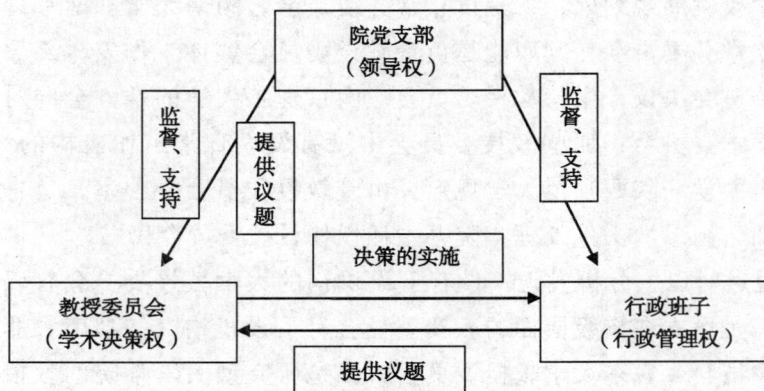

图 5 - 1　教授委员会与同级党组织的关系

程中对学院层面的其他学术组织进行了说明，但是具体的描述以附则形式出现，具体描述如下：第一种，其他学术组织作为教授委员会的职能分委员会，分管其职责范围内的学术事务，如北京师范大学生命科学学院的教授委员会、南京师范大学外国语学院的教授委员会等；第二种，规定教授委员会作为学院唯一学术组织，其设立之后，撤销其他学术组织，由教授委员会行使院学术组织的所有职能，如沈阳师范大学教授委员会、对外经贸大学金融学院教授委员会等；第三种，教授委员会作为学院学术组织之一，与其他学术组织共同管理学术事务，如上海中医药大学基础医学院教授委员会、上海大学法学院教授委员会。

（三）教授委员会岗位设置

1. 教授委员会组成及任职条件

大学在教授委员会人数上进行规定，因教授委员会实行集体决策方式，为方便决策，委员会人数一般为单数，所选大学中，教授委员会在人数界定上有两种方式，一是具体规定委员会组成人数的上限和下限。有 18 所大学学院级教授委员会章程中规定了教授委员会的委员人数，通过规定教授委员会具体人数可以保证教授委员会的规模和代表性，决策的公正性，同时保证教授委员会整体水平（详见表 5 - 5）。

表 5 - 5

代表大学	委员人数	代表大学	委员人数
上海中医药大学	17 人	陕西师范大学	5 人
西安电子科技大学	15 人	上海海事大学	7 人
四川师范大学	5—11 人	西南交通大学	7—17 人
南京理工大学	9 人	吉林大学	5 人或 7 人
武汉大学	9—27 人	中南大学	7—9 人
南京师范大学	11 人	山东理工大学	9 - 13 人
郑州大学	11 人	沈阳师范大学	7—9 人
四川大学	至少 7 人	重庆工商大学	9 人
厦门大学	7 人	上海大学	5 人以上

　　二是无具体人数规定或按需要确定人数。有 12 所大学院级教授委员会，没有规定委员会委员的具体人数，只是根据教授委员会具体情况进行描述。如《北京师范大学生命科学学院教授委员会章程》规定教授委员会人数原则上由全体正高职称教师组成；《哈尔滨工业大学土木工程学院教授委员会章程》规定，教授会成员数为所有教授数 60%；《浙江大学医学院教授委员会章程》中明确指出，教授委员会委员有院长、常务副院长、院士、九级教授、国家重点学科负责人和各级一级学科教授委员会主任及学院重要二级学科带头人。在具体人数规定上根据学院规模和学科分类等各方面进行确定，保证所选委员能够涵盖学院内各学科，且既包括没兼任行政职务的教授也包括"双肩挑"的院长副院长，从而能够保证所作出的决策公正、公平，适当的委员数能提高会议效率、保证会议质量。

　　所选的大学中对院级教授委员会委员的任职要求大多集中在年龄条件、学术职务条件及品德条件等，其中 15 所大学的院教授委员在章程中用独立一章 3—9 条进行说明。具体描述如下：第一，年龄条件的规定。在章程中对成员年龄的规定，一般参考教授的退休年龄，如《湖南农业大学教授委员会章程》规定，退休前在委员会工作至少满 2 年；《重庆工商学院教授委员会章程》规定，委员年龄不超过 60 岁。其他大学则没有规定教授委员会成员年龄。教授委员会对委员年龄进行规定，其目的在于保证教授任职期间能履行教授委员会成员职责。第二，学术职务条件的规定。大学院级教授委员会作为学院的决策机构，在学术事务上拥有决策权。所选大学院级教授委员会章程中对委员结构都有所说明，根据各教授委员会章程中的规定，从委员职称要求、具有行政职务领导担任委员情况、校外学者兼任教授委员会成员规定来看，委员的职称要求方面，所选的教授委员会章程中，几乎都对委员的职称进行了界定，一般要求教授委员会委员具有博士学位或具有正高级教授职称，当学院中具有教授职称在岗教师数达不到所要求的委员人数时可补充优秀的副教授职称的专职教师任委员；具有行政职务的学术人员担任教授委员会成员的要求方面，因学术人员对学术事务的管理具有决策、咨询、建议、批评权，一些学术人员通过担任行政职务，处理学院的行政事务，他们具有行政人员和学术人员的双重身份，如学院院长、副院长、党委书记等。他们既拥有学术权力，同时又有一定行政权力。这些双权力都拥有的学术人员在处理学术事务上不免带有行政色彩，为使教授委员会保证其学术本位的属性，防止行政权力的干预，有些大学学院的教授委员会章程对此类学术人员担任教授委员会成员的要求进行了特别说明，一是限定教授委员会中行政职务的委员数量，其中5所大学的院教授委员会对具有行政职务的教授能否担任教授委员会委员进行限制，如《对外经贸大学金融学院教授委员会章程》规定，担任党政领导职务的教授人数不得超过教授委员会人数的1/2，非教授职务的党总支书记只能列席教授委员会，具有教授职称的教授为教授委员会当然委员。《湖南农业大学教授委员会章程》则根据领导行政级别进行具体规定，学院教授委员会中，副处级以上领导干部不得超过1/3。其他三所大学此项规定是一般担任行政职务的委员不得超过1/3或1/2的比例。《安徽大学学院（系）教授委员会章程》中规定，院领导班子成员担任教授委员会成员不得超过教授委员会成员的1/2。以防止行政权力对学术决策权的过度干预。二是对院长、院党委书记能否担任委员会主任的要求。院长能否成为教授委员会委员，甚至是教授委员会的主任委员。有9所大学对此进行了说明，经过归纳可以分为四种类型：第一种类型，院长兼任教授委员会主任，如《陕西师范大学政治经济学院教授委员会章程》规定"院教授委员会主任委员或副主任委员由院长或学科带头人担任"和《厦门大学文学院教授委员会章程》的规定更为细致，"教授委员会主任由系主任担任，学术委员会的教授不再列入历史学教授委员会候选人名单"；第二种类型，院长、院党委书记不得兼任教授委员会主任委员或副主任委员，如《郑州大学法学院教授委员会章程》规定"主任委员或副主任委员由非学院领导担任"，《中山大学药学学院教授委员会章程》规定，"党政领导不担任主任委员或副主任委员"，《中国矿业大学教授委员会章程》规定，"担任处级以上领导职务的教授、副教授不担任委员会主任或副主任"，《上海海事大学物流学院教授委员会章程》规定，"院长、院党委书记不得担任教授委员会委员，院党政班子其他成员不得担任教授委员会主任"；第三种类型，院长担任主任委员，但党委（总支）书记为院（系）教授委员会委员，不得兼任主任委员，如《东北师范大学学院教授委员会章程》、《哈尔滨工业大学土木工程学院教授委员会章程》规定，"学院党委书记、院长、副院长为教授委员会成员"；第四种类型，无规定。在调查的大学中，26 所大学并没有具体说明，只要符合任职条件的人员即可担任。三是对聘任校外人士兼任委员会委员的说明。如《中国药科大学中药学院教授委员会章程》规定，主任委员可以聘请院外或校外知名教授作为特邀委员。第三，委员学术水平要求。各大学的教授委员会章程对此项要求基本一致，内容概括如下：要求有本学科坚定的理论基础；有学科专业的实践经验；有确立其国内至国际学术地位的标志性科学研究成果；其学科研究的方向有前瞻性、可行性、创新性。

2. 教授委员会委员任职程序及任期

通过对所选大学学院教授委员会章程的分析，将教授委员会成员的任职程序归纳为两个类型三个阶段四种方式。教授委员会成员产生一般经过三个阶段：委员提名、委员遴选、委员聘任。两种类型：学校决定型和学院决定型。东北师范大学学院教授委员会是学校决策型，委员遴选是由学校组织，由学校确定人选，最后由校长聘任；中国矿业大学院级教授委员会、对外经济贸易大学金融学院教授委员会等大学的学院教授委员会是学院决定型，委员遴选由学院自行组织，学院全体教师代表大会或教授、副教授组成会议或党政联席会议决定，由院长聘任。四种方式为无记名投票；定额席位制；委员申请、教师咨询评价委员会决定制；固定人员。其他当然还可以自愿申请。

无记名投票制。其中有11所大学的学院教授委员会采取这种遴选方式，学院经党政联席会议或专业技术人员确定委员人数，进行候选人提名后，在候选人中经过学院教师代表大会或学院中具有副高职称或中级职称的人员组成的会议或学院全体教授、副教授通过无记名投票的方式选举产生。这种方式具有效率高、方便、民主的优点，在一定程度上减少了委员选举不公的现象。但是此种方式难免会造成学科委员人数分配不均，资源分配、权力行使上对委员人数较小的学科不利（详见图5-2）。

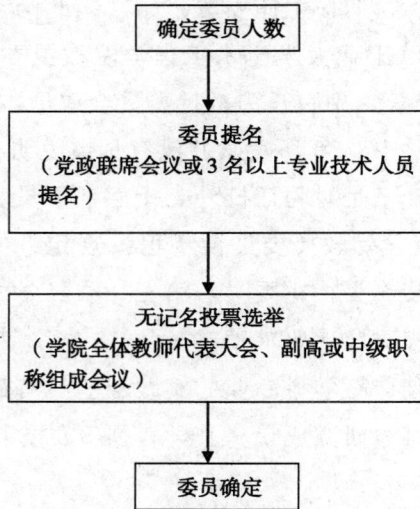

图5-2　无记名投票制流程

定额席位制。其中哈尔滨工业大学土木工程学院教授委员会、吉林大学化学化工学院教授委员会等6所大学的学院教授委员会采取这种方式。一般学院按照学科结构确定各学科候选人名额，各学科组织推荐委员候选人，然后由学院全体教师代表大会或中级职称以上人员组成的会议投票决定，或者将候选人交由院党政联席会议批准决定。此种方式既能保证各学科的代表性又能运用投票选举方式保证选举过程的公正性，从而保证教授委员会的决策更加科学、公正。其缺点在于有些学科符合条件和资格的人选少于规定数量，所选出的委员不具有学术管理能力（详见图5－3）。

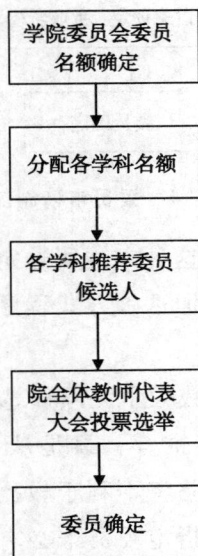

```
┌──────────────┐
│  学院委员会委员  │
│   名额确定    │
└──────────────┘
        │
        ▼
┌──────────────┐
│  分配各学科名额  │
└──────────────┘
        │
        ▼
┌──────────────┐
│  各学科推荐委员  │
│   候选人     │
└──────────────┘
        │
        ▼
┌──────────────┐
│  院全体教师代表  │
│  大会投票选举   │
└──────────────┘
        │
        ▼
┌──────────────┐
│   委员确定    │
└──────────────┘
```

图5－3　定额席位制流程

委员申请、教师咨询评价委员会决定制。东北师范大学学院教授委员会主要采取此种方式，应聘人经过申请，并作述职、答辩，经教师讨论评定，听取学校意见，确定院（系）委员人选，最终由校长聘任。这种方式是在教授个人申请的前提下，对委员的条件进行审核后，作出决定。这有利于激发委员工作热情，唤起作为决策人的责任感。候选人答辩、专门机构进行评定能够选举的专业性，考核内容的综合性（详见图5－4）。

固定人员担任。这种方式规定本学院教授委员会具体人员名单，只要符合条件即为当然委员，无须通过具体方式进行选举，然后将人员名单报由学校审核备案。如福建师范大学的教授委员会采取这种形式，在委员会成员上固定为学科带头人、各系系主任、学科与科研副

```
┌─────────────────┐
│   应聘人员申请   │
└────────┬────────┘
         ↓
┌─────────────────┐
│   应聘人述职答辩  │
└────────┬────────┘
         ↓
┌─────────────────────────┐
│ 教师讨论评定、听取学校意见 │
└────────────┬────────────┘
             ↓
┌─────────────────┐
│    委员确定      │
└─────────────────┘
```

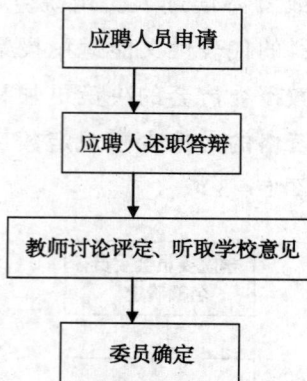

图 5 – 4　　委员申请制流程

院长以及院总支书记。通过这种方式所选定的委员一般具有较高学术造诣的学科带头人、院长，但这种方式程序上不民主结果上也有失公平和科学。

通过上述描述，发现多数大学无须候选人申请，有些大学中也无须相关组织或人员进行提名推荐，只是从符合条件的人员中进行选举，这些程序上的漏洞与缺陷将不利于教授委员会的组成，由于可能缺乏参与积极性和主动性，指定委员未必有工作热情和责任心，会影响委员会工作成效。

10 所大学的教授委员会章程中明确规定了教授委员会委员的任期，中国矿业大学学院教授委员会委员任期 2 年，可连选连任，湖南大学化学化工学院的教授委员会、南京理工政治经济学院的教授委员会、对外经济贸易大学金融学院的教授委员会等 6 所大学的教授委员会委员任期为 3 年；吉林大学化学化工学院教授委员会、郑州大学政治学院教授委员会等 4 所大学学院教授委员会委员的任期为 4 年，可连选连任，其中上海海事大学航海学院教授委员会章程规定，主任委员连任不得超过 2 届。

通过比较，多数大学对教授委员会委员的任期并没有明确的规定。以上 10 所大学规定却有其不合理之处，仅规定任期，没有具体说明连任届数，缺乏换届程序的规定。

3. 教授委员会委员的权利与义务

关于教授委员会委员的权利和义务，6 所大学在其章程中以"权利与义务"为标题进行描述，6 所大学以"职责与义务"为标题进行说明，教授委员会章程中对委员们权利与义务的描述内容基本相同。描述的具体内容概括如下：

第一，委员的权利，包括：教授委员会会议表决权；有权对教授委员会作出的决议和学院的工作进行监督、建议；享有相应岗位待遇的权利。

第二，委员的义务，具体内容包括：遵守宪法、法律和法规，贯彻落实党和国家的教育方针；认真履行岗位职责；认真执行教授委员会的决议；积极参加教授委员会会议及有关活动；接受党组织、教代会和群众的监督；对会议讨论的问题保密。

在学院教授委员会章程中通过规定教授委员会委员的权利与义务，一方面保护委员们的自由，更好的发挥学术权力决策权；另一方面对委员行为进行约束，履行职责，保证教授委员会会议的顺利进行，发挥决策、监督的作用。但是，对权利与义务的规定仍不够细致、明确。

4. 教授委员会委员的考核解聘制度

其中 3 所大学学院的教授委员会章程中对委员的考核方式及内容进行了说明，其中《沈阳师范大学学院教授委员会章程》规定，以教师的年度考核标准作为委员考核的依据；《对外经济贸易大学金融学院教授委员会章程》规定，教授委员会的考核由学校进行统一考核与管理，其中《东北师范大学学院教授委员会章程》规定最为具体。我国其他大学的教授委员会章程也借鉴其相关考核办法，学校成立教师考核委员会，由校长任主任委员，针对各院系教授委员会设立若干考核小组负责考核，各小组由院长负责实施，被考核人递交考核材料，院长核准，被考核人述职、教师审议评价，将考核结果和意见由学校确定（详见图 5 - 5）。

通过分析反映出，我国大学教授委员会在委员考核中缺乏相应的考核机制，即使有所规定但是表现出缺乏专门考核组织，没有严格的

```
┌─────────────────────────┐     ┌─────────────────────────┐
│ 被考核人员递交材料、院长核准 │     │ 被考核人员述职、教师审议评价 │
└─────────────────────────┘     └─────────────────────────┘
              │                            │
              └──────────────┬─────────────┘
                             ▼
                  ┌──────────────────┐
                  │    院考核聘任小组    │
                  └──────────────────┘
                             │
                             ▼
                  ┌──────────────────┐
                  │   校考核聘任委员会   │
                  └──────────────────┘
                             │
                             ▼
                  ┌──────────────────┐
                  │   考核结果递交学校   │
                  └──────────────────┘
                             │
                             ▼
                  ┌──────────────────┐
                  │    考核结果公布     │
                  └──────────────────┘
```

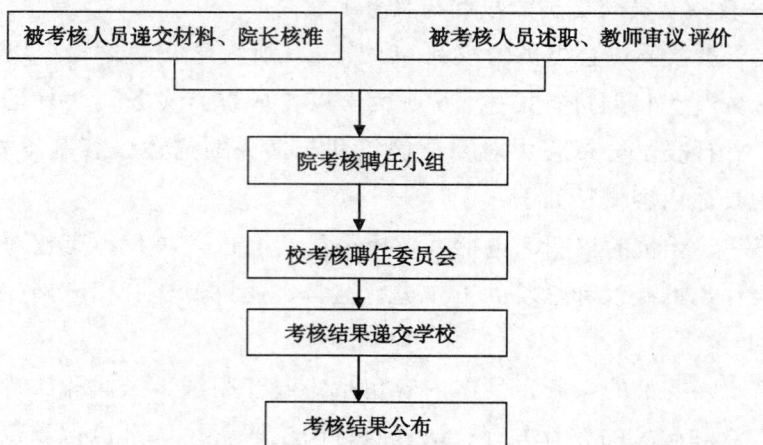

图 5 – 5　东北师范大学委员考核流程图

考核程序，对委员的考核规定仅用一句话带过。这样的规定并无实质意义，对教授委员会运行并没有约束力。如果学院教授委员会缺乏考核机制，没有考核规定，教授委员会的运行缺乏监督，易导致会议不能按期召开，会议中的教授决策偏颇，会议的决策不能顺利执行。因此，教授委员会建立相应考核机制，完善考核制度是非常必要的。

在所选大学学院教授委员会章程中对教授委员会委员的解聘事项有如下规定：在任职期间内不履行岗位职责、不能很好履行岗位职责的委员；不请假，无故连续三次以上不参加教授委员会会议及活动者，取消委员资格；委员本人行为在社会上造成恶劣影响，损害学校声誉或权益者，取消委员资格；委员在年度教师考核中未达到合格以上的委员，取消委员资格；其他解聘规定。《西南交通大学教授委员会章程》中还明文规定不再担任委员职务的事项。如本人申请辞职的，离退休人员，离岗 1 年以上，工作调离不能继续担任委员职务的；《湖南农业大学教授委员会章程》中，除了对委员及主任委员进行约束外，又规定，若院长规避或干预学院教授委员会决策行为，有权向院长提出质疑，若党政领导班子及其成员规避或干预教授委员会决策行为，可向学校纪委、监督处投诉举报。

大学对解聘事项的规定一方面是对委员的纪律约束，但是在具体描述上还是过于笼统，且并没有将考核结果作为解聘的条件。

（四）教授委员会议事程序

此部分主要介绍教授委员会制度的运行情况，主要包括：会议召开次数、会议议题确定、会议讨论制度、议题决策分歧处理、会议复议制度及其他会议制度。

1. 会议议题确定

所选大学规定，大学教授委员会采取例会制与临时会议制度相结合的方式，一般规定每学期召开 1—2 次，其中浙江大学医学院的教授委员会比较频繁为每月召开一次，哈尔滨工业大学土木工程学院的教授委员会采取不定期会议制度。

所选取 35 所大学教授委员会会议的议程可以总结为以下议程：确定会议议题、讨论初步方案、开会讨论方案、会议议题决议、决议事务公示、决议事务复议及决议事务贯彻执行（详见图 5 - 6）。

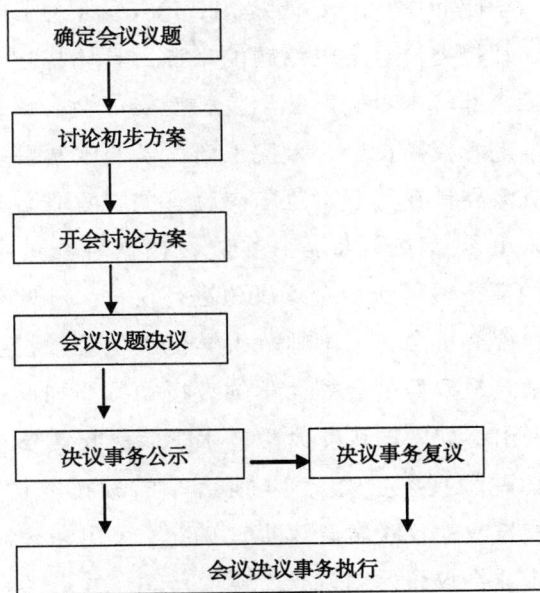

图 5 - 6　教授委员会会议决策议程

图 5 - 6 所示是完整的会议议程，但并不是所有的大学教授委员会的议事制度都包括以上 7 个部分，如决议事务的公示和复议制度，

仅有湖南农业大学教授委员会、南京理工大学经济管理学院教授委员会、四川师范大学学院教授委员会三所大学的教授委员会有公示制度和复议制度，关于确定教授委员会会议议题来源详见表5－6。

表5－6

会议议题来源	学校、学院工作部署	委员联合提出	党政部门提出	主任委员提出	无规定
代表大学数	2	23	26	11	14

14所大学的学院教授委员会会议议题的来源并不是单一的，议题的提出来源于两个及两个以上的主体。从表5－6中可以看出，关于教授委员会会议议题确定：有16所大学的教授委员会会议议题由党政部门提出；13所大学的教授委员会会议议题由其职责范围内的委员联合提出；14所大学由主任委员提出；有2所大学教授委员会的会议议题根据学校、学院相关工作部署提出；有14所大学的教授委员会章程中没有规定教授委员会会议议题的来源。具体描述如下：根据学校、学院相关工作部署内容确定各学院教授委员会会议议题。如吉林大学化学化工学院教授委员会、重庆工商大学艺术学院教授委员会章程；由教授委员会委员在其职责范围内就有关事宜联合提出。委员会中2/5或2/3以上委员或3人以上委员（根据各委员会规模不同规定）联合提出的事务便可作为会议议题进行讨论。如哈尔滨工业大学土木工程学院教授委员会、云南师范大学传媒学院教授委员会、对外经贸大学金融学院教授委员会等大学的教授委员会如此规定；会议议题由党政部门提出：如中国矿业大学艺术学院教授委员会、陕西师范大学政治经济学院教授委员会等14所大学的教授委员会章程规定，会议议题根据院长或党政联席会议提议确定；《山东理工大学教授委员会章程》规定，会议议题由院长、党总支书、主任委员、副主任委员共同酝酿确定；《哈尔滨工业大学土木工程学院教授委员会章程》规定，会议议题由院务会议决定；教授委员会会议议题由主任委员提出。如《中国石油大学（华东）文学院教授委员会章程》规定，会议的议题由院长或委员的提议确定，《南京师范大学外国语学院教授

委员会章程》规定，教授委员会会议议题可以由党政联席会议、学院院长、主任委员及教授委员会三分之一以上的委员们有权提议召开会议；但是有 14 所大学的教授委员会章程中并没有具体规定教授委员会会议议题的来源。

通过对章程中教授会议议题来源的分析，党政部门对学院教授委员会会议议题的确定作用较大，这主要是由学院教授委员会与同级党政组织关系决定的。党委是学院管理的政治核心，拥有领导权，教授委员会受学院党政部门的领导。因此，会议议题大多由党政组织提出。但是，这同时也反映出我国大学学院教授委员会发展还不能完全实现自主决策、自主管理，如果与学院党政关系处理不恰当易造成学术权力听命于行政权力的现象。

2. 会议议题决策分歧处理

所选大学的学院教授委员会的讨论方式坚持少数服从多数的民主原则，决策方式上采用集体票决制，即表示赞同的人数超过与会人数的 2/3（或 1/2）决议即为通过。有的大学对专业岗位的聘任事项上规定更为具体，如《东北师范大学教授委员会章程》中要求，专业技术岗位聘任的事项必须由具有同等级以上专业技术职务委员进行表决。

会议表决实行票决制，其优点在于更方便，更体现民主，但是作为学术决策机构在决定学院学术重大事项时采取单一的投票方式将会出现教授们形成利益团体，对决策进行控制，加大教授间的矛盾和冲突。

各大学学院教授委员会章程中规定，教授委员会所讨论的议题出现严重分歧，首先应暂缓做决策，进行深入调查研究、分析后，再开会决定。而有些大学规定，当议题表决出现分歧，可提交学校或学校学术委员会进行裁决。如《武汉大学院院教授委员会章程》、《中南大学政治学院教授委员会章程》、《西南交通大学教授委员会章程》等 4 所大学如此规定。《湖南农业大学教授委员会章程》规定，将分歧意见报由同级党政机关或上级委员会，进行再决议。发挥党政联席会议对学术部门的领导权。

3. 会议复议制度

会议复议制度，是指学校和学院的党政组织、教职工代表大会、主任委员及其他利益相关者对教授委员会作出的决议有异议，有权向教授委员会主任委员提出复议申请，经 2/3 以上委员同意后，就决议开会再议。教授委员会通过决议的公示和复议制度一方面是加强其他组织群体对教授委员会工作的监督，提高其公信力；另一方面通过复议制度对会议决策事项进行解释、说明、修正，顾及各相关利益者的权益，保证会议决议的科学性、可行性，减少群体间利益冲突。

北京师范大学、四川大学等 4 所大学的学院教授委员会章程规定，院长、党政联席会议若对教授委员会所讨论、决策的事项有不同意见，有权提请教授委员会复议；主任委员对会议的决议如有异议，有一次否决权，教授委员会需要对其决议进行复议。行政部门对决议有复议的权力，但是在章程中并没有具体说明出现复议要求后，教授委员会对复议的处理规定，从而使复议制度缺乏操作性和可行性。

只有 3 所大学的学院教授委员会章程中对复议的方式进行规定，如南京理工大学、四川师范大学、湖南农业大学。规定如下，复议申请需征得半数以上委员同意，方可召集教授委员会会议复议，经复议事项通过后决定不再复议。湖南农业大学对教授委员会决议作出后的公示、复议程序及复议处理程序等各方面有非常详细的说明，也是各大学需要学习之处（详见图 5 - 7）。

第四节　结论与建议

通过以上对 35 所大学的学院教授委员会章程进行文本分析和解读可以看出：教授委员会章程文本中从教授委员会定位、机构人员构成、职责权限、议事规程四大部分进行描述，具体细则虽有不同，但在文本中大都体现出"大学自治"、"学术自由"、"学术民主"、"教授治学"等理念，体现出现代大学制度在我国大学中探索方向与内部治理结构的完善。但是通过比较分析，发现我国大学的学院教授委员

```
                    ┌─────────────┐
                    │  会议决议提出  │
                    └──────┬──────┘
                           ↓
                    ┌─────────────┐
                    │   公示 3 日   │
                    └──────┬──────┘
                           ↓
                    ┌─────────────┐
                    │   出现异议    │
                    └──────┬──────┘
            ┌──────────────┴───────────────────────┐
            ↓                                       ↓
    ┌───────────────┐                       ┌───────────────┐
    │ 教职工、学生     │                       │ 院长复议建议     │
    │ 申请复议        │                       │ 3 日内作出复议   │
    └───┬───────┬───┘                       └───────────────┘
        ↓       ↓
┌──────────┐ ┌──────────┐
│ 复议申请通过│ │复议申请未通过│
└────┬─────┘ └────┬─────┘
     ↓            ↓
┌──────────┐ ┌──────────┐
│3 日内作出复议│ │  不予复议  │
└────┬─────┘ └────┬─────┘
     ↓            ↓
┌──────────┐ ┌──────────┐
│ 复议结果不服│ │ 不服不予复议│
└────┬─────┘ └────┬─────┘
     └──────┬─────┘
            ↓
┌───────────────────────────────────────┐
│ 学校、教职工申诉委员会或学生申诉委员会申诉      │
└───────────────────────────────────────┘
```

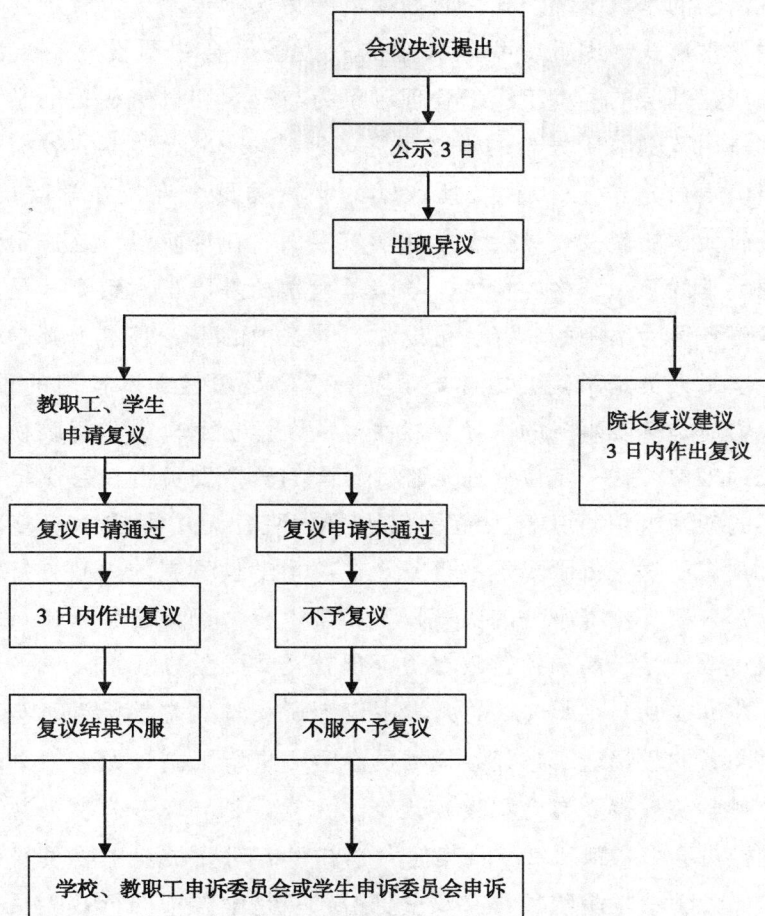

图 5 - 7　湖南农业大学教授委员会复议程序

会制度目前仍不健全。

一　结论

（一）教授委员会法律地位模糊

2010 年 7 月发布《国家中长期教育改革和发展规划纲要（2010—2020）》规定，要探索教授治学的有效途径，充分发挥教授在教学、学术研究和学校管理中的作用。我国现行的教授委员会制度在性质上为治学组织，在现阶段实践层面，大学学术委员会为我国实现教授治学的基本组织形式，教授委员会为大学校院二级管理体制中的自主探索形式，因此，我国大学的教授委员会主要设立在二级学院，是依托基层的学术组织，管理对象为与教学和科研相关的学术事务，其作用范围限于大学的学术事务。所选取 35 所大学的教授委员会在组织层次定位上，有 32 所大学的教授委员会定位在学院层面，仅有 3 所大学的教授委员会设立在学校层面。在现阶段，这一定位适应我国大学的组织结构的特色，学院是大学的基层学术组织，是大学中学术事务最为集中的一级，可以说，学院中的事务基本上都是学术事务，学术人员是学院的主体，学院一级应是彰显学术权力的重心，学术权力应是学院事务的主导。然而，从大学学术权力和行政权力规范的长远来看，这一定位存在缺陷。我国的教授委员会在层次上定位为院系的学术组织，其权力范围仅限于学院，无法影响学校整体决策，且其作用对象仅限于学术事务。在关乎学校发展的大政方针、资源配置、人事安排等事务的决策权中，学术权力仍无法介入，行政权力氛围过浓，甚至易导致行政权力干预教授委员会的事务。

在人员构成上，所选取的大学中仅 5 所大学的院教授委员会对具有行政职务的教授能否担任教授委员会委员进行限制。如《对外经贸大学金融学院教授委员会章程》规定，无党政领导职务教授人数不少于教授委员会人数额 1/2，而其他大学并没有对委员会中委员身份进行限定。大学中学院院长具有双重身份，一是学院中的行政人员，管理行政事务，同时院长大多是资深教授，具有学术权威，对学术事务的决策权力相当大，因此，从制度规定上，院长有资格成为教授委员会成员，参与大学事务的决策，同时，院长作为行政管理者，能够站在学院发展大局，综合考虑学院各项事务进行决策，保证决策的科学性、合理性。但是如果缺乏对院长等行政人员参与决策的权利与义务进行约束，教授委员会在决策过程中的院长掌握的行政权力在决策中过度干预学术事务，无法凸显学术自由，学术权力无法发挥其学术决策中的主体地位。因此明确教授委员会中院长角色是十分必要的，但是在实际文本分析中，发现多数大学的教授委员会章程明确规定或默许主任委员由院长担任，但是对院长权力与义务少有论及，如《对外经济贸易大学金融学院教授委员会章程》规定，"院教授委员会主任委员或副主任委员由院长或学科带头人担任"。缺乏对委员身份规定及委员或主任委员权利与义务的限定将会造成教授声音很弱，委员会事务决策中院长的话语权过大，其他委员只是符号及形式，学术组织依附行政权力，易形成学术权力高度集中或行政权力干预的怪圈，出现个别"学霸"掌握大学的学术权力，学术集权使学术民主将无法实现，学术权力价值将大打折扣。

《中华人民共和国高等教育法》中明确规定，"高等学校设立学术委员会，审议学科、专业的设置，教学、科学研究计划方案，评定教学、科学研究成果等有关学术事务"。[①]《教育规划纲要》及《高等学校学术委员会规程》等法律法规规定，明确的是校一级的学术委员会及学院分委员会，教授委员会的法律地位并没有明确。从文本内容上来看，现阶段，各校自主探索实践的过程中，只是校院二级管理模式下学院内部治理形式，且基本是一个参与者。若从学术决策事务来看，学者们所关注所从事和熟悉的学科发展、学术评价、学风建设等治理权限又在院级分学术委员会，学术组织分散，职责不清，权责边界模糊，因此教授委员会地位尴尬，这势必造成教授委员会缺乏实质性的发言权。教授委员会以参与者的身份管理大学事务，并没有将学术权力作为大学管理中的主导权力体现出来，更难落实到实践中，这种形式价值，易导致大学学术性的本质属性背离，这尤其以研究型大学问题更为凸显。

（二）教授委员会决策功能难以发挥主导作用

通过对文本的分析，我国大学教授委员会在功能定位上分为三种类型：一是咨询审议功能，作为学科建设、学术评价、学术发展的咨询机构，无决策权；二是决策功能，对学院中学术事务具有决策功能；三是决策、咨询的功能，在此种功能定位中，教授委员会拥有学术事务的决策权和非学术事务的咨询建议权。其中，14所大学学院的教授委员会定位为第三种类型。由此可以发现，我国大学的教授委员

---

① 《中华人民共和国高等教育法》，法律出版社1998年版，第9—10页。

会是一个依托基层的学术组织，在大学管理中拥有学术事务的决策权和非学术事务的咨询权，其决策的对象为与学术直接相关的事项，是教授集体参与大学治理的组织形式，这一定位倾向于将教授委员会定位为大学管理体制中的学术体制。①

我国大学的学术委员会在层次定位上，主要有校、学部、院（系）三级学术委员会，在功能上定位为学术咨询机构，受校党委与校行政直接领导的学术机构，对学术事务具有审议与咨询的权力，处理一些与学术事务有关的任务，如审议学校的学科建设、审议院系研究机构的调整、审议教学改革、审议学术基金、评议学术科研成果、评议学术奖励、咨询国内外学术交流计划及教授评聘中有关学术条例事项。因此，我国的学术委员会仅是咨询审议机构，不是学校一级的权力机构，其所掌握的学术权力有限，无法独立作出决策，在学校重大事项决策上没有发言权。如果将教授委员会在功能上也定位为咨询审议机构，那么两大学术组织将没有什么区别，必将会出现在实际运行中职责不清、权力不明、职能重复现象。这不仅造成资源的浪费，还降低办事效率。由于学术权力在大学中的影响力较小，关乎学校发展的大政方针、资源配置、人事安排等事务的决策权仍掌握在行政人员手中，无法从根本上改变行政权力过大，学术权力弱化的现状。

再者，在大学的管理过程中，教授委员会多由大学中掌握高深知识的教授组成，大学事务中的专业性，决定教授委员会"决策、咨询"的功能定位有其合理性，但是由于大学中的学术事务与非学术事务较难区分，也很难准确的分开管理，比如大学中的学科建设，不仅包括创新学科知识、确定学科发展规划、汇聚人才队伍，同时也涉及人事安排、资源配置等很多方面，无法明确区分教授委员会的何事决策，何事咨询。在具体活动中，由于学校管理大权仍掌握在行政人员手中，教授委员会的决策功能会异化为咨询功能，整体是只能发挥其咨询、建议的功能。

（三）教授委员会议事规则不健全

教授委员会是以委员会的会议来行使其职权的，为保证教授委员

会能按程序、科学和公平的处理事务，多数大学在教授委员会成立之时，制定和颁布《教授委员会章程》，但是在章程中对教授委员会活动与议事的规则还不完善，存在漏洞。

第一，遴选程序不合理。一方面，任职程序不完善。通过文本发现，我国大学院系教授委员会的遴选方式分为四种：无记名投票制，即在候选人中经过学院教师代表大会或学院中具有副高职称或中级职称的人员组成的会议或由学院全体教授、副教授通过无记名投票的方式选举产生，11 所大学采取这种方式；定额席位制，即按照学科结构确定各学科候选人名额，各学科组织推荐委员候选人，然后由学院全体教师代表大会或中级职称以上人员组成的会议投票决定；委员申请、教师咨询评价委员会决定，应聘人经过申请，做述职、答辩，经教师讨论决定，听取学校意见，确定院（系）委员人选，最终由校长聘任，在 35 所大学中，仅有东北师范大学在委员的遴选机制上进行了较为详细的描述，聘任程序为五个环节，即"应聘人申请；应聘人在学院（部）大会上述职、答辩；教师讨论评价；学校考核聘任小组充分听取意见后提出拟聘名单，学校确定各学院（部）教授委员会主任委员及其他委员人选；校长聘任"；固定人员担任，即只要符合条件即为当然委员，无须通过具体方式进行选举。通过比较可以发现，其中 11 所大学选择无记名投票的方式，这种方式虽然高效、方便，但是此种方式难免会造成学科委员人数分配不均，资源分配、权力行使上对委员人数较小的学科不利。多数大学缺乏委员申请这一环节，没有委员会候选人的主动提出申请，委员缺少主动性，就可能导致责任意识模糊，积极性和主动性差。在任职条件中，几乎所有大学的教授委员会缺乏对候选委员的道德品质、学术品格、专业素养及管理能力进行考察，若没有专门条款及操作规定，难以保证教授委员会决策的公平性、科学性、合理性及有效性。

另一方面，缺乏委员考核机制。在所调查的教授委员会章程中，只有《沈阳师范大学学院教授委员会章程》、《东北师范大学学院教授委员会章程》、《云南师范大学传媒学院教授委员会章程》和《对外经济贸易大学金融学院教授委员会章程》有对委员会成员考核事项的规定。如果缺乏对委员会成员的工作考核及退出制度，难免导致在运行中委员会成员工作不积极、不认真、不负责，这必定会出现成员缺席、不作为及形式主义等现象出现，易使教授委员会成为虚设。

通过对4所大学的学院教授委员会章程文本的分析，发现对教授委员会成员的考核机制存在以下几点不足之处：一是大学没有对委员会委员工作考核的规定，因缺乏监督机制，将会出现委员缺席会议、会议走过场、会议上不负责任的表决等；二是考核中没有设置专门考核机构，在调查中发现，有的将党政联席会议作为考核组织，有的将校人事部门作为考核组织，进行考核。这一做法将会演变成行政权力对学术权力的干预和控制，且由行政机构作为评价考核机构，因解决问题的角度、方法不同，易导致考核不公正，不利于教授委员会运行。

第二，内部机构设置不完善，下设机构不健全。通过文本分析，仅有9所大学的学院教授委员会有下设机构，有以学科为依据设立分委员会的，有以职能为依据设立专门分委员会的，也有设立教授委员会常务委员会的。当然对于一些规模较小或以教学为主的大学，教授委员会内部的机构设置可以简单，职能可以合并，在这种情况下，下设机构就无须全面，没有下设机构也可以正常的运行，但是研究型大学中，规模大，学科多，决策事务复杂且较多，如果所有学术事务如专业建设、学术审议、学术评定、学位评定、学风建设等，仅笼统的规定由教授委员会决定、执行，将会造成如下问题：第一，不设立职能委员会，将导致决策上的不科学、不合理、不可行。比如，在教师聘任、晋升、评价、奖励等问题上，如果缺乏本学科及相关领域专家的专业评审，将使作出的决定因委员们的专业限制或对本学科利益的偏袒，而造成审议结果的不公正；第二，不设立学科分委员会，因学科专业领域限制，导致所作出决定的难以执行或无法达到预期目标；第三，缺乏常设机构，致使日常学术事务由行政部门代理决策、管理，职责不清，易造成行政权力对学术事务的干预现象，导致学术权力的削弱。

第三，会议决策机制不完备，缺乏监督机制。一是党政部门对会议议题干预较大。从文本分析中发现，16 所大学的教授委员会会议议题由党政部门提出，如《中国矿业大学艺术学院教授委员会章程》规定，会议议题根据院长或党政联席会议提议确定，《哈尔滨工业大学土木工程学院教授委员会章程》规定，会议议题由院务会议决定。《山东理工大学教授委员会章程》规定，会议议题由院长、党总支书、主任委员、副主任委员共同酝酿确定。院务会议提出议题多是因为学院运转过程中发现需要讨论的问题，但教授们也可因为学科建设、学院发展等新形势需要，提出议题。所以仅规定行政性质的院务会议、院长、党政联席会议提出提议，失之偏颇。由此反映出，在我国大学管理中，行政权力仍处于主导地位，拥有决策权的教授委员会难以实现制度构建的初衷，其治理目标也难以实现。二是无记名投票方式有失公正。从文本分析中发现，大学教授委员会的决策方式多采用不记名投票方式，这种方式貌似公正、公平，但是教授委员会作为决策机构，委员们行使权力，进行评议和决策，若所有表决事项都用"一人一票"的投票制，将会出现由于学科界限或工作领域不同，一些教授对决策事项不了解或事不关己，随意投票现象。另外在投票过程中，教授委员会中易形成以学科为单位的学术小团体，决策中出现权力寻租行为，较大学术利益集团控制整个教授委员会决策过程的现象。三是会议缺乏监督机制和复议制度。在文本分析中，《哈尔滨工业大学土木工程学院教授委员会章程》规定，教授委员会设列席人员，有参与权无表决权，作为监督人员监督会议表决过程。《湖南农业大学教授委员会章程》中对决策的公示、复议程序及处理办法作出较为详细的规定。两所学校的做法为保证决策的公正性、民主性，保障各群体利益。而其他大学中虽有涉及决策后上报学院党政领导部门，但是没有详细说明意见处理措施。这势必会出现"一言堂"行为，损害某些群体的利益，教授委员会作为学术决策机构，对学院发展有重大决策权，决定学院发展方向，这必定对教师、学生群体利益产生影响。如果仅作出决策，而没有对重要决策的结果进行公示、复议的相关规定，教师委员会作出的决策出现失误或影响到某些利益相关者的利益时，因没有会议决策复议流程的规定，教师或学生、院长等对决议存的异议便无法提出，这将影响决策的执行和落实，进而影响到学校发展的大局。因此，本着公正、民主的原则，教授委员会所作出的决议事项需要通过公示，听取各利益集团意见，并及时作出回应。

二　相关建议

我国大学的教授委员会制度存在以上问题有多种原因，当前我国大学现行的管理体制决定学校中的大大小小事务的决策权仍掌握在行政人员手中，而学术权力仍处于从属地位，无法谈及决策权。这样下去必然制约学术自由和学术民主，影响大学学术发展。这样下去必然会影响我国大学的学术水平，无法实现学术自由和学术民主。要完善我国学院教授委员会制度，更好保障学术自治、学术自由、学术民主，完善大学内部治理，可以从以下角度加以改进：

（一）完善教授治校的内部治理结构，发挥教授委员会的主导作用

要改变行政权力主导的传统的权力模式，改变行政权力与学术权力配置上的失衡问题，构建以学术权力为主导的大学权力组织机制，建立"教授治校"的大学治理模式，通过实施教师民主参与决策大学事务的方式，使学者在大学整体事务管理中拥有较强的话语权，既能实现大学学科利益及教师为主题的利益相关者的利益均衡，发挥学术权力主导作用，又能保证大学的管理和作出的决策不偏离大学作为学术组织的轨道。

为实现教授治校的大学管理机制，发挥教授委员会在大学事务中的主导作用，回归学术权力在学校治理中的地位。可从以下几个方面入手：

一是坚持教授治校理念，赋予教授们充分的决策权。"教授治校"产生于欧洲中世纪大学，随着西方大学近千年的发展而经久不衰，教授治校的管理理念至今仍是西方大学管理模式。比如耶鲁大学，"教授治校"的大学民主管理理念是其一大特色，耶鲁大学坚持最宝贵的人力资源是教授，教授是大学的核心，在大学作重大决策时，都是由教授会进行充分讨论，经过深思熟虑后作出。教授会拥有非同一般的权力，统治耶鲁的一切。耶鲁在赋予教授权力的同时，捍卫学术自

由。正是因为耶鲁一直坚持学术的正统性，强调学术自由的思想，学术活动生机勃勃，卓有成效，并以人文科学的成就闻名世界。我国教授治校的治理模式，产生在蔡元培执政时期的北京大学，《大学令》中规定，全校的评议会和各科的教授会的成员由教授担任，评议会是大学的最高权力机构和立法机构。而将"教授治校"贯彻最为彻底的是当时的清华大学。清华大学"教授治校"的制度，是学校内部管理由校长负责、董事决议学校事务，此制度的建立激起教育界对清华校政的批评，"少壮派"掀起"自下而上"争取学术自由和教育自主改革运动。颁布《清华学校组织大纲》，规定"系适应民治教育之潮流，依据教授治校之原则，同时不得不顾及本校特殊之实况，兼谋补救已往之阙失"。① 成立教授会、评议会等教授群体组织。经历过"专辖废董"运动、校内"驱罗"运动后，教授会"权力骤然扩大，一跃而成为全校最高权力机关"。因此，我们意识到民国时期的"教授治校"并非是教授操作学校所有事务过程中的权力独大，而是为争取学术民主和学术自由的教授全体主导下的大学民主管理。教授是大学中人才培养、学术研究的执行者，只有坚持教授在大学治理中的主导地位，才能实现大学学术性的目标，同时各利益集团表达诉求，达成均衡，促进大学教学、科研的发展。因此，坚持"教授治校"的大学民主管理理念，是彰显学术自由、保障学术空间的必要条件，保证教授和学者们能够拥有"自由的思想和独立的人格"，大学注重发挥人才培养和学科带头的作用，提高教师的主动性和创造性。同时，强化教授的学术权力，使其学术权力在学术活动中拥有绝对权威，并建立发挥其效能的制度保障机制。

　　为落实"教授治校"的大学民主管理理念，教授委员会在组织层次定位上，建立院校两级教授委员会。校级教授委员会由院级教授委员会的主任委员及学科带头人组成，通过召开校级教授委员会反映各学院的工作情况，合理分配学校资源，决策学校发展的学术事务和其他重大发展事项，发挥教授群体的决策权和发言权，发挥治校中的主

---

① 《改组委员会报告》，《清华周刊》1926 年第 351 期。

体地位。教授们作为大学管理的主体积极投身于大学事务的管理中，形成学术权力为主导的大学管理机制，凸显大学学术性本质属性，学术权力主导理念即是大学治理理念。

　　固然教授治校机制存在局限，体现为学者在行使权力决策过程中由于学科本位主义影响大学整体性决策。伯顿·克拉克教授曾把大学系统表述为各门学科和事业单位之间形成的相互交织的矩阵。① 在这样的矩阵系统中，内部结构比较复杂，横向上表现为众多学科专业，纵向上表现为层级的院校单位结构，使得"高等教育的工作都按学科和院校组成的两个基本的纵横交叉的模式"②。因此大学的组织是单纯学术组织和行政组织共同组成的机构，大学中的学者们在决策中既要保护自己学科专业的发展，同时又必须遵守上级组织的安排。但是在实际运行中，容易出现学者进行的学术工作不能从大局上利于院校的发展，或者为了院校发展而强迫学者们从事他们不感兴趣的学术工作。这一问题的存在是不可避免的，当然也没有必要过度放大其局限性，因为相对于教授治校的合理性而言，是在可控范围内的。政治学中的"参与"理论认为，如果公民在政治生活中广泛参与，就能加强公民对政治决策的认同感，最大限度地降低利益冲突。因此，只要进一步让学者参与到学校治理中，建立民主协商议事机制，从而增强对公共利益的认同感，消除学科本位对决策的影响。

　　二是大学建立教授委员会制的内部治理结构。传统管理模式使大学成为一种行政机构，学术性特征会随着行政权力的强化而逐渐消解，学术事务易被行政权力所控制。在教授治校理念的指导下，以教授委员会制度等为载体，改变大学中行政权力主导的传统管理模式，消除学术权力被弱化的局面。当前学者们在教授委员会定位过程中，从学者专业性特点考虑，多将教授委员会定位为大学管理体制中的学术体制，仅作用于学术事务，这最终因学术事务与行政事务边界不清，而使学术决策权拱手于行政人员手中。所以，只有教授委员会作

---

　　① ［美］伯顿·克拉克：《高等教育新论——多学科的研究》，王承绪等译，杭州大学出版社 1987 年版，第 139 页。

　　② 同上书，第 125 页。

为大学治理中重大事务的决策机构，才能真正将治校的权力转移到学术人员手中，教授委员会的决策权不再局限于学术事务，而兼有影响学术发展的重大行政事务的决策权和发言权，只有这样，才能发挥学术权力的主导作用。

三是人员构成上，应由担任行政职务的教授和不担任行政职务的教授组成。不同的角色有不同的行为规范，这必然影响到决策的结果。在教授委员会中主要分为担任行政职务的教授和不担任行政职务的教授，在决策中，两种身份的教授由于其工作职责、工作方式、思考问题的角度不同，所作出的决策结论也是不同的，因此必须科学规定教授委员会人员组成结构。教授委员会人员的构成是由两方面决定的：一是教授委员会其学术性本质决定，真正实现学术自由和学术民主；二是教授委员会的价值定位决定，对大学发展重大事项决策的科学性。这就要求教授委员包括无行政职务的教授和担任行政职务的教授。其中，无行政职务的教授应占多数席位（一般占教授委员会人数2/3以上），这样在一人一票的教授委员会的议事方式和集体权力行使过程中，能够代表普通教授行使学术权力，最大限度保障学术自由和学术自主。

处理院长与教授委员会的关系，是教授委员会制度能否发挥作用的关键所在。院长具有学术人员和行政人员的双重身份，一是学院中的行政人员，管理行政事务，同时院长大多是资深教授，具有学术权威，对学术事务的决策权力相当大，因此，从制度规定上，院长有资格成为教授委员会成员，参与大学事务的决策，同时，院长作为行政管理者，能够站在学院发展大局，综合考虑学院各项事务进行决策，保证决策的科学性、合理性。没有院长等少数具有行政职务的教授参加教授委员会，能保证教授委员会在构成上及决策中凸显学术自由和学术自主的大学治理理念，但是这种单一的人员构成却会造成决策中，特别是大学重大事务的决策上出现决策效率低，由于无行政职务的教授们代表的是学校教师们的利益，其作用的对象为与学术活动相关的事务，对行政政策、法规及大学行政事务不了解，造成效率低下，决议不利于大学全局的发展。权衡利弊，从学院目标及文化考量，以效率为重还是以公平为重，应因时因事而异。院长可以参与教授委员会的决策，但在教授委员会章程文本中必须对其进行明确说明。防止院长在学术事务决策过程中过度干预，违背学术民主的大学治理理念，在制度上需对其进行完善。第一，院长作为教授委员会委员应与其他无行政职务的委员在学术事务决策中享有同等决策权（即一人一票制），以防止在学术决策中，出现"学霸"独断专行的现象；第二，院长作为行政人员，发挥其对教授委员会决策事项的监督及执行效率作用。在重大事项处理时，当院长对教授委员会决议有不同意见时，有提请复议的权力，或院长可将不同意见保留并上报学校进行裁决；第三，教授委员会其他成员对院长进行监督。在此项中可以借鉴《湖南农业大学教授委员会章程》的规定，"对院长违反章程规定，有意回避或干预教授委员会对学术决策的行为，经学院教授委员会主任委员同意，可以向院长提出书面质疑，院长在院教授委员会上作出回答"；第四，院长执行教授委员会的决议。院长参与教授委员会的决策，了解院系发展情况，对教授委员会提出的意见和建议积极采纳。

四是明确教授委员会与其他组织机构关系，发挥教授委员会在大学管理中的主体地位。为保证教授委员会能够享有治校权力，必须妥善处理大学治理结构中的各种组织关系。党政联席会是党委（党支部）成员与行政领导班子成员研究、决定学校重要事项的组织形式，是大学的政治领导中心。党政联席会坚持正确的办学方向，加强对学院教授委员会的领导，同时充分尊重学术权力，支持教授委员会的学术决策权；教职工代表大会是教职工实施民族管理、民主参与、民主监督的重要形式，是维护教职工权益的主要形式，因此教授委员会一方面积极听取教职工代表大会的建议和意见，同时定期向教职工代表大会汇报工作，积极接受监督。学院中各组织机构只有明确分工、相互配合、相互协调、相互监督，才能做好学院的治理工作；在院级教授委员会中，为规范学院中学术组织，将学院中其他学术组织（学术委员会、学位委员会、教学指导委员会等）作为教授委员会的职能分委员会，处理其职责范围内的学术事务。其他学术组织必须对教授委员会负责，接受教授委员会的监督，教授委员会也需广泛听取其他学术组织的报告，听取教职工的建议。

（二）明确职责，突出教授委员会决策功能

通过对教授委员会章程文本的分析看到，我国的教授委员会的决策权仍受到行政权力的较大制约，体现在教授委员会会议议题的选择上较多受党政部门的干预，在人员构成上缺乏对担任行政职务教授的限制，甚至有大学的院长对教授委员会决策有"一票否决"权，大学教授委员会功能上定位于咨询、审议机构，缺乏决策权等，都表现出当前我国大学中存在的权力配置失衡的现象，行政权力过大，学术权力缺乏实质性的发言权。要改变这一现状，构建以学术权力为主导的大学权力结构，必须改变传统的权力模式，由掌握学术权力的教授委员会掌握大学事务的决策权，从而保证学者们在学校事务管理中拥有较强的话语权和影响力，实现权力制衡，保障大学的管理和决策不会偏离其作为学术组织的特性，落实教授治校的理念，实现教授委员会作为大学管理机制，建立学术权力主导的大学治理模式。

教授委员会的基本功能应由其本质所决定。教授委员会的本质是大学内部管理的主导者，这也决定教授委员会的功能定位上，应该从咨询转变为决策；在角色上，从决策的建议咨询者或执行者转变为重大决策的制定者，成为大学发展的真正主导者，使教授委员会充分享有对学校发展和教师切身利益有关问题的决定权和发言权。

教授委员会应突破"参谋部"和"智囊团"的局限实现教授委员会功能定位上从咨询到决策的转变，提升教授委员会层次定位，设立校级教授委员会，才能使教授委员会成为大学内部治理中独立的权力主体，为掌握学校事务的决定权提供可能。为保证教授委员会的决策功能，在具体决策事务上，教授委员会需要在培养人才、学术研究和社会服务大学的三大基本职能中拥有充分的决策权和发言权。因此，学院教授委员会理应在以下几方面发挥作用：一是决策学术事务，合理分配学术资源，大学的学术资源包括学科设置、课程教学管理、学位授予、职称评定、科学研究、组织人事、对外交流、经费审批、设备使用等，大学教授委员会通过下设的职能分委员会对各项进行考察、合理分配资源，充分发挥学术资源的最大使用效力；二是维护学术秩序，实现学术民主。要求教授委员会在维护学者们在学术上的合法权益的同时又要惩罚学术腐败与学术不端行为，防止学术中"学霸"、学术强权对学术自由的破坏，因此，教授委员会在赋予成员享有民主权力的同时，还必须负有对学术事务决策义务；三是监督行政机构，制衡行政权力。教授委员会通过调动学者们学术治理的积极性，掌握学术决策权，维护学术秩序，从而实现大学分权治理。

（三）建立公正有序的教授委员会会议制度，优化制度结构

新制度主义对制度合法性和有效性的界定，制度的合法性，要求制度必须建立在社会的法律制度、社会规范、文化观念或某种特定的组织形式之上的，并为社会公众所接受或认可。制度的有效性，即制度的顺利运行必须通过制度相关人的参与，而要实现制度的预期效果既要使制度能够顺利运行，又必须要求制度相对人认知和遵守制度。因此，大学教授委员会制度运行的评价标准一方面要考察制度的合法性，即教授委员会的制定符合《教育法》《高等教育法》等法律规定，坚持学术民主、学术独立、以人为本、崇尚科学的大学管理原则，尊重大学发展的学术性特征等合法性的要求。同时，另一方面要考察制度的有效性，即教授委员会的运行要达到预期效果，大学中其利益相关者是否对其作出的决定认可和遵守。教授委员会制度必须建立有序的活动方式，坚持公平、公正、高效的原则，对组织成员的行为进行规范和约束，保证教授委员会有条理、有效率地处理事务，为教授委员会制度的运行提供保障。

有效的会议议事程序应注意以下几个方面：一是程序得当。教授委员会作为决策组织，决策学术事务，具有一定的专业性，为保证决策的科学性、合理性，程序应科学、全面。教授委员会的议事程序应包括以下议程：会议议题的确定、初步方案的讨论、开会讨论方案、会议议题决议、决议事务公示、决议事务复议及决议事务贯彻执行；二是决策民主，教授委员会的决策应采取民主集中制，少数服从多数的议事原则，就决议事项委员们有表达权、自由权，不受权威干预；三是权责对等，教授委员会在决议过程中，赋予委员们充分的表决权

的同时，必须对自己的发言与表决负责。完善《教授委员会章程》中的议事规则，从教授委员会人事制度、议事程序、决策方式、职权设置等方面进行细化。

首先，要明确教授委员会的人事制度，主要包括：委员遴选制度、晋升制度、奖惩制度、评价考核制度等，教授委员会下设立专门的人事管理机构，负责委员的遴选、晋升、考核、奖惩等事务，并建立科学的标准和严格的程序。对教授委员会委员的遴选、晋升、考核等事务，设立基本标准和特殊标准。基本标准为各教授委员会规定委员的工作职责、权利与义务等，特殊标准是根据每项事务的不同，设置其专门的要求，保证制定的标准更加可行和科学；在考核程序上，应包括任期内定期工作考核和任期结束考核，先由待考核人员向考核委员会递交考核材料，由院长审查后，交由校考核委员会进行审查，提出考核的意见，并将考核结果汇报给校长，由校长进行最后审查、决定。在遴选方式上，则应由候选委员递交申请，进行答辩，由遴选委员会进行评价，并听取教授委员会意见后，提出评价意见，交由校长决定。其中《东北师范大学教授委员会章程》对教授委员会成员的聘任与考核的规定较为详细，聘任程序包括五个步骤：应聘人申请；应聘人述职、答辩；教师咨询评价；学校考核聘任小组听取意见提出聘用名单；校长聘任。并且明确教授委员会成员依据岗位和工作目标签订合同，实行岗位工作目标责任制。对教授委员会成员考核上，也作出明确规定，每届成员的更新比例不低于三分之一，考核的标准为委员的岗位责任和聘任合同中的约定，考核组织分为校考核聘任委员会和院（部）聘任考核小组，考核程序上分为四个步骤：被考核人提供材料；院（部）长或院（部）党委书记核准；被考核人述职，教师咨询评价；学校提出考核意见；考核结果公示。

其次，完善教授委员会内部机构设置。世界一流大学美国加州大学伯克利分校，其教授委员会制度历史久远，发展完备，值得我们借鉴。通过分析发现，加州大学教授会下设35专门委员会，分治教授会的各项事务，并根据所管理实务类型及利益相关不同，设立由不同人员组成的专门委员会，每个分委员会有明确的职责，处理日常学术事务，形成功能强大的分委员会系统。教授委员会设立分委员会，将保证对学术事务作出决策的科学性，防止因"外行管理"而降低决策质量和治理效力。因此，为发挥教授委员会的职能，需设立以下三种机构：一是设立职能分委员会，通过设立教学指导委员会、科研委员会、教师评聘委员会、学位评定委员会等职能分委员会，各分委员会处理其职责范围内的事务，分工负责，相互协调，保证学术决策权力科学、高效运行；二是设立学科分委员会，各学院按学科不同设立学科分委员会，反映本学科发展情况，决策本学科的学术事务；三是设立日常工作机构，通过设立秘书处或常委会等日常工作机构，加强对学术事务的日常管理，使日常学术问题能够通过学术组织进行解决，而减少行政机构对学术事务的干预，保证学术权力的发挥。

最后，明确教授委员会的议事规程。建立常态会议制度，完善对教授委员会的监督和考核机制。比如在教授委员会中设立会议列席人员，列席人员作为教师代表、学生代表、校外学科领域专家等相关利益群体代表，代表们列席会议，就会议内容发表意见，通过对会议的监督，保证会议的决策的公正，使教授委员会的决策公正、合理、可行。建立会后的公示制度和复议制度，会议结束之后应及时将会议所作的决策进行公示，建立复议机构，完善复议流程，对决策有异议的教师、学生、行政部门等按照复议流程提出书面申请复议，教授委员会就异议问题进行表决，开会复议。其中《湖南农业大学教授委员会章程》中对教授委员会会议复议程序规定较为全面，对一般性的异议，主任委员进行说明；院长提出复议建议需在3个工作日内复议；对学生或教职工提出的异议，经主任委员同意并征得三分之一以上委员会成员同意后，3个工作日内进行复议。对于复议结果同样进行明确规定，经院教授委员会复议后作出的决议，不再复议，若出现对复议结果不服的，向学校教职工申诉委员会或学生申诉委员会提出申诉。通过详细的规定，才能保证教授委员会复议制度得到落实。

从教授委员会产生之日起，便是学术自由和学术自治的维护者，是学校学术事务决策的权威机构。钟秉林教授认为，学术权力是大学发展的内在逻辑和大学本质特征的外化，是大学的"生命"。在大学治理中，学术权力的运行表现为，大学学者或学术组织依靠自身权威对大学内部学术事务进行管理而产生影响，因此，要凸显大学的学术性特征，实现大学自治、学术自由的大学发展理念，必须由学者或学者团体充分掌握学术权力。美国加州大学伯克利分校前校长田长霖曾说过"在美国，哪个大学的教授会权力大，哪个大学就有希望在竞争中获胜"。因此，建立和完善教授委员会，在教授委员会中，教授们充分掌握学术事务的决策权，在大学管理中拥有其实质性的发言权，发挥教授们的专长，发挥学术权力的作用，均衡学术权力和行政权力的关系，真正凸显大学学术性的组织特性，是现代大学制度的应有之义，也是实现大学章程实效的主要路径。大学必须及时审视自身内部治理结构状况，根据现有学术权力制度总结规律，查找不足，探索更为成熟、稳定的运行机制。

第六章

公立大学章程实效性保障：权力监督

大学章程作为大学生存合法、治理合理、运行高效的重大事项，与主体权力和利益平衡高度相关，大学章程实效强调制度实施的状态、程度和有效性，有赖于权力制约机制的完善。大学内部权力的复杂性、多中心性，相互制约性更强，需要形成强烈权力制约理念，形成大学权力的制约机制、制约体系。从宏观层次来看，高等教育监督形式有法律监督、政党监督及社会监督多种形式；作为主要利益相关者的监督，则是大学内部参与治理的主体教师。大学教职工代表大会（以下简称"教代会"）制度作为现代大学制度的重要组成部分，是我国独有的内部治理组织形式，是教师参与大学治理的基本形式。当前大学都正在健全教代会制度，其中教师民主监督权正是教代会宗旨之一，应受到重视。教代会民主监督权是大学权力运行的重要制约力量，从这个角度来说，民主监督与大学内部治理权力平衡制约的精神实质相吻合。

第一节　公立大学权力监督基本形式：教代会制度

《国家中长期教育改革及发展规划纲要（2010—2020 年)》（以下简称《纲要》）中提出：加强教职工代表大会、学生代表大会建设，发挥群众团体的作用。由于我国大学内部管理体制及大学文化传统，我国公立大学实行党委领导下的校长负责制，行政权力具有强势地位，大学事务的议事与决策普通教师参与甚少，大学内部的学术权力长期处于薄弱的状态，行政权力的泛化以及行政权力与学术权力界限不明，权力因缺乏有效的制约机制，教代会这一制度形同虚设，不能有效发挥在大学发展和大学治理中应有的作用，极大地影响了教代会制度功能的发挥，完善大学治理结构，规范权力运行，加强权力监督都是大学内部权力运行必须反思的。《纲要》也提出加强大学章程建设，通过制定学校章程，将大学校长的权利与义务、大学举办者与大学之间的设置及职能分工、大学重大事务的决策程序、教师参与管理的具体形式和途径等重大事项加以规定，才能确保大学内部管理的民主化、科学化和法制化。依照章程规定管理学校，实行民主管理与民主监督，教代会占据重要地位。大学章程作为法律依据，明确教代会的民主监督权的运行，对我国大学内部治理权力协调能有效发挥制约作用。

教代会不仅是实现大学民主管理和民主监督，实现大学章程实效性的有效形式，也体现了教师行使民主权利和参与学校管理的主体作用。教师参与治理的责任感可以提高大学科学发展的水平；对推进大学的民主管理、完善大学的民主监督和加强制度创新发挥着不可替代的积极作用。讨论大学权力首先需要辨析权力与权利的概念。

一　权利与权力的基本内涵

权利作为人类历史发展的阶段性产物，在 12 世纪就出现了权利概念的萌芽，从古希腊古罗马到康德的哲学理论才有了它的理论基础，自此诞生了现代权利的概念。在我国，"权利"一词早在古代汉语中就出现了，从最初的贬义发展到现在的褒义。现代意义上的权利最通俗的解释指的是人与人之间建立的各类社会关系，以便更好地生存和发展；社会关系可分为亲属、朋友与同事关系，这是根据不同的维系方式来分；社会关系还可分为经济、政治与文化关系，这是根据不同的社会领域来分；所有的社会关系都是以价值关系或利益关系为核心内容。①

---

① 吴玉朋、王连森：《伯顿·克拉克"学术权力"涵义辨析》，《高教发展与评估》2012 年第 11 期。

《中国大百科全书》（政治卷），定义权力是"人际关系特定的影响力，是根据自己的目的去影响他人行为的能力。在社会生活中，那些依赖于一定的力量，使他人行为符合自己的现象都是权力现象"。由此我们可以知道，权力是一种可以依靠的能力或能量，依靠这种力量能够使得他人的行为合乎自己的目的性，并且是一种带有一定的强制性的力量。从一般意义上来讲，可分为权力的主体、客体和权力的形式。权力的拥有者或行使者称为权力的主体，权力的作用对象称为权力的客体，权力的主体通过支配利用这一力量就能够驾驭客体并使得客体服从自己，是一种强制性的力量。权力通过正式或非正式的渠道，或同时以两种方式发生作用。

社会学认为权力指的是对某种特定事件处理的能力或潜力；心理学家把这视为一种动机，一个重要而又基本的人们行动且相互作用的动机；是一种与预测的行为有特别联系的动机。但从以上定义来看，权力的真正本质在以上两种定义中都没被提示；权力的根本目的就是有效地影响和制约自己和他人的价值资源；有效建立各类社会关系，人们才能更好的生存和发展，充分有效地利用各种价值资源。"权力有着这样一种性质，权力受到威胁或惩罚，这种力会影响和限制自己或其他方面的价值和资源。"①

在中外的政治思想中，"权力"是一个古老的概念。近代以来西方许多学者对"权力"有多种定义，人们广为接受的是"强制力说"。说权力是"一个人或一部分人具有的强加于他人的一种强制力"。权力是指基于其持有者的能力强迫他人屈服于他的意志，这是权力的一般意义上的定义。本书所探讨的权力指的是大学内部的各种权力，是建立在大学内部主体的各种特定的影响他人的能力。②

我国宪法赋予我国公民的权利有平等权、政治权利和自由。监督权也是宪法赋予公民的基本权利之一，"我国宪法规定，公民对于任何国家机关和国家机关工作人员，有提出批评和建议的权利；对于任

---

① 张英：《论我国权力监督制约机制的架构及其运行要求》，《政治文明研究》2007年第12期。

② 陈杰峰：《高校权力运行与民主监督》，《湖南社会科学》2008年第6期。

何国家机关和国家工作人员的违法失职行为，有向有关国家机关提出申诉、控告或者检举的权利"。本书所探讨的监督权也即是大学教师作为利益相关者所具有的权限。

权力与权利既有联系又有区别，权利是个人的，是利益性的；而权力是公共的，是责任性的，是一种支配性的决定性力量；权力来源于权利，以权利为基础，权力又是权利的保障；权力是为了权利更好地实现而让渡并存在，更好地服务权利是权力的目标和归宿。

权力与权利的联系在于它们是相互依存的关系。一方面，一个国家的最高权力来源于本国公民对自身部分权利的让渡；另一方面，权力在将自然权利确认为法定权利的过程中起决定性作用；权力与权利还具有相互作用的关系。一方面，公民可以以权利控制权力；另一方面，法定权利的实现和救济也离不开权力；权力与权利还有相互冲突的关系：一方面，权力是保障权利必不可少的力量；另一方面，为了保障权利又有限制权力的需要。

权力与权利的区别在于它们的行使主体不同，权利的行使是一般主体，而权力的主体主要是国家机关及其工作人员；权力与权利的处分方式也不同，权利一般可以放弃和转让，而权力必须依法行使，不得放弃和转让；权力和权利的社会功能亦不同，权利普遍反映的是私人利益，而权力则普遍反映的是公共利益。

二　大学内部权力结构

关于大学内部权力的观点主要有三种：有二元权力结构、三种权力结构和四种权力结构。

伯顿·克拉克在其著作《高等教育系统》、《高等教育新论》中谈到学术权力和行政权力时认为，政府和大学的权力关系是基于高等教育系统的宏观视角。他把学术权力分为学科权力、院校的权力和系统权力。[①] 国内学者认为，克拉克的学术权力也含有大量的行政权力。

---

① 吴玉朋、王连森：《伯顿·克拉克"学术权力"涵义辨析》，《高教发展与评估》2012 年第 11 期。

存在理论观点的分歧也源于不同学者对学术权力和行政权力理解的概念不一。

有学者持三种权力结构的看法，认为我国不能简单参照国外二元权力结构的观点。他们认为，我国大学权力结构中，党委的领导权力既不属于学术权力也有别于行政权力，应当是一个独立的权力系统，称之为政治权力。① 如此一来，就有了三种权力的观点，它们分别是政治权力、行政权力和学术权力。

还有学者提出，我国现行法律所默示的大学内部权力有四种，分别是：政治领导权力、行政权力、学术权力和民主管理权力。

政治领导权力是法律规定的党对大学实施的政治领导权力。《中华人民共和国教育法》、《高等教育法》中都有相关规定，大学实行党委领导的校长负责制，"教育活动必须符合国家和社会公共利益"②。

行政权力是法律作为行政权行使的法律代表，默示法律校长的权力不应是个人专断的权力。③

学术权力是法律规定的专业型组织所行使的权力。《高等教育法》中有关规定："高等学校设立学术委员会，审议学科、专业的设置，教学、科学研究计划方案，评定教学、科学研究成果等有关学术事项。"《中华人民共和国学位条例》中规定："学位授予单位，应当设立学位评定委员会，并组织有关学科的学位论文答辩委员会"，"学位论文答辩委员会必须有外单位的有关专家参加，其组成人员由学位授予单位遴选决定"，"学位论文答辩委员会负责审查硕士和博士学位论文、组织答辩，就是否授予硕士学位或博士学位做出决议"。学术权力是一种大学为了完成特定学术管理任务而设定的权力，并且是与大学学术组织和教师职责联系紧密的权力。

民主管理权力是法律规定的以一定组织为形式的民主管理及监督

---

① 张维红：《大学三种权力的历史、现状与反思》，《吉首大学学报》（社会科学版）2012 年。

② 秦惠民：《我国大学内部治理中的权力制衡与协调》，《中国高教研究》2009 年。

③ 同上。

的权力。① 在我国，是教代会组织实行民主管理和监督，大学教师作为主要的权利主体。不同的权利主体代表不同的利益，所以必须平衡内部民主治理和不同的力量的协调。

三 大学民主监督权

民主这个词来自希腊词"demos"，意为人民。它的定义是：在一定阶级范围内，按照平等原则以及少数服从多数的原则来共同管理国家事务的一种国家制度。在民主制度下，人们赋予立法者和政府最高权力。尽管世界各民主政体间存在着细微差异，但民主政府有着区别于其他政府形式的特定原则和运作方式。② 民主方式是由全体公民，直接或通过自由选举产生代表，行使权力及公民政府职能。民主是一系列原则和行为方式，它保护人类自由；它是自由的体制化表现。民主的原则是多数，以及个人和少数对民主权利的尊重。所有民主国家都在尊重多数人意愿的同时，极力保护个人与少数群体的基本权利。

监督权，是指公民有监督国家机关及其工作人员的公务活动的权利。它是公民的参政权中的一项不可缺少的内容，在国家权力监督体系中是一种最具活力的监督；它包括公民直接行使的监督权以及公民通过自己选举的国家代表机关代表行使的监督权，另外，公民的许多权利都具有监督国家权力的性质；作为参政权的一项内容的监督权，是一种直接的政治监督权；它主要包括四项内容，即批评权、建议权、控告权、检举权。③

我国的权力监督体制分为：自上而下的监督，平行机关的监督，自下而上的监督。其中，最能反映社会主义民主政治法律制度本质的是公民的自下而上的民主监督④。监督系统中自下而上能够确保公共

---

① 贺祖祯、王承就：《民主和谐大学建设》，《广西大学学报》（哲学社会科学版）2007 年第 3 期。

② 俞可平：《增量民主与善治》，社会科学文献出版社 2005 年版，第 95 页。

③ 李秀华：《民主监督与高校政治文明构建路径》，《扬州大学学报》（高教研究版）2010 年第 1 期。

④ 陈杰峰：《高校权力运行与民主监督》，《湖南社会科学》2008 年第 6 期。

权力为人民服务的根本目标，可以有效地防止公权力主体从社会公仆变成社会主人。我国在实现公民的民主监督权方面已经取得了比较大的进步，按照宪法的要求，结合我国国情，建立了一系列民主监督的法律制度。教师作为宪法主体所具有的监督权，表征教师监督权性质属于权利范畴，民主监督形式是自下而上，教师对大学管理主体的改革发展等行政活动具有批评、建议、检举和控告权。

四　大学教代会民主监督权

（一）人类发展史上的监督权

随着社会民主和法制的发展，"监督"一词的应用也更加广泛，监督普遍地存在于人们的生活当中。监督是在检察监督活动的运行过程中人们为了达到某些目的，可以说是一个动态的过程。① 它无时不在无处不有，监督实质上就是各权力之间的制约。"监督权总是伴随着监督的对象是对权力的监督，它们相互影响，相互制约，实质是监督主体进行监督行为，监管主体与被监督对象的能力抗衡，就是对权力的监督。"

在我国，监督权的概念并不是从来就有，只是在新中国成立后人民当家做主的思想深入人心后，有学者才把一些诸如批评建议权归为监督权。监督我们通常所说的主要是两个方面：一是公民监督权，这是由外部监督国家的司法机关，对公民授予起诉、投诉等国家权利。② 二是指行政机关内部监督，这是由国家授权的一些具体的组织来监督公职人员执行活动的权威。本书所探讨的教师的监督权就是指的第二种。

（二）大学民主监督权及其特点

大学可以说是人类思想和智力的高地，是民主实践的基地和民主理念的摇篮。我国高等教育科学民主化的发展顺应了现当代的潮流。大学的民主监督作为社会主义政治民主建设的重要组成部分，是以广

---

① 王晓红：《论高校民主监督的制度设计与运行》，《理论学刊》2007 年第 3 期。

② 直长运：《论新形势下高校民主监督》，《南阳师范学院学报》（社会科学版）2004 年第 11 期。

大教师为监督主体的对大学党政权力的运行进行的监察和督促。①

大学民主监督既是对权力的制约又是对权力的爱护。权力监督是社会主义民主建设的一个重要问题，它来源于民主党派对我国执政党的监督。在我国，大学民主监督权主要有以下特点：

其一，大学民主监督具有广泛性和积极性。② 它实质是针对大学政治文明发展和建设的方针策略及具体实施过程呈现的各种问题而提出的意见、建议。大学民主监督不同于国家的权力，有其独特的优点。大学党委要真诚地接受民主监督。作为大学政治文明建设，各民主党派应当充分履行其监督职能，这对完善社会主义政治文明内涵和大学改革成果都有重要意义。

其二，大学民主监督权有广泛的影响力。在民主监督的大学它是一种软监督，通过建议和批评意见，对大学的建设过程和参与社会产生影响力，使得大学师生民意得以广泛、及时而又充分地表达，这有利于大学相关职能部门及时了解情况发现问题并解决问题。

其三，大学民主监督权具有自上而下性。是一种自下而上的监督，也就是群众对领导的监督，现代政治学已经证明了监督的指向与权力的指向是一致的。也就是说监督的指向都应当是自上而下、平行及自下而上而又有机统一的，否则就会出现权力失衡的现象。然而，现实是权力失衡是我国大学内部存在的一种普遍现象。

其四，大学民主监督权是一种异体监督。也就是说，不是自我监督，自我监督就属于同体的内部监督，监督的客观性就会很难实现。本文所探讨的以教代会为组织形式的学术权力群体对党政领导的权力进行的监督，因其主要群体的不一，就决定了监督内容的客观性，有利于问题的发现和解决。

其五，大学民主监督权有其程序性。美国学者罗尔斯有"程序正义"的理论观点，根据他的观点，我们可以说大学应追求公平的程

① 李秀华：《民主监督与高校政治文明构建路径》，《扬州大学学报》（高教研究版）2010 年第 1 期。

② 庄民生、龙根勇：《加强和改进高校权力监督制约机制的若干思考》，《中国电力教育》2000 年第 3 期。

序，遵守这个程序，它的结果不一定公平，而不公平的程序导致的结果一定是不公平的。

与一般原则的制约力量不同，大学民主监督权利包括权力制约权利，权利制约权力两种模式，对权力制约机制的基础是以权利制约权力，也是推动其他机制有效运行的动力源泉。① 作为大学教代会制度的民主监督，是大学权力制约体系内容之一，它属于权利制约权力的监督模式。它的基本职能是对学校行政权力的约束，它具有警示、反馈及制约权力的功能，还有对教代会民意的提取和吸纳的作用，因此对学校行政权力而言，大学民主监督还是一种支持和服务。民主监督功能在于监督整个过程，能够使决策和运行机制科学化、民主化，民主监督的主要对象，有着共同的利益和目标，因此也没有对抗性强的问题，其核心是和谐地处理好各种利益。民主监督是对大学的监管模式，是对大学治理的补充。正确的监管模式是灵活的。②

（三）教代会民主监督权的内容及法律依据

1. 教代会民主监督权的内容

监督权内容是教代会的讨论建议权、讨论通过权、讨论决定权及监督评议权四权之一，其依据《中华人民共和国工会法》、《中华人民高等教育法》及《高等学校教职工代表大会条例》的相关规定。我国相关法律中，有许多都涉及教师民主监督的权利。

《中华人民共和国宪法》第十六条规定："国营企业依照法律规定，通过职工代表大会和其他形式，实行民主管理。"

《中华人民共和国教育法》第三十条规定："学校及其他教育机构的举办者按照国家有关规定，确定其所举办的学校或者其他教育机构的管理体制。学校及其他教育机构的校长或者主要行政负责人必须由具有中华人民共和国国籍、在中国境内定居，并具备国家规定任职条件的公民担任，其任免按照国家有关规定办理。学校的教学及其他行政管理，由校长负责。学校及其他教育机构应当按照国家有关规定，

---

① 张英：《论我国权力监督制约机制的架构及其运行要求》，《政治文明研究》2007年第12期。

② 同上。

通过以教师为主体的教职工代表大会等组织形式，保障教职工参与民主管理和监督。"

《教师法》第七条规定教师享有以下权利："对学校教育教学、管理工作和教育行政部门的工作提出意见和建议，通过教职工代表大会或者其他形式，参与学校的民主管理。"

《中华人民共和国高等教育法》第四十三条规定："高等学校通过以教师为主体的教职工代表大会等组织形式，依法保障教职工参与民主管理和监督，维护教职工合法权益。"

《中华人民共和国工会法》第十六条规定："全民所有制和集体所有制企业事业单位违反职工代表大会制度和其他民主管理制度，工会有权提出意见，保障职工依法行使民主管理的权利。"

《高等学校信息公开办法》第二十三条规定："高等学校内设监察部门负责组织对本校信息公开工作的监督检查，监督检查应当有教师、学生和学校其他工作人员代表参加。"

《学校教职工代表大会规定》第一条和第三条分别规定："为依法保障教职工参与学校民主管理和监督，完善现代学校制度，促进学校依法治校，依据教育法、教师法、工会法等法律，制定本规定。""学校教职工代表大会（以下简称教职工代表大会）是教职工依法参与学校民主管理和监督的基本形式。学校应当建立和完善教职工代表大会制度。"第七条还规定："通过多种方式对学校工作提出意见和建议，监督学校章程、规章制度和决策的落实，提出整改意见和建议。"

《高等学校章程制定暂行办法》第三条规定："高等学校应当公开章程，接受举办者、教育主管部门、其他有关机关以及教师、学生、社会公众依据章程实施的监督、评估。"第十二条规定："章程应当明确规定教职工代表大会、学生代表大会的地位作用、职责权限、组成与负责人产生规则，以及议事程序等，维护师生员工通过教职工代表大会、学生代表大会参与学校相关事项的民主决策、实施监督的权利。"

在前文罗列有关民主监督的法律法规中，我们可以发现，从《宪法》、《教育法》、《高等教育法》、《教师法》、《工会法》、《高等学校信息公开办法》、《高等学校章程制定暂行办法》到《学校教职工代表大会规定》等法律法规中，都对民主管理及监督权利主体的教师赋予了相关权利，而这种权利又是通过教代会这个基本形式作为载体来实现的。因此，法律规定了教代会的民主监督权，而教代会又使这项权利成为现实，一者理论，一者实践，两者相辅相成。这些法律保障都是大学民主监督权的合法性基础，也是教师行使其民主管理及监督权利的基本法律依据。

民主监督的"监督"两字，顾名思义，就是监视、监察和督促的意思。其中监视的"视"和监察的"察"，都是指有意识地在旁边看。在高校，民主监督有多种形式，如民主党派民主监督、党的纪律检查委员会的民主监督和教代会的民主监督。与前两者不同，教代会民主监督属于群众监督的范畴。但不是群众个人自发、随意、无序的监督，而是自觉的有组织的制度化的监督。教代会民主监督的对象，有广义与狭义之分。由于我国高校普遍存在的党政分工模糊的客观现象，广义的教代会民主监督对象包括党政所有职能部门的领导及其工作人员。而狭义的监督对象主要是学校各级行政机构的领导及其工作人员。因为，学校党委与教代会的关系是领导与被领导的关系，而教代会与学校行政的关系才是真正意义上的监督与被监督的关系。

高校教代会民主监督，既没有必要，也没有能力什么都监督。不仅内容上要有所侧重，而且要有必要的形式和程序，必须以有关的法律法规为依据。就内容而言，如教职工的职称评定、住房分配、奖惩，党政干部的廉洁自律与工作态度等，它的侧重点在于维护和保障教职工的各种权益。就形式和程序而言，要通过教代会及其职能机构提案工作委员会来实行。

可以说，不论是从教代会制度本身，还是从国家立法来看，教代会都有着它自身的发展历程，都是依据以上七部法律法规而设立的，因为有明确的法律规定，因此教代会的法律地位可以得到确认。

（四）教代会制度的法律地位变迁及其监督功能

1. 教代会制度的法律地位变迁

我国大学教代会制度从改革开放后到今天已经经历了从试点到制

度、从制度到法制、在法制的保障下不断发展这三个阶段。

1978 年教育部颁布《全国普通高等学校暂行工作条例（试行草案）》，提出定期举行师生员工代表大会。1980 年全国各地中小学校试点建立教代会制度。1983 年，教育部和全国教育工会在北京召开了"高等学校教职工代表大会工作座谈会"，这为大学确立教代会制度奠定了良好的基础。在经过试点的几年之后，1985 年颁发了《高等学校教职工代表大会暂行条例》，明确规定了大学教代会的性质、职权、代表、组织体系、运行机制等。至此，大学教代会制度正式确立，这是制度化的转折。教代会的发展步伐也因此加快，1995 年北京市下发《关于进一步健全和完善高等学校教职工代表大会建设的意见》。1998《高等教育法》的颁布，成为明确大学教师监督权的法律保障。1999年教育工会下发《关于推进校务公开工作的意见》，提出校务公开应当以教代会为基本载体，完成大学的管理工作和民主政治建设。随后，大学都逐步建立了校务公开制度。2012 年 1 月 1 日也正式施行新的《学校教职工代表大会规定》（以下简称《规定》），其中对教代会设立的目的、定位以及与校党委行政的权责关系都作了明确规定，其中总则第一条制定规定的目的就明确了民主监督权："为依法保障教职工参与学校民主管理和监督，完善现代学校制度，促进学校依法治校，依据教育法、教师法、工会法等法律，制定本规定。"总则三、四、五条"学校教职工代表大会（以下简称教职工代表大会）是教职工依法参与学校民主管理和监督的基本形式；教职工代表大会应当认真参与学校民主管理和监督；教职工代表大会和教职工代表大会代表应当遵守国家法律法规，遵守学校规章制度，正确处理国家、学校、集体和教职工的利益关系"。总则第六条"教职工代表大会在中国共产党学校基层组织的领导下开展工作。教职工代表大会的组织原则是民主集中制"等都规定了教代会为民主管理与民主监督的基本组织形式及民主集中制原则。

从我国教代会制度发展的历程中可以看到，教代会法律地位的确立，是依法治校的重要内容，但从实践层面来看，广大教师的法制意识还很薄弱，教代会的作用目前也没有发挥得力。要提高教师民主参与的积极性，完善教代会制度，继续实行教代会四大功能，教代会制度建设应与时俱进，在政策和法律法规的保障下不断延伸发展。

2. 教代会民主监督的功能

在上文中我们谈到，民主监督的本质就是权力的制约，在政府的管理中是这样，同样在大学内部管理中也是如此。对大学来说，民主监督的根本目的就是有效遏制内部权力的滥用，并且规范权力的运行。衡量大学民主监督是否完善，就要看教师群体对大学权力方行为的制约状况。如果没有这种制约，也就没有民主监督。

对大学教师而言，其既是国家普通公民，又是大学内履行教学科研的专业人员。不管是作为公民还是教师，都拥有国家法律法规所赋予的关于民主监督的基本权利。随着时代的变化与发展，以及大学内部管理体制的几经变化，教代会一直是大学民主管理和民主监督的最基本形式从未改变。我国大学教代会制度经历了 30 多年的发展，它的机制正逐步完善，功能也愈加健全，教代会民主管理与民主监督功能表现在以下几方面：

第一，教代会有政治的功能。在大学建立教代会制度，并作为教师参与大学民主管理和监督的基本制度，适应了三个层面的政治要求：教代会适应了大学内部管理民主化的微观层面的要求，在大学党委领导的校长负责制的同时，教代会制度不仅实现了内部的权力监督和制约，还可以充分发挥教师的积极性，实现大学内部管理的科学化和民主化；教代会中落实党的知识分子政策和大学教代会制度的要求，高等教育的改革是党和政府的推动力量。同时，大学教代会制度在促进高等教育改革中也发挥了重要作用；教代会制度和人民代表大会制度相呼应，确保实现教师为权利主体的大学，民主政治需要宏观层面的政治参与，民主管理，民主监督，在某种意义上它是人民代表大会制度在大学中的延伸。① 因此，教代会制度具有从一开始就很强的政治功能，在新形势下要进一步坚持和完善它的基本功能。

---

① 张英：《论我国权力监督制约机制的架构及其运行要求》，《政治文明研究》2007年第 12 期。

第二，教代会有监督的功能。大学内部民主监督的最基本形式是教代会，教师通过校院二级教代会行使管理权利，根据民主管理和利益相关者理论，建立大学教代会制度有三个主要目的；一是审议大学内部的有关重大决策，以保证大学内部决策的民主性和科学性；二是维护教师的合法权益，确保教师的政治地位的领导；三是民主评议领导干部，对各级大学内部党政领导干部的监督，确保相关政策在大学权力运行的法律和法规的遵循。① 由此我们可以看出，以上三个目标的实现都少不了民主监督，因此，监督功能可以说是教代会最重要的功能。

第三，教代会有民主管理的功能。《规定》明确了教代会七项职权。其中听取学校章程草案的制定和修订情况报告；听取审议学校发展规划、教职工队伍建设、教育教学改革、校园建设以及其他重大改革和重大问题解决方案的报告；听取学校年度工作、财务工作、工会工作报告以及其他专项工作报告表征教代会的审议建议权；通过学校提出的与教职工利益直接相关的福利、校内分配实施方案以及相应的教职工聘任、考核、奖惩办法等条款表征了教代会的决议权通过决定权，阐明了教代会的民主管理内容和事项，使教师法律权利成为现实权利，教师作为法律主体成为现实。通过行使审议建议权、决策权和监督权，体现教师当家做主的地位，一定意义上也体现了利益相关者主体利益，教代会制度还具有组织和管理教师的功能，教代会是大学以教师为主体行使民主权利、参与大学内部民主管理和监督的方式，是教师作为法律主体的组织制度化渠道的基本组织形式，参与学校的民主管理，鼓励教师通过努力来完成这项任务的责任感，对大学内部权力运行进行监督。② 在新的形势下，教代会制度的管理功能应逐步扩大，增强广大教师参与大学内部民主管理和监督的积极性、主动性和创造性。

第四，教代会有权益保护的功能。教代会制度的基本功能之一就

① 刘长安：《加强高校民主管理的几点思考》，《中国高教研究》2008 年第 11 期。

② 林少菁：《试论教代会在提升高校教职工群体权力中的作用》，《工会论坛》2011年第 6 期。

是维护教师的合法权益，大学教师聘任制改革在不断深化的同时，教师和大学，教师和大学的利益之间的劳动关系发生了深刻的变化，教师的权益由传统基本上是取决于国家，逐渐成为取决于教师与大学之间的契约，教师和大学之间的关系从行政法律关系逐渐转变为契约关系；特别是随着社会主义市场经济体制改革和大学后勤社会化的进展，教代会制度原来以社会福利分配为主要功能也在逐渐减弱，甚至会逐步消失，在中国，大学和教师的利益，制度保障教师的合法权益的功能应得到加强，教代会应该提倡和保护教师的合法权益。①

3. 教代会民主监督权行使程序

程序是从教师的法律权利到现实权利转化的过程，程序完善可以有效防止监督权实施过程中的软弱性及随意性，保证现实权利实现过程的合法，保证权利实现过程的严格和平等，程序虽然不必产生最后的结果公正，但能预防一些重要的实质不公正。

程序公正是有效限制权力的恣意和滥用的基础；有利于实体公正的实现，同时，程序公正不仅是追求实体公正的工具及手段，而且与实体公正都是法律追求的目标，现代法治精神理念即是以程序公正为本，具有独立和优先于实体公正的法律价值，程序乃法治之枢纽，应体现及落实在大学依法治校的法治理念之中。教代会民主监督权行使的程序主要包括：公开公示制度、民主参与制度、民主评议制度、闭会期间的巡视制度、质询制度、对话恳谈制度、旁听制度等。

五　大学民主监督权价值意蕴

（一）大学民主监督权是约束大学权力规范运行的基础

孟德斯鸠曾经说过："一切有权力的人都容易滥用权力，这是亘古不变的一条经验，有权力的人们会使用权力一直到遇到有界限的地方才休止。"权力与权力的制约也紧密相连，权力必须要有监督和制约，才不会产生腐败。

---

① 祁占勇：《高校教职工代表大会的法律地位与权利边界》，《高教探索》2012 年第5 期。

我国大学权力主要有政治领导权力、行政权力、学术权力和民主管理权力四种，随着高等教育管理体制改革的深入，大学办学自主权将不断扩大，大学领导干部和相关职能部门的权力也越来越大，权力和权力的制约是同时存在的。因此，民主监督权作为大学内部的权力制约是特别重要的，民主监督权利的制约性，可有效防止权力腐败，规范大学内部权力运行。

（二）大学民主监督权有助于完善大学管理体制

马克思的唯物主义告诉我们，群众是真正的英雄，在教学、研究和服务的大学的各项活动中，如何管理和监督，教师有更多的发言权。因此，教代会的民主监督能更好地落实大学的三项职能，并且更好地实现大学的建设目标。设立教代会的目的是为了完善现代大学制度，并促进依法治校，保障教师群体参与民主监督和管理，维护其权益。

《纲要》精神中明确了依法办学、自主管理、民主监督、社会参与是现代大学制度实现的主要内容。教育部在 2013 年《关于深化教育领域综合改革意见》（以下简称《意见》）在改革管理体制的第五条提出"明确高校治理结构。加强高校教职工代表大会机构建设，完善决策程序，规范高校内部权力运行，推进科学民主决策，建立社会参与和监督高校办学的有效机制"。从法规到推进大学治理结构完善的法规和推进方案都明确了教代会是民主监督的主要形式。宏观地说，教代会的民主监督是现代大学制度的有机组成部分；微观地说，教代会则是大学管理体制和治理结构的具体体现。我国大学组织具有很强的"科层制"观念，集权传统与行政权力主导，决策主体单一、决策随意性并不鲜见，教代会作为大学内部治理结构的有机组成，其民主监督权对于大学科学决策，大学管理的民主都至关重要，这也是建设世界一流大学的前提。

（三）大学民主监督权有助于实现教育民主法制化

教代会的民主监督权指的是一种以教师为主体的权利，是以教师为主体的群体对党委领导及行政人员的行政领导权力的制约的权利，这种权利是自下而上的一种权利，代表多数人参与的政治变革过程，体现了民主化。学校党委是决策机构，学校行政部门是执行机构，教代会是监督机构，它们各行其责。可见，教代会在大学工作中的重要地位和作用是无法替代的，诸多法律法规对教代会的规定是有其内在逻辑的。

高等教育法制化要求大学民主管理依法治校，是在法治精神观照下，在党委领导框架下，依照法律法规行使国家教育权和保障学生受教育权，为实现国家教育权和保障受教育权，大学应依法行使大学自主权和民主监督权，依法管理学校的公共事务和学术事务。《教育部关于加强依法治校的若干意见》（以下简称《意见》）中明确了六个方面的宗旨：转变政府管理职能，依法行政；是依法治校的前提和保障；大学依据国家法律法规健全管理制度；推进民主建设，完善民主监督；加强法制教育，提高法律素质；严格教师管理，维护教师权益。在完善民主监督方面，《意见》明确提出要进一步完善教职工代表大会制度，切实保障教职工参与学校民主管理和民主监督的权利，保证教职工对学校重大事项决策的知情权和民主参与权。全面实行校务公开制度，学校改革与发展的重大决策、学校的财务收支情况、福利待遇以及涉及教职工权益的其他事项，要及时向教职工公布。《意见》涉及的制度完善、民主监督权的保障、校务公开公布等具体化都是法制精神和依法管理的主要内容。从制度层面看，民主监督权有助于教育法制化。

第二节　公立大学教代会民主监督权运行反思

本研究试图通过访谈调查了解我国大学教代会民主监督权运行的现状，并辅之案例分析，深入探究我国大学教代会民主监督权运行存在的问题，尝试提出我国大学民主监督权行使制度完善的相关思考。

一　访谈基本情况

（一）样本选择依据

本项研究选择了一所大学教代会运行情况进行调查。J大学是一所省属重点教学研究型大学，从 2009 年至 2013 年五年间党委书记更换了三任，教代会制度运行受到明显影响。2012 年上一任书记因年龄退休，新一任党委书记刚到任，就搁置了上年教代会讨论通过的《业绩津贴分配方案（草案）》、《新建教职工周转房入住方案和计分办法》等关系到教职工切身利益的决议；2013 年又一任党委书记三月至七月未到位履职，教代会未按时召开，本研究只收集了 2014 年第七届三次教职工代表大会会议材料，包括会议提案收集、上届提案处理结果、校长工作报告、财务工作报告、本届提案收集等会议内容材料及会议程序材料等，获得了样本大学第一手材料，并对教代会代表进行了访谈。样本学校教代会制度运行不够健全，具有典型性，有利于开展大学教代会监督权研究。

（二）调查访谈对象选择

为获得大学党委领导对教代会性质地位功能及教师权利的认识，本研究的访谈对象选择了分管工会的校级领导，为访谈能获得被访谈者的支持，代表选择了一个学院校教代会的直接参与者，作为中层干部的当然代表院长、书记、副书记以及教师代表五个分析对象，因本文研究对象为教师，故访谈中的七个代表只选择了教师，即使是以行政职务身份作为当然代表，也是学院的专业教师，具有专业背景，有利于获得教师权利观访谈的资料，有一定代表性。为获得真实访谈信息并尊重被访谈者个人要求，本调查已隐去访谈对象的姓氏，分别用序号代替。本调查 2014 年 4 月在 J 大学的一个文科学院进行。调查对象分布情况详见表 6 - 1。

表 6 - 1

序号	姓名	性别	院校与系部	职称/职务	代表类型
1	教师一	男	学院	学院院长	当然代表
2	教师二	男	学院	学院书记	当然代表
3	教师三	男	学院	工会主席	当然代表
4	教师四	男	学院	副教授	教师代表
5	教师五	女	学院	讲师	教师代表

（三）访谈方法

根据研究目的和研究问题，采取访谈法与个案分析法相结合的研究方法。本研究主要针对两个研究假设分别作了两个访谈调查提纲。对教代会的领导及代表进行访谈，就教代会性质地位、功能以及教代会运行程序问题，分别对直接管理工会的大学副书记和中层干部学院书记、直接参与教代会的教授及教代会代表进行了访谈。随后对所得第一手资料进行整理以及相关文本进行定性分析。

（四）调查研究假设和研究程序

1. 研究假设

依据本文研究思路和治理理论，以及对已有研究的分析基础上，提出相关研究的假设，包括理论假设和问题假设。

理论假设是：

（1）大学权利主体和权力主体的权利意识是教代会民主监督权利运行的前提，是现代大学制度下的教代会制度运行的有效保障。

（2）教代会制度是法律权利走向现实权利，是权利转化及实现的保障。

（3）民主监督权利运行程序是现实权利实现过程的合法性保证，保证权利实现过程的严格和平等，程序完善可以有效防止监督权实施过程中的软弱性及随意性。

问题假设是：

（1）教师民主监督权意识淡薄；

（2）领导者尊重权利意识薄弱；

（3）教代会地位和作用弱化；

（4）大学校务公开不足；

（5）民主监督程序缺失。

2. 研究程序

（1）发现问题，形成假设。运用文献资料以及对教代会制度理论的深入了解，发现问题，并使问题进一步具体化，进而提出研究的理论假设和问题假设，确定调查的对象、研究思路和研究方法。

（2）设计研究框架。相关问题和假设确定后，建立一个研究的框架，明确选择调查对象的依据，并对其进行定性分析。

（3）收集案例大学教代会实施管理制度等一系列资料，并对其进行分析。依据假设的问题设计访谈提纲，进行访谈调查。

（4）分析资料，得出结论。通过对访谈调查及文本所反馈的信息进行分析，发现教师民主监督权运行存在的问题，并以此作为大学民主监督权运行的相关思考的基础和依据。

二 调查结果分析

在访谈的五位教职工代表中，有三位非教师代表和两位教师代表。案例大学教代会中的教职工代表大致可分为两类：一是未担任任何职务的普通教师代表，二是在院系或职能部门担任一定管理职务的教职工代表，院长、学院党委书记、工会主席，这三位当然代表虽以行政职务身份获得代表资格，但他们都是具有专业背景从事专业教学科研的一线教师，对教师权利及制度认识更具有代表性。

（一）代表对教师行使民主管理及监督权的认识

1. 管理者尊重教师参与权的意识薄弱

我国的大学都是由党委领导，大学里的权力也都由政治领导权力和行政权力所充斥着，管理者作为这两种权力的权力主体，相对于以普通教师为主体的学术权力主体来说，总是显得那么高高在上。不具有法律制约权力的约束力，普通教师的学术权力总是要制约和服从于政治权力，并且受它的支配。普通教师的民主监督权利仿佛软弱无力，得不到重视。从与教师代表的接触中访谈者明显感觉到，他们对参与学校民主管理与监督最初都有着强烈的愿望，这种愿望部分地源于法律法规赋予教师代表参与学校管理与监督的权利，但更多的是源于教师代表的自身因素，如他们的社会责任感和民主法治思想。

以下是访谈者对案例学校校级领导的访谈摘录：

> 访谈者："您作为校级领导，又是教代会大会主席团成员，对教师通过教代会制度行使权利怎么看？教代会制度能充分行使教师的监督权利吗？"

校级领导："国家有关法律政策制度都有规定，但在实践中应该重视和有待于完善。"

对教师四的访谈中的"题外话"引人深思。教师四是具有博士学位的年轻教师，具有很高的参与热情与责任感，正是这份责任感促使他想要通过教代会真正参与学校的民主管理与监督。教师四曾主动提出担任教职工代表，并曾利用各个机会向学校领导反映关于学科发展、教师绩效考核、职称评定与职务聘任及周转房使用等建议，但依然没能当上教代会代表。

笔者对我国多数大学的教代会规定或是实施细则进行了比较还发现，多数大学用大量篇幅规定了教代会工作的操作层面问题，比如教代会主席团如何产生，提案如何办理，如何确定会议的议程，但这些规定没有涉及教师的实体权利，教师真的参加会议或参与学校管理和监督与民主权利不能得到真正的保证。比如提案和教代会会议是普通教师代表行使权利的两种重要途径，教代会的提案和会议议程在实施细则中都会做出规定，但却并未规定当教代会工作机构未能按照制度和规定办理时责任由谁承担、责任应当如何追究等，没有责任就意味着没有权利，在这样的规则体系下，教代会的监督功能很难得到实质性保障。有教师代表就曾说：学校里没有任何一条规定凡事都要教代会通过才可以，既然教代会连权利都没有，何来尊重？

2. 教师民主监督权意识淡薄

我国现行法律文件中，有很多条款规定了教师的民主权利，但教师权利的内容是原则性的，缺乏可操作性，没有配套的具体实施细则，这就致使教师既不善于监督，也不敢于监督，也就不想监督。大多法律法规自上而下的要求颇多，而教师自下而上的自觉甚少。毫无疑问，教师本身缺乏民主的意识和民主的作风也严重阻碍了教师行使民主权利。由于法治的发展仍然处于低水平并且法律普及也不充分，教师本身民主的意识和民主的作风都没有得到好的熏陶和锤炼，敢于"为民请命"和"仗义执言"的教师少之又少，这就使得教师的民主权利缺失与薄弱，大学法治化和民主化水平也有待于提高。

通过访谈者对教师五的访谈摘录，也可以得到印证：

访谈者："您作为学校教代会教师代表，了解教代会制度吗？对教师通过教代会制度行使权利怎么看？教代会制度能充分行使教师的监督权利吗？"

教师五："我们都不知怎样当上的代表，反正得到通知说是代表并要开会。""这要问院里工会主席。他应该比较清楚，我们平时课多，科研任务重，没时间想这些。反正就是开开会……"

教师四："教代会？教代会不就是'投票机器'、'政治花瓶'呀……"

大学教师对民主监督的认识普遍不到位，教师教学科研任务重，学校情况根本也不了解，代表责任意识弱，不知如何监督及监督哪些工作。我国大学的监督工作主要是通过民主党派组织、教代会制度和工会等形式相结合，对学校重大问题进行讨论，并在维护教师权益、团结各方力量等方面取得了许多成绩，但没有充分发挥监督作用，也没有产生重要的实质性影响。由于缺乏制度上的保障，普通教师参政意识不强，监督意识淡薄；即使是学院党政领导对教代会的监督作用也了解甚少。

（二）教师代表对教代会制度的看法

教代会制度是我国现代大学管理的基本制度。民主监督也是教代会的基本职能。近三十年以来，我们做了不少有关教代会民主监督方面的工作，民主监督在大学治理中发挥着重要作用。但就现实而言，教代会民主监督仍然是薄弱的环节，存在很多问题。开不开教代会或者开会提交的建议和批评，程序已经通过，但是领导可以接受也可以不接受，事关教师利益形成的决议，可以随意推翻不按照决议来作为；接不接受、行不行事都要看是不是符合领导的意思和所处的利益关系如何，许多提过的意见、建议和批评都"说了也白说"，根本达不到应有的监督效果。从现实情况看，在案例大学中，提案和参加一年一度的教职工代表大会是教职工代表的两项主要权利和义务，也是教职工代表通过教代会参与学校民主管理与监督的两个重要途径。但当教师代表怀着满腔热情参与教代会的时候，他们发现，现实中的教代会可能并不是自己想象中的那个样子。

以下是访谈者对教师二的访谈摘录：

访谈者："学校教代会制度执行过程中有实施细则的操作制度吗？对教代会制度地位功能你怎么看？"

教师二："是在学校党委领导下的，教职工依法参与学校民主管理和监督的基本形式。通过会议制度这一法定形式，具有广泛的代表性，也有一定的权威性。学校长期以来形成了每年一会制度。"

访谈者："学校教代会制度运行正常化程度如何？前两年教代会未如期召开，您怎么看？2012年学校并未召开教代会，向代表说明上一年表决通过的教师绩效考核制度及周转房分配方案的决议变化的原因，且没有任何条文明确若未能执行教代会决定时责任由谁承担、应当如何追究，您如何看？"

教师二："这两年有些特殊情况。这前年新任书记考虑到政策的变化，所以对学校的工作有些调整。上一年是因为新任书记没有到位。"

教师二是学院党委书记，多年在校工作且多年从事党务工作，对学校教代会制度的了解情况，他不正面回答访谈者的提问，可能与其职务角色有关。

以下是访谈者对教师三的访谈摘录：

访谈者："学校教代会制度执行过程中有实施细则的操作制度吗？对教代会制度地位功能你怎么看？在实践中如何行使监督？"

教师三："没听说过，开会时没讨论过，工会网页上没挂出来可能就没有。""地位吗？是在学校党委管，党委领导，并不是独立的。""就是开会啊！今年开会前才接到通知，提案，我是学院工会主席，去年是说了，今年没有啊，我在外出差，没得到通知要收集提案，很晚才得知开会。"

访谈者："学校教代会制度运行正常化程度如何？前两年教代会未如期召开，您怎么看？2012 年学校并未召开教代会，向代表说明上一年表决通过的教师绩效考核制度及周转房分配方案的决议变化的原因，且没有任何条文明确若未能执行教代会决定时责任由谁承担、应当如何追究，您如何看？"

教师一："我们没时间去打听。只是开会时听听。不清楚学校为什么两年都没开，会议决定都能随便更改，也不知出于何种原因，即使有原因，也应在教代会上充分征求教师意见讨论通过，再说，通过时是以鼓掌通过，也无法投反对票啊，即使反对，分组讨论时，各组都会反复做工作，要大家同意。没有机会不同意。""唉，恐怕这也是普遍现象。"

（三）代表对监督权运行程序的看法

1. 大学校务公开程序不足

教代会民主监督权行使程序缺陷，是现行制度的重要问题所在，民主监督的程序至少应由三个环节组成，即监督信息的获取和传递，监督主体向监督客体提出批评、意见和建议，监督客体把接受的批评和建议结果反馈给监督主体。由此我们可以看到民主监督运行程序中，信息是否公开？路径是否通畅？信息是否全面？代表的监督程序，本应有制度性的规定，程序缺失必然导致内容不民主。

《学校教职工代表大会规定》中关于教代会职权规定的四项有关校务公开权利：听取校长的工作报告，讨论学校的年度工作计划、发展规划、改革方案、教职工队伍建设等重大问题，并提出意见和建议；讨论通过岗位责任制方案、教职工奖惩办法，以及其他与教职工有关的基本规章制度；讨论决定教职工的住房分配、福利费管理使用的原则和办法，以及其他有关教职工的集体福利事项；监督学校各级领导干部，可以进行表扬、批评、评议、推荐，必要时可以建议上级机关予以嘉奖、晋升，或予以处分、免职。"听取"的意见建议权、"讨论通过""讨论决定"的通过决定权都必须以校务知情为前提。但实践中存在的问题表现在以下三方面：首先，领导干部的认识及对民主监督这个概念的理解有问题，同时对校务公开存在顾虑。关键在于大学领导干部的民主思想特别是主要领导。领导认为只要好好工作，大学开放可有可无，甚至对日常工作的效率产生影响。另外，对公开的内容产生顾虑，怕引起一些对大学发展不利的因素。大学不注重自律与自我要求，会影响大学的科学发展和建立完善的现代大学制度。其次，在公开内容方面的回避。有许多大学对教师主体最关心关注最想知道的事项，如大学财务收支情况，特别是大学经费使用情况等很难知晓，这也是近年来大学频发经济腐败的原因之一。最后是需要进一步提高教代会代表整体素质。教代会代表的参政议政水平是搞好校务公开，提高校务公开效率的保证，这是健全大学自治、教授治校、民主管理民主监督等现代大学制度的前提和基础。以下访谈也可以反映校务公开不足的问题。

以下是访谈者对校级领导的访谈摘录：

访谈者："程序是教师权利落实的保障，甚至可以说，民主正当的程序是实体权利实现的保障，教育部曾要求大学向社会公开信息，出台了《高等学校信息公开办法》，之前早在2002年就出台了《关于全面推进校务公开工作的意见》，您对大学校务公开怎么理解？您认为哪些内容需要公开？教代会的监督程序效果如何？"

校级领导："工作头绪很多，学校应该会自律。按信息公开办法及校务公开的要求，学校在探索过程中的许多尝试，若是社会不理解，教师不理解，会影响工作效率和学校声誉。"

"校务公开事项及程度有个过程。学校是按国家政策规定做。教师的提案有的还是质量较高，关心学校发展。监督权行使依赖于教师参与的积极性，对学校重要工作和事项的监督，对干部的德能勤绩，主要由上级和本校组织部门进行。一般而言，对重大事项的监督相对弱一些，这在其他高校也是普遍现象。"

以下是访谈者对教师代表的访谈摘录：

"教育部曾要求大学向社会公开信息，出台了《高等学校信息公开办法》，之前早在 2002 年就出台了《关于全面推进校务公开工作的意见》，您对大学校务公开怎么理解？您认为校务公开过程中教师责任何在？"

教师四："校务公开是对教师知情权的尊重。若是学校情况都不了解，谈何参与管理，又怎么能行使监督？教代会有关规定也明确了相关内容，只是多数教师太忙，顾及不到，有些教师对福利关注多，对学校重大事项关注少；还有个别教师只关注个人自我利益，不能行使代表职责。代表遴选很重要，代表素质很重要。"

教师四："从信息公开内容来看，学校的信息没什么特别啊，学校主页公布的东西也不多。信息获取路径主要还是校长工作报告。经费相关报告只是听个基本。背景相关资料都不了解。"

教代会校务公开虽然有校长报告、财务报告、提案处理报告等，但公开渠道不畅，尤其是相关法律法规的实施和有关领导为政清廉诸方面，教代会获取信息的渠道还很不通畅，有的是明通实则不通，有的是通而又不畅，这就使得教代会获取的监督信息不明、片面不全，只能停留于表面监督。党委领导主动与教代会的沟通也远不够。教代会没有良好的沟通渠道，在建议和批评等信息送出时，因为有筛选而造成失真。在闭会期间没有及时和有效的巡视制度和工作制度，民主监督的效果很不理想。

2. 教师参与度逐渐降低

一年一度的教职工代表大会是教职工代表行使监督权的核心环节和必需的程序。在教代会会议期间，需要对学校一年来的工作进行审议评议。

近几年，案例大学对教职工代表大会的议程进行了修改和完善，除主会场外还设立了三个分会场，即专题讨论会，每年的主题和内容大致相同。在谈到一年一度的教职工代表大会时，教师代表表示，学校新换党委书记，为了否决通过了教代会决议，就不开教代会；学校缺了半年书记，就开不成教代会。即使开会，教师形容会议效果，用得最多的几个词是"官样文章""没有实质性""走形式""新闻发布会"。

访谈者："有效参与是监督权法律权利向现实权利转化的前提，你认为学校教师对教代会参与效果如何？教代会的监督程序效果如何？"

教师四："代表参与程度实际上跟它发挥的作用有的时候是相关的，知道它没什么作用，所以参与的热情就越来越低了。上一年教代会讨论又增加一个校区，学校刚从新校区建设的债务中走出来，代表反对也没用，反对也只是会延长开会时间，领导总是解释，不就是劝大家投票啊。"

教师三："教代会每年开会就是听校长工作报告，然后大家再跟政府工作报告一样认真学习一下，然后说的是大好形势一片，我们鼓鼓掌就算了。"

教师代表原本非常希望能代表教师群体在教职工代表大会上对学校的工作和发展充分发表意见和建议，并希望自己的意见和建议能够收到实际效果。显然，教职工代表大会的这一现状挫伤了教师代表的参与热情，使之陷入失望、无奈和"无所谓"的状态中。他们看到的是一个近乎"形式主义"的大会，自己身处其中其实并没起到多大作用，于是开始对教代会产生怀疑：教代会到底是干吗的？它想干吗？能干吗？

教师四说："全是官样文章，那个稿子都事先发给代表了，然后开会的时候就是相关的人上会上把这些已经发给大家的稿子再念一遍。"

教师二认为："原来还表决一些议案，现在代表没有任何权力决定任何事情，只是听众而已，都是走形式，官话多，报告不需要通过，是用来学习的，只是个新闻发布会而已。"

教师四说："我经常觉得，真的能够起到什么作用吗？心里也会有这样子的一个怀疑吧。"

教师二说："这种心态影响到了教师代表的参与。"

教师五说："如果没有用，那谁参与啊？我早就不想参与了？参与情况和讨论的议题没有关系，和讨论的效果有关系。人家都不把你当回事儿，你自己把自己当回事儿干吗呢？"

教师五甚至说："我没兴趣当代表，我早说你们赶快换届吧，我也不用去凑这个热闹了，为什么没兴趣呢？起不了什么作用，我对它有啥兴趣？像我刚才跟你说的这些问题，学校发展的长远问题，我是想了，但我想也白想，那我就只好自己想了，我只是因为感慨比较多，说了半天也没什么用，整个大环境我也改变不了，不要说大环境我改变不了，连我这小环境我也改变不了，我也很无奈。"

在提案的参与程序中，每年开教代会的时候，案例大学都会鼓励代表广泛收集并提交提案，并且还制定了一套流程保证提案得到答复。也就是说，只要是提交上去的提案，就一定会收到答复，这是制度设计中好的一面。然而，在提案这一回复制度环节，仍存在一些问题不能让教师代表满意。

对于提案的处理结果，所访谈的 5 名教师代表的提案几乎都是无果而终，正如教师二所说的那样，"应付的多，实质解决的少"。至于提案的执行情况，没有人知道。教师四讲述了他提交的两个提案遭遇的情况"第一个提案提交上去以后，过了一年，到下一届教代会的时候，就说这事儿办不了，不符合政策"。可能正是由于这一次的碰壁，以至于他的下一个提案在若干年后得以解决时，并不相信这是自己的提案从中起到了作用："但我估计也不是我的提案起的作用，因为他给我答复的时候没那么说，都过了好久了，肯定不是我一个人呼吁的。"教师三也提过两个提案，但当问及提案执行的结果时，他回答说并不了解。教师二则说在担任代表的头两年提过提案，学校给过一些建议，学校也打过电话找教师四等代表了解过，然后就不知道怎么样了……

虽然案例大学的教代会制度有征集提案和保证提案得以答复的制度设计，教代会召开前也会通知教师代表提交提案，但这一制度设计却是不全的，虽然有最初的征集环节和最后处理结果答复环节，却少了中间最为重要的反馈处理环节，对于提案得到答复的速度漫长而常常又无疾而终，对提案的处理往往解释过多，让人不能置信。

第三节　公立大学教代会民主监督权的完善

教师民主监督权是教代会制度保障的基本权利，也是教师法律规定权利内容之一及表现形式。民主监督权运行之完善取决于权利主体的自觉和强烈程度；权利制度对制约监督的保障程度；制约公共权力的程序手段的数量及有效程度。我国大学民主监督是社会主义民主政治建设的重要环节，是以广大教师群体为主的监督主体对大学党政权力的运行监察、督促，涉及大学内部方方面面的管理活动。大学的有效监督能维护师生合法权益，更好的应对当前的高等教育法制化民主化的挑战，有利于完善大学内部治理结构，探索建构现代大学制度，使我国高等教育迈上一个新的台阶。

从大学组织成员构成来看，中国知识分子以大学为基本活动空间，大学教师作为民主意识最强，民主权利要求最迫切的群体，特别是当下物质极大丰富的生活条件下，教师群体对民主政治参与，民主意识表达，参与管理各事务的愿望应很迫切也应有很大热情，作为大学民主精神和法制精神的传承者和发扬者，民主监督权是历史和现实赋予他们的自然权利。

一　明确教代会监督功能，强化教师民主监督权主体地位

（一）明确教代会的民主监督功能

大学教代会的功能有政治功能、监督功能、管理功能和权益保护功能。这四个功能的目的在于保障教师参与大学民主管理和监督，完善现代大学制度和促进大学依法治校。

首先，监督权需要明确职责权利非常重要。在英国和德国，不仅有教职员大会，且有明确的职能及权利，牛津教职员大会是最高权力机构。从监督能力来说，现代大学管理高度复杂化，对管理信息掌握、决策难度及学术发展前景，需要更多教授参与，权利行使能力都有待于提高。西方大学很重视发挥教授作用，民主监督机构中教授比例超过60%，占绝大多数。

其次，我国大学监督功能保障还应将各种实体性的监督措施法制化。如重大校务的公开和报告、意见征集制度都需要明确责任主体和报告对象与报告途径，并且需要规定决策过程做到在一定范围公开，从而进一步明确各类监督主体的法定权利和行使主体的法律责任。

（二）强化民主监督权主体的权利

长期以来，大学尚不能充分行使其办学自主权，自我管理能力也没能培养起来，国家大包大揽的理念依然牢固。经过多年的管理体制变革的探索，高校自主权现状依然不能乐观，外部环境仍需要较大改善。从大学内部管理体制完善来看，现阶段，内部治理秩序急需建立。当务之急是国家需不断推进教育立法，大学内部加大民主管理，教师依法享有明确的权利。"人权是任何一种社会生活的一部分，所以如果有人类的社会生活，就必须有正确的人权。"要建立一个公平、民主的制度，就离不开大学教师的法律主体地位的明确，以及民主决策，民主管理，民主监督。在大学发展中，如果给教师充分的民主监督权利，让教师有知情权、参与权、表达权和监督权，教师主体地位得到尊重，自然会有强烈的责任感和更多的归属感投入到工作中，这可以大大提高教师的工作效率，从而有利于大学的发展。对于学生，英国哲学家培根说："教师是知识的传播者和人类灵魂的设计师。"如

果教师缺乏民主的意识，民主的作风，在工作过程中又不具有民主权利，势必会影响民主思想的传播，使大学生失去接受民主思想教育的机会，因而极不利于民主思想的普及和民主水平的提高。

教师的民主监督权利如何才能完善和落实呢？笔者认为，可以从三个方面努力，分别是立法机关修订法律法规、教育主管部门制定实施细则、教师增强民主意识并积极行使民主权利，从上到下依次实现。教师要增强民主意识，积极行使民主监督权利。只有法律法规的制定、政策的颁布和实施细则的出台还是远远不够的，教师自觉行使民主权利也是实现教师自身民主权利的必由之路。这是教师维护自身权利的需要，更是以身示范、履行教师职责的需要。自古以来，教师都对学生有深远的影响，担负着重大的责任。可以想象，若教师连自身的权利都不主张、不行使，绝对不是一个教师该有的表现，又怎能让学生信服于你侃侃而谈的大道理呢？当然，教师积极行使民主监督权利离不开制度和相应的法律保障，否则权利主张还是空谈。

综上所述，保障教师的民主权利，需加强相关规章制度的完善，加强民主监督权利制度建构，激发教师权利意识等，从而实实在在丰富教师的民主权利内涵并使之成为现实权利。

二　民主监督权行使制度的完善

（一）规范教代会制度，创新教代会制度形式

制度是法律权利走向现实权利，应然走向实然的具体化和保障。《高等学校章程制定暂行办法》："章程应当明确规定教职工代表大会、学生代表大会的地位作用、职责权限、组成与负责人产生规则，以及议事程序等，通过教职工代表大会、学生代表大会参与民主决策来加强学校有关的事项的监督权。"可见教代会制度是大学章程中明确规定的大学内部治理结构和权责体系的重要组织部分。党的十七大十八大都提出了健全民主制度，丰富民主形式，拓宽民主渠道，依法实行民主选举，民主决策，民主管理，民主监督，保障人民的知情权、参与权、表达权和监督权，因此教师的知情权、参与权、监督权内容应当包括学校教学科研学科建设、学校发展规划、测评中层干

部、推举副校级干部人选等事务。教师的表达权是教师在及时、充分而又宽松的机会和途径中表达自己的观点与建议，并且不用担心被穿小鞋，教师在宪法法律的范围内充分表达自己学术观点的权利是学术自由的应有内容。教师监督权的完善是进一步完善现有的大学教代会制度的重要内容，通过完善教代会的职权、代表组成、选举办法、会议议程，以提高教代的法律地位及效力等。与此同时，将二级教代会的教师的民主管理和民主监督进一步制度化，使教师民主监督权利的真正实现得以保证。

教代会制度建设是完善民主监督权利的有效路径，有关教代会民主监督机制的内容、形式都应予以完善和补充规定。

第一，完善教代会制度内容。首先要健全教代会基本制度。在宏观层面上，应根据有关文件精神，认真总结过去 30 年的大学教代会制度的进展，这些实践经验有利于进一步修订条款内容，《规定》中关于充实和调整教代会代表制度、组织结构、工作的基本制度机构都有新的说明（新法规 2012 年 1 月 1 日实施）；在微观层面上，大学应与大学实际的改革和发展，修订和调整的教代会规定或实施细则，这是大学教代会内容和基本制度的明确和充分的结合。对一些关键环节应特别作出明确规定，教学科研一线教师在教代会结构中所占的比例应当明确；明确教代会常务主席团会议工作职责；明确教代会组织架构，设立教代会执行委员会、民主监督工作委员会、提案审理工作委员会、教师民生工程委员会等。明确民主监督工作委员会的基本职责，如配合学校开展教代会民主参与、民主监督和有关校务公开方面的工作；负责针对学校人事制度、绩效考核津贴分配制度及其他重大管理措施出台之前的民主征询、调查研究，提出合理化建议，充分反映广大教职工意见与要求，并代表广大教工监督学校上述相关制度的实施；建立每年定期与党政领导班子交流意见、每学期结束时与学校有关职能部门交流与联系制度；每年以书面形式向教代会汇报工作。每季度召开一次碰头会，研究总结布置下一步工作等。

其次，完善教代会具体工作制度。教代会的工作制度主要包括教代会的具体工作部门和工作程序的相关制度，教代会工作委员会作为工作的专门机构，应当建立代表培训制度；咨询和沟通系统，建议反馈与处理制度；教代会干部考核制度和报告制度等，应根据相关的大学实际的改革和发展，并及时作出调整。随着大学内部校、院系两级管理体制和院系逐步实行实体化管理的发展，二级教代会应运而生。因此也要具体制定二级教代会制度，以及教代会巡视制度、质询制度、旁听制度、对话制度等。应不断强化规则来保障教代会制度功能的实现。

再次，完善内部管理系统的工作机制。教代会工作机构的内部管理制度建设有两种路径可供选择。一是按照《规定》工会继续作为教代会的工作机构，因此，其应不断完善内部管理制度；二是不断提高大学教师在教代会的地位，形成教代会管理监督大学事务的制度，不断提高教代会的独立性。教代会设立一个新的专门机构，如教师代表常委会，并确立相应工作制度，这是一种新的设想。无论选择哪种路径，都应对教代会会议期间各项工作的落实和闭会期间教代会工作机构的职责等制定有关协调制度、评比制度、考核制度和表彰制度等内部管理制度，才能促进教代会制度的发展和完善。

最后，完善教代会工作评价制度。自1996年中国教育工会全国委员会《关于开展教代会评估工作的意见》出台以来，教代会评估工作已经经过了近二十年的发展，极大地推动了我国大学教代会制度化和规范化建设。在新的时代背景发展下，需要进一步明确教代会评估制度的评估内容、评估标准、评估原则、评估方法和手段、评估工作的组织实施及评估结果的科学性和实效性等，教代会监督检查和评价大学的总体评价体系能够继续推进教代会制度建设。

第二，创新教代会制度形式。首先要创新民主评议领导干部制度。党的第十七次代表大会的报告中，明确指出干部实行民主监督，人民群众发挥最有效的作用。应广泛使用这种方式，推动社会主义民主政治的发展。这是大学的内部民主监督的有效方式。党的十七大报告关于制约并完善监督机制时强调：重点加强领导干部的监督，利用人力，财务管理，监督关键岗位。民主评议是教代会对领导干部更加全面的民主监督机制，也是基层民主的重要举措。

其次要加强二级教代会制度建设。近些年大学发展速度快，办学规模比扩招前翻了几番，大学教学科研管理权逐渐下放到二级院系，院系教学科研管理自主权不断扩大，教代会扩展到大学二级单位成为必然。二级教代会是院系层次教师权利行使民主管理和民主监督的机制，也是基本的民主管理渠道，可有效促进院系管理、民主决策及院系改革和发展。二级教代会制度建设可以促进教代会制度的纵深发展，实现教代会网络化的组织，也是大学民主监督机制和政治文明建设的重要内容。为此，应根据各院系实际情况不断完善二级教代会制度建设并灵活地运用各种机制。

一言以蔽之，教代会是教师群体履行民主管理、民主监督权利的基本形式和载体，在完善大学内部治理结构过程中，独立的教代会制度探索具有相当重要的价值。教代会职权是大学教师依法享有民主权利的综合体现，其中最重要的是民主监督权利，作为大学民主决策、民主监督权威性机构，它具有广泛的群众基础和法律保障。《教育法》、《高等教育法》、《高等学校章程制定办法》和《教师法》等一系列法律法规都对教代会有明确的规定，对教代会的法律地位进行了确立，这为教代会制度的建设提供了法律保障。教代会在组织上有着广泛的代表性，这也决定了教代会可以称之为大学最高层次的民主监督形式，这是其他任何监督形式都无法与之比拟的优势。

（二）教代会民主监督机制的完善

著名法学家德沃金说："如果政府不给予尊重法律的权利，也不能够重建人们对法律的尊重。如果政府忽视法律同野蛮的命令的区别，它也不能够重建人们对于法律的尊重。如果政府不认真地对待权利，那么它也不能够认真地对待法律。"我们总是在法律层面上探讨教师的民主权利，前提是该法具有强大的生命力和广泛受尊重的法律，法律若成一纸空文就失去了讨论的意义。

第一，要建立教代会制度的长效机制。教代会制度缺乏长效机制会制约教代会作用的发挥，应采取必要措施保障教代会制度落到实处。《高等学校教职工代表大会条例》规定教代会定期开会，一般一年一次，除此之外，教代会闭会期间的工作机制也应不断创新，比如建立教代会执行委员会或常设主席团，使教代会闭会期间的职能得到强化；教代会主席团在会议期间应履行相应职责，如组织、主持大会期间的各项活动，处理大会期间发生的问题；听取、讨论各代表团（组）、专门工作委员会（小组）对各项议题的审议意见；讨论、审议提交大会表决的议题、议程以及决议、决定草案等。

第二，要加强法制化和规范化的教代会制度建设。教代会作为一种有效的民主监督机制的核心，必须受到法律的保障，需要用法律规范教代会制度的内容和程序。教代会法律制度的建设，应根据相关法律制定工作细则，完善制度架构等。

首先要完善校务公开制度，下文将详细阐述。其次要明确规定法律责任，做到有法必依、违法必究。在法律监管不严的情况下，不注重依照法律，随意性较大，没有明确的法律责任规定和法律责任意识，会进一步造成教代会制度缺陷，这是目前的教代会制度建设的难题之一。最后要加强教代会自身的建设。教代会代表和教代会工作机构应熟稔大学教代会工作有关的法律、法规和政策等，提高教代会自身工作水平。

三　民主监督权行使程序的完善

程序公正要求指权利行使和制度实施的合理性、公正性。程序价值体现在及时恰当地为实现权利行使权利提供必要的规则方式和环节。

（一）教代会运行程序必须公正

美国学者约翰·罗尔斯在其著名的《正义论》一书中，提出了广受关注的"程序正义"理论。根据这一理论，正义是社会制度的基础，是公民自由、机会、收入、财富和自尊的基础。公平公正的程序不必然导致公平公正的结果，但不公平不公正的程序则必定导致不公平不公正的结果。

哈贝马斯指出："民主就像一个旋转的陀螺，重要的是旋转的过程。离开了这个旋转的过程，民主政治这个陀螺就会倒下。在这个旋转的过程中程序的作用是至关重要的。"大学民主监督不仅是一种思想观念，更是一种民主实践。民主实践需要公正的程序保障。从一定意义上说，公正的教代会民主监督程序是民主管理大学的基础部分。只有在民主监督的公正有效形式下，教代会制度民主才能真正有效。

（二）教代会运行程序必须规范

教代会民主监督能否运转起来，与相关机制的完善程度息息相关。民主而公平的程序才能保证正义的结果，教代会民主监督的完备的程序完善应当有：信息公开公示、民主选举、民主评议及闭会期间的巡视等制度。相关法律法规中关于大学教师民主监督权的保障，要在知情环节（公开公示选举）、沟通环节（民主评议）、反馈环节（闭会期间的巡视）上建立健全制度，及时通报大学内部重要情况和重大问题，保证民主监督的渠道畅通；要认真研究教师代表提出的批评意见，并及时反馈。根据相关法律精神，教代会民主监督程序必须规范以下几个方面：

第一，公开制度和公示制度。

大学校务公开具体落实在公开与公示制度上，也是程序公正的基本和首要方面。2010 年教育部就已出台《高等学校信息公开办法》，其法理意蕴与现代大学的法律治理法治精神相一致，既包含规则之治，亦包含程序之治。前者强调法律规则的合理性，后者强调法律过程的正当性。从规则之治看，《办法》作为部门规章，第二章规定了大学应当主动公开的十二项信息，包括学校基建、发展规划、学生招生考试、学位评定、就业资助等，都是大学内部管理中重大事项及事关学校教师学生知情权环节。"应当主动"表明把信息公开为高校法定义务，使社会在获取相关大学的信息方面拥有更多、更简、更廉的机会，为目前社会普遍诟病的高校招生、基建过程中的腐败行为的预防治理提供了迫切需要的规则依据，信息公开从来就是最好的防腐剂。从程序之治看，《办法》在三四两章用了十七条篇幅，明确将公开信息的义务主体落实到了校长（学校）办公室，要求公开办公室及人员的联络信息，责任到人；将公开渠道由传统的纸质媒介扩大到电子媒介，操作性极强。《高等学校信息公开办法》要求学校重要事项向社会实行公开，校务对教师公开是信息对社会公开的前提和基础。

教代会监督权行使程序要求通过实行校务公开，大学及时有效地向社会和教师、学生公布学校在教育教学或是管理过程中所产生的具体事务及有关信息，特别是对学校工作的重难点及社会关心的热点信息的公布，这不仅是实现普通教师和学生参与学校民主管理、民主决策和民主监督的有效形式，也是深化大学内部管理体制改革，提升大学管理层次和促进大学廉政建设的重要途径。早在 2002 年教育部同全国总工会就下发了《关于全面推进校务公开工作的意见》，同年 6 月在昆明联合召开了全国校务公开工作的经验交流会。校务公开工作的蓬勃发展，有力地推动了教代会制度的完善和发展。通过大学访谈得到在实践层面，大学校务公开很不平衡、很不完善、很不彻底的问题依然很严重。

教代会民主监督机制只是我国大学内部监督体系的内容之一，校务公开是所有监督开展的前提和基础，校务公开可以促进民主监督的良性循环。为了实现权力监督机制的真正发挥，必须是以"透明的"为前提。要让教师群体履行监督权利，首先要让教师了解权力是如何运行的，即校务必须公开。做好校务公开工作，一是公开的内容要全面准确。关键是大学和监督关注的主要问题，必须全面、准确地向公众公开。二是公开的形式要灵活有效。根据学校工作的实际情况，使用灵活、简单、方便的形式予以公开。三是规范程序，以严格规范。大学应该成立一个民主的大学管理领导小组、执行小组和监督小组。负责监督的事务、详细的监督小组的检查、验证和实施的准备环节都是开放的。

校务公开是教师知情权的前提，只有在这种情况下，教师才能更好地参与学校民主管理和监督。校务公开被称为大学的"阳光工程"，是大学民主管理和监督的重要措施，已成为大学教师参与民主管理和监督的窗口和平台。校务公开制度的根本要义在于让广大教师享有知情权。教代会是教师作为法律主体了解大学情况，在参与管理，监督大学运行的过程中，使大学教师参与民主监督内部权力运行的各个方面不断完善。

第二，民主参与。教代会要履行好民主监督职能，知情是前提，参与是基础。大学应该坚持教代会作为学校事务民主管理的主要通道，通过它来管理大学事务。首先，教代会参与人数适当结构比例合理显示了代表性和知情面（有条件或重要事项还应扩大到全体教职工）。因此教代会换届选举是大学民主政治生活的一件大事，要保证其民主公平合理合法。按照相关法规规定，教代会代表选举工作计划由专门成立的工作小组制订；教代会换届选举工作实施方案由在大学党委领导下的工会制订，经过全体动员大会、提名推荐教代会代表和正式选举等环节，大会代表由无记名投票差额选举的形式产生，任期3年。代表选举环节表明了信息知情范围的保证，知情面的不断拓宽，教代会参与程度的不断扩大，下情上达渠道的畅通。因此，教代会民主监督的加强，需要完善选举和知情环节的运行机制，保证教代会能有效了解学校发展动态实际信息。其次，建立公示制度和听证制度。西方政党监督中的常用手段和方式是用公示和听证等方式来监督执政党和政府。党务和政务的公开透明主要是通过公示和听证制度来保证，这也是西方国家监督机制的有效性的关键。党的十六大报告指出："各级决策机关都要完善重大决策的规划和程序，建立社情民意反映制度，建立与群众密切相关的重大事项社会公示制度和社会听证制度。"从大学民主监督来说，通过公示制度和听证制度向广大教师公开有关的校务信息，做到"阳光行政"。即使在毕会期间，大学内部各种重要事件以及广大教师关心的问题都应邀请教师代表参加，并进行专项说明和及时的直接的答复。最后，创建网络信息交流平台。目前，在实施民主监督的过程中教代会被动掌握信息，主要是通过网络看文件作为渠道来获取信息，有些事项是发生后才通报甚至根本不通报，教代会来不及了解、分析判断情况，在短时间内自然就提不出实质性或是针对性的科学意见。针对这种情况，当务之急要对信息网络系统进行完善，信息交流网络平台要畅通。应当通过校务公开，使广大教师信息获得全面，意见和自由讨论能够有效进行，监督主体才能做到跟踪有效。教代会的沟通联系机制要健全。通过有效联系和沟通，教代会才能知情出力，发挥民主监督的作用。当前，要建立良好的沟通联系机制，还需要通过对有关提案和决策的讨论积极参与，包括充分参与制定重要政策和规划，保证参与的有效性及全面性。

第三，民主评议制度。民主评议制度是重要沟通环节，主要包括述职、测评、个别谈话或座谈会、汇总、反馈和总结。在党委领导下，教代会制度作为民主评议领导干部，推动民主政治建设的有效措施，也是高校民主管理的重要内容。民主评议干部可以体现广大教师的主人翁地位，可以改善领导作风，提升工作积极性，对办好现代大学具有重要意义。在教代会民主评议过程中，被评议干部述职述廉，教代会代表广泛听取意见建议及向上级组织汇报的几个环节中，最基础和最重要的方面是民主评议和考核的进行。这是民主的体现，民主的形式，并且也是民主的结果。

第四，闭会期间的巡视制度。闭会期间的巡视制度是反馈环节。批评建议的落实和反馈机制是大学民主监督的最终归宿。监督和反馈是民主监督过程中的相互影响和相互作用的互动过程。如果只有监督而无反馈，或反馈没有完全到位，民主监督缺乏生机和活力，它的每一个功能就不能充分发挥出来。在当今情况下，要认真研究并且定期回复教代会的监督意见，要体现民主，反馈机制的建立要完善，教代会提出的意见、批评和建议才不至于出现无影无踪、石沉大海。民主监督反馈机制的完善需要对教代会的意见、批评和建议进行专人负责；积极回应和答复教代会的意见、批评和建议；认真研究并充分吸纳教代会的意见、批评和建议，积极改进，充分的解释和说明意见中不能采纳的部分；对答复不满意的，教代会可以再次提出，并且有关人员需要对此做出进一步说明；民主监督部门和人员如不接受，则予以批评和纠正。只有健全反馈机制，才能促使有关部门及时、认真、负责地处理有关教代会的监督意见，增强民主监督的约束性和有效性。开展巡视活动必须规范依法，需要有长期跟踪的监督机制，避免"一阵风"现象才能有利于监督。

总之，通过不断完善和发展教代会制度及其内部治理体系，才能够对教师主体产生凝聚力和向心力，从而依靠集体的智慧和力量，保障教师参与治理学校的主体地位，实现依法治校。

完善大学内部治理机制，不断地丰富民主形式，加强民主建设，充分尊重教师权利，明确教师法律主体地位，其法律规定的民主监督权的行使是规范大学的改革和发展的强大的不竭的动力，表现出"良性循环的根本源泉"。从这样的高度认识大学法制化，有利于学校的民主管理，并认真审视大学教师治理监督主体地位的意义，能够发挥教代会及其在大学民主管理的作用。在完善大学内部治理结构过程中，独立的教代会制度探索是当前民主监督权完善的关键。大学教代会制度作为内部民主管理制度法律法规都作了明确规定，其法律地位早已确定。在大学的内部治理完善和法制化建设过程中，关于大学教师在相关法律法规民主权利的重要形式是现代大学制度的重要组成部分，现阶段完善包括其教代会监督权内容、程序及运行机制，组织形式和权限，以进一步推动教代会制度的发展，都有利于大学民主法制化及规范化管理。

在我国促进国家现代化治理和提高治理能力的今天，须以促进民主和法制进程为首要任务。而大学作为引领社会进步的助力，必须不断深化大学内部领导体制，完善大学内部治理结构，建设依法办学、民主管理和民主监督的制度。大学内部法律主体的明确能够有效规范大学内部的政治权力、行政管理权力、民主管理权力和学术权力间的关系，维护大学自治，学术自由，完善内部决策执行监督等重要环节，实现各种权力的相互支持、合理配置和相互协调，实现善治。

参考文献

一　著作类

1. Gorso, J. J., *Governance of Colleges and Universities*, New York: McGraw – Hill, 1960.

2. Garnegie Foundation for the Advancement of Teaching, *Governance of Higher Education: six priority problem*, New York: McGraw – Hill, 1973.

3. Freeman R E., *Strategic Management: A stakeholder approach*, Boston: Pitman, 1984.

4. ［美］约翰·布鲁贝克著:《高等教育哲学》,王承绪等译,浙江教育出版社2002年版。

5. 张成福、党秀云:《公共管理学》,中国人民大学出版社2001年版。

6. 吴志宏:《新编教育管理学》,华东师范大学出版社2002年版。

7. ［美］罗伯特·伯恩鲍姆著:《大学运行模式》,别敦荣译,中国海洋大学出版社2003年版。

8. 李福华:《大学治理的理论基础与组织架构》,教育科学出版社2008年版。

9. 全球治理委员会:《我们的全球伙伴关系》,牛津大学出版社1995年版。

10. 刘献君:《院校研究》,高等教育出版社2008年版。

11. ［美］菲利普·G. 阿特巴赫等主编:《21世纪的美国高等教育:社会、政治、经济的挑战（第2版）》,施晓光、蒋凯主译,青岛海洋大学出版社 2007 年版。

12．［美］托马斯·戴伊：《谁掌管美国——里根年代》，张维等译，世界知识出版社 1985 年版。

13．李心合：《利益相关者财务论》，中国财政经济出版社 2003 年版。

14．［美］亨利·罗索夫斯基：《美国校园文化——学生、教授、管理》，谢宗仙等译，山东人民出版社 1996 年版。

15．［德］雅斯贝尔斯：《什么是教育》，邹进译，生活·读书·新知三联书店 1991 年版。

16．韩延明：《大学理念论纲》，人民教育出版社 2003 年版。

17．《马克思恩格斯全集》（第 19 卷），人民出版社 1965 年版。

18．［美］伯顿·克拉克：《高等教育新论——多学科的研究》，王承绪等译，杭州大学出版社 1987 年版。

19．［美］詹姆斯·科尔曼：《社会理论的基础（上）》，邓方译，社会科学文献出版社 2008 年版。

20．［英］约瑟夫·拉兹：《法律的权威：法律与道德论文集》，朱峰译，法律出版社 2005 年版。

22．［古罗马］查士丁尼：《法学总论——法学阶梯》，张企泰译，商务印书馆 1996 年版。

23．［美］博登海默：《法理学法哲学及其方法》，邓正来译，华夏出版社 1987 年版。

24．［美］伯尔曼：《法律与宗教》，梁治平译，生活·读书·新知三联书店 1991 年版。

25．［古希腊］亚里士多德：《政治学》，吴寿彭译，商务印书馆 1965 年版。

26．刘杨：《法律权威论》，载张文显、李步云《法理学论丛》（第 3 卷），法律出版社 2002 年版。

27．［德］马克斯·韦伯：《经济与社会》（上卷），林荣远译，商务印书馆 1997 年版。

28．［美］克拉克·克尔：《大学的功用》，陈学飞等译，江西教育出版社 1993 年版。

29. 米俊魁：《大学章程价值研究》，中国海洋大学出版社 2006
年版。

30. 俞可平：《治理与善治》，社会科学文献出版社 2000 年版。

31. 李福华：《大学治理的理论基础与组织架构》，教育科学出版
社 2008 年版。

32. 肖海涛：《大学的理念》，华中科技大学出版社 2000 年版。

33. 张维迎：《大学的逻辑》，北京大学出版社 2004 年版。

34. 张斌贤：《现代国家教育管理体制》，上海教育出版社 1995
年版。

35. 王英杰：《美国高等教育的发展与改革》，人民教育出版社
1993 年版。

36. 王智新：《当代日本教育管理》，山西教育出版社 1995 年版。

37. 陈振明：《公共管理学原理》，中国人民大学出版社 2003
年版。

38. 季诚钧：《大学属性与结构的组织学分析》，人民教育出版社
2006 年版。

39. ［美］罗伯特·丹哈特：《公共组织理论》，项龙、刘俊生
译，华夏出版社 2002 年版。

40. ［法］洛克：《政府论》，霍菊农、叶启芳译，商务印书馆
1980 年版。

41. ［美］罗伯特·G. 欧文斯：《教育组织行为学》，窦卫霖等
译，华东师范大学出版社 2001 年版。

42. ［美］伯顿·克拉克：《高等教育系统——学术组织的跨国研
究》，王承绪等译，杭州大学出版社 1994 年版。

43. ［古希腊］柏拉图语，转引自周辅成《西方伦理学名著选
读》（下），商务印书馆 1964 年版。

44. ［美］亚伯拉罕·弗莱克斯纳：《现代大学论——美英德大学
研究》，徐辉、陈晓菲译，浙江教育出版社 2001 年版。

45. 俞可平：《增量民主与善治》，社会科学文献出版社 2005

年版。

46.萧鸣政：《人力资源开发与管理》，北京大学出版社 2005 年版。

47.任钟印：《夸美纽斯教育论著选》，人民出版社 1990 年版。

二 论文类

1. Stigler，G. J. and C. Freidland，*The Literature of Eeonomics*：*The Case of Berle and Means*，The Journal of Law and Eeonomics，vol. XXVI，June 1983.

2. Robert Bimbaum.，*The end of shared governance*：*Looking ahead or looking back Matter*. New Direction For Higher Education，Fall，2004（127）.

3. Charkham J. Coporate Governance：Lessons from Abroad. *European Business Journal*. 1992，（4）.

4. Mitchell A，Wood.，*Toward a Theory of Stakeholder Identification and Salience*：*Defining the Principle of Who and What Really Counts*. The A-cademy of Management Review，1997，22（4）.

5.别敦荣：《我国现代大学制度探析》，《江苏高教》2004 年第 3 期。

6.黎琳：《中国现代大学制度中的权力制衡问题》，《现代大学教育》2001 年第 1 期。

7.韩水法：《大学制度与学科发展》，《中国社会科学》2002 年第 2 期。

8.和震：《大学自治研究的基本问题》，《清华大学教育研究》2005 年第 6 期。

9.王建华：《对大学自治、学术自由的再思考》，《青岛化工学院学报》2001 年第 3 期。

10.任维：《公共治理：内涵 基础 途径》，《内蒙古大学学报（人文社会科学版）》2004 年第 1 期。

11.刘爱东：《利益相关者理论视界下的大学治理价值取向分析》，《中国高教研究》2008 年第 5 期。

12. 罗茨：《新的治理》，《政治研究》1996 年第 3 期。

13. 谢敏、郑哲：《大学治理六要素模型》，《浙江万里学院学报》2005 年第 8 期。

14. 蔡文伯、杨瑞旭：《我国现代大学治理 30 年来的回溯与反思》，《石河子大学学报》2008 年第 10 期。

15. 李福华：《大学治理与大学管理：概念辨析与边界确定》，《北京师范大学学报（社会科学版）》2008 年第 4 期。

16. 于海棠：《治理：高校管理新理念》，《黑龙江高教研究》2003 年第 1 期。

17. 熊庆年、代林利：《大学治理结构的历史演进与文化变异闭》，《高教探索》2006 年第 1 期。

18. 潘海生、张宇：《利益相关者与现代大学治理结构的构建》，《教育评论》2007 年第 1 期。

19. 陈金圣、陈相明：《试论公立高校内部治理结构的重构与优化》，《教育学术月刊》2008 年第 4 期。

20. 赵成、陈通：《治理视角下的大学制度研究》，《高等教育研究》2005 年第 8 期。

21. 胡仁东：《现代大学内部治理结构探析——基于影响力的视角》，《现代大学教育》2005 年第 2 期。

22. 王洪才：《论大学内部治理模式与中位原则》，《江苏高教》2008 年第 1 期。

23. 金银凤、裴育：《高等教育考试改革中的利益相关者分析》，《山西财经大学学（高等教育版）》2005 年第 8 期。

24. 钟洪、李超玲：《基于 AHP 的大学利益相关者权重研究》，《科技管理研究》2007 年第 9 期。

25. 胡子祥：《高校利益相关者治理模式初探》，《西南交通大学学报（社会科学版）》2007 年第 2 期。

26. 李福华、尹增刚：《论大学治理的理论基础——国际视野中的多学科观点》，《比较教育研究》2007 年第 9 期。

27. 潘海生、张宇：《利益相关者与现代大学治理结构的构建》，

《教育评论》2007 年第 1 期。

28. 胡赤弟：《高等教育的利益相关者分析》，《教育研究》2005 年第 3 期。

29. 王荣辉、孙卫平：《基于利益相关者理论的高校治理研究》，《中国职业技术教育》2013 年第 3 期。

30. 韩延明：《大学理念及其相近概念辨析》，《教育发展研究》2004 年第 8 期。

31. 李少华：《大学理念与现代大学制度》，《北京大学教育评论》2005 年第 1 期。

32. 杨晓波：《简析中国公立大学章程的内容》，《四川教育学院学报》2008 年第 4 期。

33. 姚叶：《国外大学章程理念的公共治理取向》，《高教探索》2011 年第 5 期。

34. 姚叶、黄俊伟：《中国大学章程的定位分析》，《大学教育科学》2009 年第 1 期。

35. 周光礼：《完善中国现代大学制度——以大学章程为载体，以治理变革为突破口》，《大学（学术版）》2012 年第 1 期。

36. 刘虹、张端鸿：《大学章程治理要素的国际比较》，《复旦教育论坛》2012 年第 3 期。

37. 姚叶、黄俊伟：《中国大学章程的定位分析》，《大学教育科学》2009 年第 1 期。

38. 张国有：《关于章程框架体系的思考》，《中国高等教育》2012 年第 5 期

39. 陆自荣：《哈贝马斯与韦伯合理化理论之比较》，《海南大学学报》2004 年第 1 期。

40. 曹玉洁、王会珍：《英美大学章程特点分析》，《赣南师范学院学报》2010 年第 4 期。

41. 夏勇：《中国宪法改革的几个基本理论问题》，《中国社会科学》2003 年第 2 期。

42. 赵成：《大学治理的含义及理论渊源》，《现代教育管理》

2009 年第 4 期。

　　43. 贾永堂：《浅论我国大学管理人员的专业意识》，《高等教育研究》2001 年第 4 期。

　　44. 陈文博：《一流大学要有一流的软境》，《国家高级教育行政学院学》2002 年第 4 期。

　　45. 牛凤蕊：《大学治理：美国的经验与启示》，《内蒙古师范大学学报（教育科学版）》2009 年第 1 期。

　　46. 付治国等：《高校的治理结构问题》，《社会科学论坛（学术研究卷）》2006 年第 3 期。

　　47. 冯向东：《大学学术权力的实践逻辑》，《高等教育研究》2010 年第 4 期。

　　48. 薄存旭：《学校内部权力分配面临的问题——场域理论的介入及其启示》，《教育发展研究》2008 年 Z3 期。

　　49. 孔垂谦：《高校人力资源管理实践"以人为本"需要建立现代大学制度》，《现代教育科学》2007 年第 1 期。

　　50. 杨谢秋、肖静：《基于利益相关者理论对我国大学权力结构的思考》，《长春工业大学学报（高教研究版）》2008 年第 2 期。

　　51. 蔡文伯、杨瑞旭：《我国现代大学治理 30 年来的回溯与反思》，《石河子大学学报》2008 年第 10 期。

　　52. 周光礼：《学术自由的实现与现代大学制度的建构》，《高等教育研究》2003 年第 1 期。

　　53. 张小娟：《坚持和完善高校党委领导下的校长负责制》，《中国高教研究》2005 年第 6 期。

　　54. 曹娟、马瑾：《党委领导下的校长负责制运行模式之探究》，《黑龙江高教研究》2005 年第 5 期。

　　55. 席酉民等：《我国大学治理面临的问题及改善思路》，《西安交通大学学报》2005 年第 1 期。

　　57. 丁虎生：《大学组织的结构要素与结构形式》，《西北师大学报（社会科学版）》2012 年第 11 期。

　　58. 钟凯凯：《我国大学组织要素特征探析》，《山西财经大学学报》2012 年第 12 期。

59．周作宇：《论大学组织冲突》，《教育研究》2012 年第 9 期。

60．金顶兵、闵维方：《论大学组织的分化与整合》，《高等教育研究，2004 年第 1 期。

61．邹斌：《大学组织系统的双重性及其模型》，《中国高教研究》2004 年第 7 期。

62．钱志刚：《学术权力合法性危机与大学组织结构变革》，《教育发展研究》2012 年 Z1 期。

63．陈先哲：《院校层级在高等教育系统中的有序与无序——兼论混沌理论在伯顿·克拉克的 < 高等教育系统 > 中的运用》，《高教探索》2008 年第 5 期。

64．蒋洪池：《从混沌理论看高等教育系统的"有序"和"无序"》，《电子科技大学学报（社科版）》2005 年第 7 期。

65．刘献君：《现代大学制度建设的哲学思考》，《中国高教研究》2011 年第 10 期。

66．杨晓波：《简析中国公立大学章程的内容》，《四川教育学院学报》2008 年第 4 期。

67．姚叶：《国外大学章程理念的公共治理取向》，《高教探索》2011 年第 5 期。

68．王晓红：《论高校民主监督的制度设计与运行》，《理论学刊》2007 年第 69 期。

69．湛中乐、谢珂珺：《大学章程制定主体及其相关问题探讨》，《高校教育管理》2011 年第 6 期。

70．李昕欣、张德祥：《关于高等学校章程制定与实施的几个问题》，《高等教育研究》2006 年第 9 期。

71．杨军、焦志勇：《我国公立大学章程制定中存在的问题及对策》，《中国高等教育》2008 年第 19 期。

72．潘懋元：《大学教育的沉思》，《黄冈师范学院学报》2012 年第 2 期。

73．焦志勇：《高度重视大学章程建设中的"空心化"问题》，

《国家教育行政学院学报》2012 年第 7 期。

74. 徐小洲：《博克的学术自由与大学自治观》，《浙江大学学报（人文社会科学版）》，2002 年第 6 期。

75. 阎亚林：《论我国高校学术权力行政化》，《陕西师范大学学报（哲学社会科学版）》，2003 年第 1 期。

76. 毕宪顺、赵凤娟、甘金球：《教授委员会：学术权力主导的高校内部管理体制》，《教育研究》2011 年第 9 期。

77. 胡建华：《中国高等教育管理体制改革分析》，《南京师大学报（社会科学版）》2005 年第 4 期。

78. 伍红林：《试论高等教育组织内学术决策权的分配》，《现代大学教育》2003 年第 3 期。

79. 刘长安：《加强高校民主管理的几点思考》，《中国高教研究》2008 年第 11 期。

80. 杨林、刘念才：《中国研究型大学的分类与定位研究》，《高等教育研究》2008 年第 11 期。

81. 王双巧、王占梅：《高等教育与区域互动发展的现存问题及对策研究》，《教育与职业》2011 年 15 期。

82. 潘懋元、车如山：《做强地方本科院校——地方本科院校的定位与特征研究》，《中国高教研究》2009 年 12 期。

83. 丁笑梅、关涛：《校长与董事会：美国大学治理结构中的核心关系研究》，《教育科》2012 年第 6 期。

84. 尹晓敏：《透明度、权力监督与高校腐败治理》，《高等教育研究》2012 年第 10 期。

85. ［美］菲利普·G. 阿特巴赫、简·莱特. 别敦荣等译：《高等教育国际化的前景展望：动因与现实》，《高等教育研究》2006 年第 1 期。

86. 李福华、刘云：《论高等学校的国际化办学特色》，《清华大学教育研究》2006 年第 3 期。

87. 冒荣、赵群：《学术自由的内涵与边界》，《高等教育研究》2007 年第 7 期。

88．韩延明：《当代大学学术自由的理性沉思》，《教育研究》2006 年第 2 期。

89．肖海涛：《论大学的学术责任与学术自由》，《高等教育研究》2000 年第 6 期。

90．胡仁东：《现代大学内部治理结构探析——基于影响力的视角》，《现代大学教育》2005 年第 2 期。

91．眭依凡：《教授"治校"：大学校长民主管理学校的理念与意义》，《比较教育研究》2002 年第 2 期。

92．张君辉：《论教授委员会制度的本质——"教授治学"》，《东北师大学报（哲学社会科学版）》2006 年第 5 期。

93．湛中乐、徐靖：《通过章程的现代大学治理》，《法制与社会发展》2010 年第 3 期。

94．毕宪顺：《高等学校教授委员会制研究》，《中国行政管理》2008 年第 2 期。

95．吴玉朋、王连森：《伯顿·克拉克"学术权力"涵义辨析》，《高教发展与评估》2012 年第 11 期。

96．张英：《论我国权力监督制约机制的架构及其运行要求》，《政治文明研究》2007 年第 12 期。

97．陈杰峰：《高校权力运行与民主监督》，《湖南社会科学》2008 年第 6 期。

98．秦惠民：《我国大学内部治理中的权力制衡与协调》，《中国高教研究》2009 年第 3 期。

99．贺祖祯、王承就：《民主和谐大学建设》，《广西大学学报（哲学社会科学版）》2007 年第 5 期。

100．李秀华：《民主监督与高校政治文明构建路径》，《扬州大学学报（高教研究版）》2010 年第 1 期。

101．陈杰峰：《高校权力运行与民主监督》，《湖南社会科学》2008 年第 32 期。

三　学位论文类

1．郭平博：《我国公办大学内部治理结构研究》，博士学位论文，西南大学，2012 年，第 4 页。

2. 张君辉：《中国教授委员会研究》，博士学位论文，东北师范大学，2006 年，第 128 页。

3. 米俊魁：《大学章程价值研究》，博士学位论文，华中科技大学，2005 年，第 92 页。

四　辞典类

1. 光复书局大美百科全书编辑部：《大美百科全书第 1 卷》，台湾光复书局 1990 年版。

2. ［美］美国不列颠百科全书公司：《不列颠百科全书：国际中文版第一卷》，中国大百科全书出版社 1994 年版。

3. ［英］戴维·M. 沃克：《牛津法律大辞典》，北京社会与科技发展研究所译，光明日报社出版社 1998 年版。